KB214675

모두를 위한
설교 시리즈
4

광야의 책, 민수기 강해

# 광야, 신앙과 생존 사이에서

⋀ **세움북스** 는 기독교 가치관으로 교회와 성도를 건강하게 세우는 바른 책을 만들어 갑니다.

모두를 위한 설교 시리즈 04

# 광야, 신앙과 생존 사이에서

광야의 책, 민수기 강해

**초판 1쇄 발행** 2022년 5월 30일
**초판 2쇄 발행** 2025년 3월 30일

**지은이** ｜ 김현일
**펴낸이** ｜ 강인구

**펴낸곳** ｜ 세움북스
**등  록** ｜ 제2014-000144호
**주  소** ｜ 서울시 종로구 대학로 19 한국기독교회관 1010호
**전  화** ｜ 02-3144-3500
**팩  스** ｜ 02-6008-5712
**이메일** ｜ holy-77@daum.net

**교  정** ｜ 김민철
**디자인** ｜ 참디자인

**ISBN** 979-11-91715-35-4 (03230)

* 이 책은 신저작권법에 의하여 국내에서 보호를 받는 저작물입니다.
  출판사의 협의 없는 무단 전재와 무단 복제를 엄격히 금합니다.
* 책 값은 뒤표지에 있습니다.
* 잘못된 책은 교환하여 드립니다.
* Photo by Freepik

모두를 위한
설교 시리즈
4

# The BOOK of

광야, 신앙과 생존 사이에서

* ———

광야의 책, 민수기 강해

김현일 지음

세움북스

NUMBERS

# 머리말

민수기의 배경은 광야입니다. 광야를 지나 약속의 땅으로 가는 여정을 보여 줍니다. 그래서 민수기는 광야의 신앙을 보여 줍니다. 그 신앙의 중심에는 이스라엘 진영 중심에 위치한 성막처럼 하나님의 임재가 있습니다. 이스라엘은 광야라는 외적 환경을 마주하지만 늘 하나님께서 자신들 가운데 함께 계심을 확인하는 신앙을 소유한 백성이었습니다. 신앙의 성패는 여기에 있었습니다. 그러나 그들은 실패합니다. 그 결과 광야는 그들의 모든 것을 바꿔 놓았습니다. 출애굽 1세대의 죽음과 출애굽을 경험하지 않은 2세대로의 전환, 광야 40년 동안 계속되는 영적 전쟁 등.

광야처럼 척박한 환경을 살아가는 현대인들에게 민수기는 광야의 신앙을 조명해 줍니다. 하나님을 자신들의 삶 중심에 모시고 살라는 요구와 그 중심을 잃어버린 삶의 결과가 빚어내는 비참함을 들여다보게 합니다. 전투하는 교회로서 세상 속에서 거룩을 지켜 내려는 성도들에게 광야의 신앙은 좋은 시각을 제공할 것입니다. 하나님 중심의 삶이 실제적인 삶의 현장에서 어떻게 표현되고 나타나야 하는지를 보여 주기 때문입니다. 이 해설을 위해 자주 들여다본 것은 칼뱅의 민수기 주석이었고 거기에 제게 주신 깨달음을 덧붙였습니다. 모든 부족함은 제게 있습니다. 주님의 은혜가 함께하시길 ….

2022년 코로나바이러스 때문에
광야를 지나는 교회를 바라보며
김현일 목사

# 추천사

하나님께서 메소포타미아(갈대아)에서 아브라함을 불러 '사랑의 언약'으로 그에게 약속한 땅, 젖과 꿀이 흐르는 땅으로 가라고 명령했다. 그곳이 가나안이다. 아브라함 75세 때였고, 그는 100년을 가나안에서 '믿음으로' 살았다. 그리고 175세에 '소망을 갖고' 죽었다. 하나님께서 애굽에서 아브라함의 후손 이스라엘을 불러 '사랑의 언약'으로 그들 선조들에게 약속한 땅, 젖과 꿀이 흐르는 땅, 가나안으로 그들을 데려다 놓으려고 하셨다. 그러나 아브라함과 달리 출애굽 한 이스라엘은 광야 2년째인 '가데스 바네아'에서 선택한 결정 탓에 애굽과 가나안 사이에 있는 광야에서 38년을 '믿음으로' 사는 훈련을 받는다.

민수기 첫 부분은 출애굽 후 '믿음이' 준비된 것 같은 이스라엘을 위해 하나님께서 이모저모 준비하신 광야 2년이었다면, 민수기 13장부터는 '가데스 바네아' 정탐 이후 '소망이 꺾인' 이스라엘을 위해 하나님께서 또한 이모저모 준비하신, 아브라함처럼 '믿음으로'도 들어갈 수 있다는 38년의 훈련 기간이었다. 아브라함은 하나님께서 약속한 땅에서 '믿음으로' 100년을 살면서 '믿음의 소망을 품고' 잠이 들었다. 그런데 출애굽 이스라엘은 그곳에 들어가 보지도 못하고, 중간 지대 광야에서 40년을 머물렀다. 그 까닭이 성경 민수기에 있다. 지금 교회에도 '믿음으로' 아브라함처럼 살아가는 이가 있다면, '소망이 꺾인' 출애굽 이스라엘처럼 배회하는 이들이 있다. 이들에게 이 책은 믿음으로 살아갈 방향을 고민하게 해 줄 것이다.

**김근배 목사** (동해참빛교회)

민수기의 히브리어 구약 성경 제목은 "광야에서"이다. 저자는 이 책에서 민수기를 '광야의 책'으로, 그리고 '광야에서 신앙으로 살아남기'를 교훈하는 책으로 요약함으로써 바로 이 원어 제목을 내용적으로 풀어낸다. 영광스러운 출애굽의 감격을 뒤로 하고 광야를 바라보며 나가야 했던 구약 교회가 보인 여러 반응을 다루시는 여호와 하나님의 손길을 제시하면서, 저자는 각 시대 교회와 오늘 우리의 신앙 양태를 성찰하도록 교훈을 제시한다. 이스라엘 구약 교회는 광야 기간 동안 불평과 원망을 내려놓지 않고 지속적인 불순종을 자신의 특징으로 나타냈다. 그럼에도 하나님께서 이러한 교회를 결코 포기하거나 버리지 않으시고 더할 길이 없는 자비로움과 신실함으로 인도하셨음을 이 책은 선명하게 밝힌다. 저자는 철저하게 하나님만을 의지하는 '하나님 중심적 삶'의 중요성을 각 장마다 제시한다. 그리고 이러한 삶의 실재를 '그리스도 안에서' 보며 배우고 있음을 견고하게 강조한다. 저자는 민수기의 핵심을 아주 깔끔하게 제공하면서도 신학적으로 매우 안정적이고 읽기가 쉽게 전달한다. 게다가 현대 그리스도인들에게 풍성한 교훈을 제시하며 예수 그리스도 안에서 죄 사함 받은 자가 하나님께 올려야 할 거룩한 삶이 어떠해야 하는지 신학적 균형을 잘 잡으면서 전달한다. 민수기 강설을 이 책만큼 산뜻하게 제시한 책을 찾아보기는 아주 어려울 것이다.

**김병훈 목사** (합동신학대학원대학교 조직신학 교수, 나그네교회)

코로나 엔데믹을 앞두고 억눌렸던 욕망이 분출하고, 거리와 공원, 공항에 사람들이 몰립니다. 새로운 세상, 싹트는 희망을 기대합니다. 하지만 지혜는 변하지 않는 현실을 몰아내는 것이 아니라 적극적으로 수용하며 사는 데 있습니다. 무슨 현실입니까? 인생이 '광야'라는 현실입니다.

이 책은 약 3,500년 전의 광야 삶과 오늘의 광야 삶을 연결해 주는 책입니다. 인생 광야에서 나아갈 방향과 좌표를 어떻게 찾을까 고민할 때 이 책은 좋은 동반자가 될 것입니다. 과연 광야에 쉼이 있을까요? "하나님의 백성의 참된 안식은 여호와의 임재로부터 옵니다. 하나님께서 임재해 계실 때 참된 평화가 있고, 그곳에 참된 쉼이 있습니다"(138쪽). 과연 우리 안의 죄와 불의, 우리 밖의 악과 싸움은 끝이 날까요? 우리는 모두 죄와 악을 단기간에 쉽게 극복할 수 없다는 사실을 인정합니다. "죄 된 본성은 이렇게 끈질기게 하나님을 거스르고 반역하는 속성을 지녔"기 때문입니다(143쪽). 계속되는 이 땅의 삶에서, 그리고 사방 어느 곳에서도 도움을 기대할 수 없고 오직 위만 열려 있는 광야의 삶에서 가장 경계해야 할 것은 무엇일까요? "하나님께 순종하는 삶을 가로막는 장애물은 강력한 저항이 아니라 눈에 보이는 편안함과 안주하려는 나태함입니다"(354쪽). 그러면 이 땅의 삶, 그리고 광야 행진에서 희망이 있을까요? 네, 있습니다. 그러나 그때나 지금이나 보이는 것이 아니라 보이지 않는 것에, 인간이 아니라 하나님께 있습니다. 이 책을 읽는 동안 "우리가 어떤 길을 가더라도 혼자 가는 것이 아닙니다"(136쪽)라는 저자의 고백과 독자들의 경험이 하나가 되기를 간절히 바랍니다.

**김영호 목사** (합동신학대학원대학교 신약신학 교수)

구약 이스라엘 자손은 430년간 종살이하던 애굽을 떠나 조상들에게 약속되었던 땅 가나안으로 가게 되었습니다. 이것은 오직 하나님의 은혜로 된 일이었습니다. 하나님께서는 족장들과 맺은 언약에 따라 이스라엘 자손을 구원하시고 그들을 젖과 꿀이 흐르는 땅 가나안으로 인도하셨습니다. 민수기는 이스라엘 자손이 약속의 땅에 이르기까지 지나온 광야의 시간들을 소개하고 설명하는 책입니다. 민수기에는 광야를 거치면서 이스라엘 자손이 보여 주었던 믿음과 배반, 순종과 불순종, 승리와 패배의 역사가 생생하게 기록되어 있습니다. 교회는 민수기로부터 너무나도 값진 교훈을 얻습니다. 교회 역시 옛 이스라엘처럼 애굽과 같은 세상을 떠나 약속된 영광의 나라를 향하여 가고 있습니다. 이 여정은 옛 이스라엘 백성이 걸어갔던 광야의 여정과 본질상 다르지 않습니다. 그러므로 민수기는 약속된 영원한 안식을 향해 가는 교회에게 무한한 진리의 보고입니다. 『광야, 신앙과 생존 사이에서』는 민수기의 핵심 내용을 너무나 명료하고도 쉽게 잘 설명해 줍니다. 사실 민수기에는 성도님들이 읽고 소화하기에 어려운 내용이 많이 있습니다. 그런데 이 책은 그런 내용을 쉽게 잘 설명해 줄 뿐만 아니라 오늘의 삶에 어떻게 적용해야 하는지도 분명하게 가르쳐 줍니다. 민수기를 읽으며 『광야, 신앙과 생존 사이에서』를 같이 읽기를 강력하게 추천합니다. 민수기가 오늘날 교회와 성도를 위한 말씀이란 사실을 새롭게 경험할 것입니다.

**김진수 목사** (합동신학대학원대학교, 구약신학 교수)

여행으로 광야를 다녀오라면 좋아할 수 있겠지만, 광야에서 살라고 하면 모두 피할 것이다. 그런데 저자는 오늘을 살아가는 우리가 광야와 같은 척박한 환경에 있다고 말한다. 맞다. 여행이 아니라, 우리는 광야에서 살고 있다. 그것도 신앙인으로 고민과 갈등을 가지고 살고 있다. 그래서 이미 광야를 살아 본 사람들의 삶은 우리 삶을 밝히는 등불과 같다. 이것이 민수기 설교가 우리에게 필요한 이유다. 설교에서 가장 중요한 것은 본문의 의미를 성도의 삶에 적용하는 적합성이다. '본문'(text)과 '성도의 삶'(context)의 균형을 잡으려는 저자의 땀과 기도의 흔적이 곳곳에 녹아 있다. 저자는 본문으로부터 나온 적용을 찾아서 광야를 살아가는 우리에게 매우 적절히 하나님의 인도하심을 따르며 살도록 지혜롭게 권면하고 있다. 자신의 삶을 돌아보는 기회가 될 것을 확신하며 추천한다.

**이홍길 목사** (메릴랜드 크리스챤교회, Faith Theological Seminary 설교학 교수)

민수기는 36장으로 분량이 많다. 저자는 60번의 설교로 이 많은 분량을 다루었다. 이를 위해 각 본문의 핵심 주제와 흐름을 정확하게 집어내었고, 꼭 필요한 내용을 빠뜨리지 않으면서 이것들을 적절하게 설명하였다. 이때 설교자가 빠지기 쉬운 오류, 즉 청중에게 감동을 주려는 마음에서 감상적으로 표현하고 지적 정보를 나열하는 오류에 빠지지 않았다. 이것은 본문에 대한 정확한 이해가 있기 때문에 가능하고, 칼뱅과 같이 이미 민수기에 정통한 설교자들을 접하면서 오는 겸손함 때문에 가능하다. 저자는 본문을 해석한 후에는 이것이 지니는 현대적, 현실적 의미를 다루는데, 이때 신약 본문에 대한 풍성한 언급이 있다. 이는 구약과 신약이 통일되어 있음을 드러내고, 과거와 현재가 별반 다르지 않음을 드러낸다. 이 책처럼 민수기 전체를 빠른 행보로 각 장의 핵심 주제와 흐름을 정확히 다루면서 풍성한 적용이 있는 설교서도 드물 것이다. 이 책을 읽는 이들은 광야처럼 척박한 환경에서도 하나님을 삶의 중심에 모시고 살면 알찬 신앙의 결실이 있다는 깨달음을 얻을 것이다. 강력히 추천한다.

**정요석 목사** (세움교회, 개신대학원 조직신학 겸임교수)

저자는 죄의 권세로부터 구원받았음에도 죄 자체로부터는 자유로울 수 없는 광야교회가 범한 실수와 잘못을 반면교사로 삼아야 한다는 메시지만을 반복하지 않는다. 시종일관 불평하는 이스라엘 백성들을 끝내 버리지 아니하시고 마침내 가나안으로 인도해 들이시는 하나님. 어떤 경우에도 떠나지 않으시고 당신의 백성 중에 거하시는 하나님. 그 하나님의 임재만이 우리의 실패와 잘못을 덮고 극복할 수 있는 유일한 해결책임을 담백하고 간결한 문체로 풀어내었다. 저자는 한 교회 목회자로 신실하게 사역하다가 지금은 프랑스 선교사로 사역하기 위해 현지 적응과 언어 습득에 여념이 없는 중에도 설교집을 저술했다. 이는 평소 신학전반에 대한 폭넓은 이해와 다년간의 목회 경험이 있었기 때문에 가능한 일이다. 본서는 광야와 같은 세상을 통과하는 중에 길을 잃어버린 이들에게는 인생의 좌표가 될 것이요, 하나님의 말씀을 삶의 현장에 적용하는 일에 어려움을 겪는 이들에게는 설교하는 기쁨을 제공할 것이다.

**최덕수 목사** (현산교회)

하나님께서는 이스라엘 백성을 애굽에서 건져 내셔서 물도 없고 양식도 없는 광야로 데리고 가셨습니다. 이스라엘 백성은 떡으로 사는 것이 아니고 하나님의 말씀으로 사는 것임을 가르쳐 주시기 위함입니다. 하나님의 백성에게는 먹고사는 생존 자체가 삶의 목적이 아니라 하나님의 말씀에 순종하며 사는 것이 삶의 목적임을 가르쳐 주시는 것입니다.

저자는 하나님께서 생존보다는 거룩을 요구하고 계신다고 밝히면서 "생존을 책임질 테니 거룩하게 나를 따르라"고 말씀하신다는 것이고, 이 점은 오늘날 전쟁터 같은 일상을 사는 현대 그리스도인들이 깊이 생각해야 할 부분이라고 설명하고 있습니다. 어느 누구도 광야의 역경을 원하지는 않을 것입니다. 그러나 하나님의 택하심을 받은 백성인 우리에게 광야의 훈련 과정이 없다면, 약속의 땅 가나안에서 '나는 너희 중에 행하여 너희의 하나님이 되고 너희는 내 백성이 될 것이니라'라는 언약 백성의 삶을 살지 못할 것입니다.

광야 같은 삶에서 생존만을 목적으로 하는 세상의 방식이 아닌 하나님 중심의 신앙으로 싸워 나가기 원하는 하나님의 자녀들에게 광야는 선택이 아니라 필수이기에 기쁨으로 이 책을 추천합니다.

**하성한 목사** (바울선교회 홍보동원팀장)

# Contents
## 목차

# The BOOK of

## of

광야의 책, 민수기 강해

# NUMBERS

# 01 광야의 신앙
민 1:1

민수기(Numbers)는 '광야에서 신앙으로 살아남기'라 할 수 있습니다. 그리고 "출애굽 후 둘째 해 둘째 달 첫째 날에 여호와께서 시내 광야 회막에서 모세에게 말씀"하실 때부터 바란 광야 그리고 여리고 맞은편 모압 평지에 이르기까지의 내용을 담고 있습니다. 민수기를 장소에 따라 구분해 보면 다음과 같습니다.

첫 번째 공간은 시내 광야입니다(민 1:1-10:10).

> 이스라엘 자손이 애굽 땅을 떠난 지 삼 개월이 되던 날 그들이 시내 광야에 이르니라 그들이 르비딤을 떠나 시내 광야에 이르러 그 광야에 장막을 치되 이스라엘이 거기 산 앞에 장막을 치니라_출 19:1-2

출애굽 이후 3개월 되던 때 시내 광야에 장막을 쳤고 그곳에서 시내산 언약을 체결합니다. 그곳에서의 8개월이 출애굽기, 레위기 내용이라면, 율법을 받은 지 8개월이 지난 시점, 곧 출애굽 둘째 해 2월 1일부터가 민수기 내용입니다. 이 시내 광야에서의 기간은 출애굽 둘째 해 2월 1일부터 20일까지입니다.

두 번째 공간은 바란 광야입니다(민 10:11–21:35).

둘째 해 둘째 달 스무날에 구름이 증거의 성막에서 떠오르매 이스라엘
자손이 시내 광야에서 출발하여 자기 길을 가더니 바란 광야에 구름
이 머무니라_민 10:11-12

2월 20일에 성막 위에 구름이 떠오르매 백성이 구름을 따라가다
바란 광야에 장막을 세웠습니다. 이곳에서 가나안에 정탐꾼을 파송
하고 그때의 불순종으로 광야 40년 생활이 시작됩니다.
세 번째 공간은 모압 평지입니다(민 22–36장).

이스라엘 자손이 또 길을 떠나 모압 평지에 진을 쳤으니 요단 건너편
곧 여리고 맞은편이더라_민 22:1

광야 40년은 이스라엘의 아버지 세대와 아들 세대가 중첩되어 있
음을 의미합니다. 즉 출애굽 1세대와 광야 40년을 통해 자라난 출
애굽 2세대가 함께하는 시공간입니다. 가나안 정탐에서의 출애굽 1
세대의 불순종으로 광야 기간 동안 여호수아와 갈렙을 제외한 당시
20세 이상의 출애굽 1세대가 모두 죽습니다(민 13:29-34). 모압 평지
에 왔을 때에는 출애굽을 잘 알지 못하는 출애굽 2세대만 남았으므
로 그곳에서 계명과 규례를 다시 받습니다.

이는 여리고 맞은편 요단 가 모압 평지에서 여호와께서 모세를 통하여
이스라엘 자손에게 명령하신 계명과 규례니라_민 36:13

| 공간 | 시내 광야 | 바란 광야 | 모압 평지 |
|---|---|---|---|
| 시간 | 출애굽 후 둘째 해<br>2월 1일 ~ 20일까지 | 2월 20일부터<br>~ 광야 40년 | 광야 40년 마지막 해<br>곧 가나안 입성을<br>앞둔 해 |
| 세대 | 출애굽 1세대 | 출애굽 1세대 ➡<br>출애굽 2세대 | 출애굽 2세대 |
| 구조 | 민 1:1 ~ 10:10 | 민 10:11 ~ 21장 | 민 22장 ~ 36장 |

광야 40년이 끝날 무렵 그들은 모압 평지에 진을 치고 계명과 규례를 다시 받습니다. 그들에게 출애굽의 의미와 가나안 땅에서 어떻게 여호와를 섬겨야 할지를 재교육한 후에 언약을 새롭게 갱신하는 내용이 신명기입니다. 출애굽 1세대가 하나님과 맺은 언약이 모세가 시내산에서 계명을 받아 체결한 시내산 언약이라면, 출애굽 2세대가 하나님과 맺은 언약은 모세가 모압 평지에서 계명과 규례를 설명하고 체결한 모압 언약입니다.

광야라는 공간을 생각하면 민수기를 '광야의 책'으로 부를 수 있습니다. 왜 광야일까요? 광야는 물이 없고 메마른 땅, 가시덤불이 바람에 날리는 쓸쓸하고 외로운 곳, 사람이 살 수 없는 죽음을 연상시키는 장소입니다. 이런 곳에서 영적 싸움을 수행하는 이스라엘은 세상의 방식이 아닌 하나님 중심의 신앙으로 싸워 나가야 합니다. 광야 신앙의 핵심은 진 중앙에 있는 회막에 임재하신 하나님을 신뢰하면서 약속의 땅을 소망하며 나아가는 것이었습니다. 그러나 그들은 실패했습니다.

마가복음은 '광야 motif'를 사용해서 예수님의 공생애를 설명합니다. 마가복음 1장에 집중적으로 나옵니다(광야에서 외치는 자의 소리: 막 1:3, 광야에서 시험 받으심: 막 1:12-13, 한적한 곳에 나가서 기도하심: 막 1:35, 45).[1] 예수님은 광야에서 시험을 이기시고 하나님과 깊이 교통하심으로 참된 모범을 보여 주셨습니다.

민수기를 읽을 때 성도는 광야 같은 삶에서 신앙으로 살아내는 법을 배우고 그리스도의 본을 따르기에 힘써야 할 것입니다.

---

1  William L. Lane, *The Gospel of Mark*, NICNT(Grand Rapids: Eerdmans, 1974), 23, 39.

# 02 회중 각 남자를 계수하라

민 1:2-3

민수기의 첫 내용은 인구 조사를 명령하는 것입니다. 여호와께서 회막에서 모세에게 "이스라엘 자손의 모든 회중 각 남자의 수를 그들의 종족과 조상의 가문에 따라 그 명수대로 계수"하라고 말씀하시는데, "이스라엘 중 이십 세 이상으로 싸움에 나갈 만한 모든 자를 너와 아론은 그 진영별로 계수"하라고 명령하셨습니다(2-3절).

계수(係數: number)는 수를 센다는 뜻인데, 여기에 세 가지 원칙이 있습니다.

첫 번째로 그 대상이 "모든 회중 각 남자"입니다. 여자를 세지 않는 이유는 계수의 목적이 "싸움에 나갈 만한 모든 자"를 세는 것이기 때문이므로 다른 추측은 거절합니다(3절).

두 번째는 "종족과 조상의 가문에 따라" 세는 것입니다. 이스라엘 12지파의 구별대로 하는 것입니다. 12지파는 나중에 12사도로 연결되어 하나님의 교회 전체를 대표합니다. 요한은 인 맞은 사람들의 숫자를 세면서 이스라엘 자손의 각 지파에서 인 맞은 자들이 144,000명이라고 말합니다(계 7:4-8). 하나님께서 택하신 백성 전체를 상징합니다.

세 번째는 20세 이상으로 싸움에 나갈 만한 모든 자를 셉니다. 인구 조사의 목적은 전투에 나갈 수 있는 자들을 모으는 것입니다. 이것은 군대 조직을 세우려는 것과 같습니다. 그렇다면 이스라엘에게는 어떤 싸움이 기다리고 있습니까? 그것은 가나안 땅에 들어가 가나안 족속을 몰아내기 위한 전쟁입니다.

가나안 족속은 죄악을 대표하는 족속들입니다. 여호와께서 아브라함에게 약속의 땅을 줄 것을 약속하시면서 아직 "아모리 족속의 죄악이 아직 가득 차지" 않았다고 말씀하셨습니다(창 15:16). 이것은 가나안 족속과의 싸움이 하나님의 심판의 성격임을 의미합니다. 죄악이 가득 찬 가나안 일곱 족속을 심판하시고, 죄가 가득 찬 그곳에 하나님의 나라를 세우시겠다는 약속입니다. 따라서 가나안과의 전쟁은 정복 전쟁이 아니라 죄악이 가득 찬 족속들에 대한 하나님의 심판을 수행하는 전쟁입니다. 가나안 땅에 거룩한 하나님의 통치를 받는 나라, 의와 공평의 나라를 세우시려는 것이 하나님의 뜻입니다. 그에 따라 이스라엘은 전쟁 수행을 위한 조직으로 구성되어야 했습니다.

그런데 가나안과의 전쟁이 죄에 대한 하나님의 심판이라면, 이스라엘은 자신들의 죄와 무관한 싸움을 하는 것일까요? 가나안과의 전쟁이 죄를 몰아내기 위한 것이라면, 당연히 이스라엘 자신들 안에 있는 죄를 제거하는 내적인 전쟁도 포함되어 있다는 점을 기억해야 합니다. 가나안이라는 외부와의 전쟁이지만, 그 이면에는 자기 안에 있는 죄와의 싸움, 곧 영적 전쟁이 포함되어 있다는 점을 간과해서는 안 됩니다. 이스라엘과 가나안 족속의 싸움이지만, 개인적으로는 자신의 죄와의 싸움인 것입니다.

교회를 항상 전투하는 교회라 표현하는데, 이것이 의미하는 것은 내적인 영적 전쟁입니다. 세상에서는 혈과 육신의 싸움을 하지만, 교회에서는 의와 공평의 싸움, 곧 하나님 나라를 이루기 위한 영적 전쟁을 합니다. 전신갑주를 입으라는 에베소교회를 향한 권면은 죄를 제거하고 성령으로 말미암아 하나님의 복된 다스림을 받는 교회와 성도가 되기 위한 영적 무장을 하라는 말씀입니다(엡 6:11). "너희가 죄와 싸우되 아직 피 흘리기까지는 대항하지" 않았다는 말씀도 내적이고 영적인 싸움을 말합니다(히 12:4).

죄와의 싸움은 거룩을 위한 영적 싸움입니다. 평범한 환경에서의 싸움이 아니라 광야라는 환경에서의 싸움입니다. 광야라는 모든 것이 부족한 환경에서 사람들 사이에 일어나는 부대낌은 그야말로 전쟁과 다를 바 없을 것입니다. 광야라는 척박한 환경에서 혹독하게 연습하고 훈련시키는 것이 거룩입니다. 죽음의 땅을 연상시키는 광야에서의 피부에 와닿는 싸움에서 생존이 가장 관심사일 것 같지만, 하나님께서는 생존보다 거룩을 요구하고 계십니다. '생존을 책임질 테니 거룩하게 나를 따르라' 말씀하시는 것입니다.

이 점은 전쟁터 같은 일상을 사는 현대 그리스도인들이 깊이 생각해야 할 부분입니다. 교회는 거룩을 위해 부름받았습니다. 치열한 영적 생사의 전쟁에서 하나님께서는 생존보다 거룩하라고 말씀하십니다(롬 6:22).

# 03 책임을 다하라

민 1:4-54

이스라엘은 거룩을 위한 영적 싸움을 수행하는 전투하는 교회입니다. 전투를 위해서 교회는 정비되어야 했고 그것을 위해 인구 조사가 필요했습니다.

하나님께서는 인구 조사의 구체적인 방법을 제시하십니다. 각 지파 각 조상의 가문의 우두머리 한 사람씩을 세워서 계수하게 하십니다(4-16절). 인구 조사가 형식적으로 시행되거나 한 사람도 빠지지 않게 하시려는 것입니다. 싸움이라는 것 자체에 거부감을 느껴서 도피하는 자도 있을 것이고, 예외 판정을 받기 위해 속이는 사람들도 생겨날 것입니다. 사람은 은근히 자기 이름을 빼거나 숨기려는 습성이 있습니다. 하나님의 일을 부담스럽게 취급하거나 게으르고 요령을 피우는 자들도 많습니다. 하나님의 명부에는 한 사람도 예외가 있을 수 없습니다. 따라서 하나님께서는 그 지파를 잘 아는 대표자를 통해서 숫자를 세도록 하신 것입니다.

모세와 아론은 지명된 사람을 데리고 온 회중을 모아 계수를 시작했습니다(17-19절). "그들이 각 종족과 조상의 가문에 따라 이십 세 이상인 남자의 이름을 자기 계통별로 신고하매 여호와께서 모세에게 명령하신 대로" 되었습니다(18-19절). 여호와께서 인구 조사를 명령하셨고, 모세는 명령대로 순종했습니다.[2]

각 지파를 계수한 후 20세 이상으로 싸움에 나갈 수 있는 이스라엘 사람 총계를 보니 603,550명이었습니다(20-46절). 가장 많은 숫자를 가진 지파는 유다 지파입니다(74,600명). 맏형인 르우벤의 지파가 가장 번성했을 것 같은데 유다 지파가 가장 많습니다. 야곱이 12아들을 축복할 때 "유다야 너는 네 형제의 찬송이 될지라"(창 49:8)라고 했습니다. 육적인 장자는 르우벤이지만, 영적인 장자는 유다입니다. 하나님의 말씀대로 유다가 더 큰 축복을 받은 것입니다.

20세 이상 남자만 60만 명이면 당시 이스라엘 인구는 적게는 4배, 많게는 6배 이상을 한다 해도 300만 명은 훌쩍 넘습니다. 야곱의 12아들을 통한 기하급수적인 인구 증가를 의심하는 학자들도 있습니다. 열악한 출생 환경이나 척박한 삶의 수준을 고려하면 이런 인구 증가는 기적적인 것이 틀림없습니다. 그러나 이것은 하나님께서 하늘의 별과 같이, 바다의 모래와 같이 많게 하시겠다는 약속이

---

[2] 사무엘하 24장(대상 21장)에 나오는 인구 조사는 다윗이 명령합니다. 목적 또한 개인적인 명예와 영광을 자랑하기 위한 것입니다. 그러나 그 이면에는 하나님의 섭리가 있습니다. "여호와께서 다시 이스라엘을 향하여 진노하사 그들을 치시려고 다윗을 격동시킨" 것이라고 말합니다(삼하 24:1). "사탄이 일어나 이스라엘을 대적하고 다윗을 충동하여 이스라엘을 계수하게 하셨다"고 합니다(대상 21:1). 여호와께서 사탄을 도구로 사용하셨다고 생각할 수 있습니다. 그러나 하나님은 악 자체를 사용하시지 않습니다. 근원적 원인이 하나님이신 점에서 다윗의 인구 조사의 원인은 하나님께 있습니다. 그러나 가까운 원인으로는 사탄이 다윗의 마음을 유혹했고, 그가 악에 유혹을 받아 하나님의 진노를 더욱 크게 받게 된 것이라 볼 수 있습니다.

성취되었다는 증거입니다(창 15:5).

레위 지파는 계수하지 않습니다(47절). 그들은 증거의 성막과 그 모든 기구와 부속품을 관리하고 운반하고 봉사하는 일을 하기 때문입니다. 성막 섬기는 일로 구별된 지파이기 때문입니다. 싸우러 나가는 다른 지파와 달리, 레위 지파의 역할은 하나님의 증거의 성막을 섬기는 일입니다. 하나님을 섬기는 그 일이 그들의 싸움이고 성막이 영적 전쟁의 현장이었습니다.

레위 지파가 싸우는 싸움의 성격을 보여 주는 명령이 성막을 세울 때 "외인이 가까이 오면 죽일지며"입니다(51절; 3:10, 38; 18:7). 외인은 세속적인 사람, 특별히 부름받지 않은 일반 사람을 의미합니다. 만약 외인이 가까이 와서 성막을 더럽힌다면 이스라엘 전체에 진노가 임할 것이기 때문입니다.

하나님께서 외부인이 가까이 오면 쫓아내든지 막든지 하라고 말씀하지 않으시고 엄격하게 '죽이라'고 명령하시는 이유는 무엇일까요? 하나님의 거룩하심 때문입니다. 부패가 섞여서도 안 되고 거짓과 부정한 것이 하나님의 영광을 가려서도 안 됩니다. 물론 우리의 부패가 하나님의 거룩을 손상시키지는 못합니다. 그러나 그것 때문에 하나님의 거룩하심과 영광을 가볍게 생각하고 경솔히 홀대하는 일이 생겨나는 것을 금지하기 위한 본보기입니다.

이것을 위해서 레위 지파는 성막 사방으로 진을 쳐야 했습니다. 거룩한 곳을 호위하여 거룩을 지키는 역할을 하는 것입니다. 하나님께서는 당신을 가까이 섬기는 자들에게 더 거룩할 것을 요구하십니다(레 10:3). 그래서 "레위인은 증거의 장막에 대한 책임을 지킬지니라"라고 말씀하십니다(53절).

'책임을 진다'는 것은 증거의 장막에 대한 모든 요구를 지키라는 의미입니다. 관리·운반·봉사·외인 통제에 관한 모든 것을 제대로 수행함으로 그 책임을 다하라는 것입니다. 레위 지파는 가나안과의 전쟁을 위해 따로 계수하지 않습니다. 그렇다고 그들에게 아무런 싸움이 없는 것은 아닙니다. 그들은 외부로부터의 오염과 부패를 막기 위한 싸움을 해내야 합니다.

성막에 요구되는 책임은 오늘날 목회자들뿐 아니라 모든 성도가 새겨들어야 합니다. 직분자는 직분자로서, 성도는 성도로서의 영적 의무가 있습니다. 앞서 언급한 것처럼 영적 싸움이 거룩을 위한 싸움임을 기억한다면, 각자 처한 환경이 다르고 은사가 다르더라도 자신이 서 있는 곳에서 거룩을 위해 싸우는 책임을 다해야 합니다. 레위인이 거룩의 책임을 소홀히 하면 하나님의 영광에 손상을 끼칩니다. 교회와 성도가 거룩하게 살지 못함으로 교회의 머리이신 그리스도와 하나님께 비난과 조롱이 쏟아집니다. 이것은 책임을 다하지 못한 결과입니다.

직분을 받았다고 죄와의 싸움에서 면제되는 것은 아닙니다. 직분자들이 죄에서 자유하거나 거룩을 완성한 자이기 때문에 남을 책망하며 '바르게 살라'고 말하는 것일까요? 아닙니다. 그들 자신이 더욱더 열심히 죄와 싸워야 합니다. 레위 지파와 제사장들이 거룩을 위해 싸우는 것이 모범이 되어 백성들에게 유익을 끼치듯, 오늘날 직분자들도 그런 모범과 유익을 끼쳐야 합니다.

이스라엘 거룩의 영적 온도는 제사장과 레위인들의 거룩을 통해

달아볼 수 있는 것입니다.

우리가 간절히 원하는 것은 너희 각 사람이 동일한 부지런함을 나타내
어 끝까지 소망의 풍성함에 이르러 게으르지 아니하고 믿음과 오래 참
음으로 말미암아 약속들을 기업으로 받는 자들을 본받는 자 되게 하
려는 것이니라_히 6:11-12

하나님의 일을 섬기도록 부름받은 자들은 부지런함으로 수고하
는 것이 정당합니다.

책임을 다하라는 명령은 마치 우리의 힘과 열정과 성의로 할 수
있는 것처럼 여겨집니다만, 거룩하게 하시는 성령을 따라서 죄와 싸
우는 것이라는 점도 간과해서는 안 됩니다. 실제로 거룩을 위한 싸
움은 성령 충만과 직결되어 있습니다.[3] 이것은 이스라엘이 가나안과
싸울 때, 하나님을 의지하느냐 하지 않느냐에 따라 전쟁의 성패가
주어진 것과 같은 원리입니다. 신자의 영적 싸움도 철저히 하나님을
의지하느냐에 달려 있습니다. 그것은 기도로 나타나고, 예배로 나타
납니다. 앞으로 민수기는 이스라엘이 죄와의 싸움을 어떻게 해 나갔
는지, 성공했는지 실패했는지, 그리고 왜 그렇게 될 수밖에 없었는지
를 알려 줍니다. 영적 싸움은 성도들이 깊이 묵상해야 할 주제입니
다.

---

3   책임감 있는 행동은 소명에 대한 철저한 이해와 자기에게 맡겨진 일에 대한 사랑으로 말미암
아 지속됩니다. 희생을 감수할 만큼 책임을 진다는 것은 자기 이익을 생각지 않고 그 일을 맡
기신 분을 사랑하고 순종하려는 의지적 결단입니다. 이 일을 도우시는 분이 성령님이십니다.

# 04 질서의 하나님

민 2:1-2

진을 편성하는 목적은 질서 유지입니다. 603,550명의 남자들과 함께 가족까지 합하면 수백만 명 이상의 거대한 인구가 일사분란하게 가나안 땅을 향해 갈 때 질서 유지는 필수입니다. 전쟁을 수행할 때 조직 전체의 효율성을 위해서도 질서는 필요합니다. 무엇보다 이것을 위해 이스라엘은 하나님의 명령에 따라 움직여야 합니다. 가라 하시면 가고, 멈추라 하시면 멈추되 어떤 형태로 그리고 어디에 진을 쳐야 할지까지 그들의 지휘관은 하나님이심을 깊이 마음에 새겨야 했습니다. 군인이 자기 눈에 보기에 좋은 대로 행동하는 것이 규율 위반에 해당하는 것과 같습니다. 그들 자신이 누구에게 소속되어 있는지는 그들의 이동, 머무름을 통해 반복적으로 확인되어야 할 부분입니다.

질서 유지는 모든 탐욕을 예방하기 위함입니다. 각자의 적절한 위치를 정해 주지 않으면 인간의 야망은 윗자리, 좋은 자리를 차지하려고 다투고 경쟁할 것이 분명합니다. 야고보와 요한은 예수님께 "주의 영광 중에서 우리를 하나는 주의 우편에, 하나는 좌편에 앉게 하여 주옵소서"라고 요구했습니다(막 10:36; 마 20:20-28). 각자의 역할과 자리를 정해 놓지 않으면 사람들은 반드시 영광을 쟁취하여 더 높은 자리를 얻으려고 할 것입니다. 그것 때문에 다툼이 발생하고 다툼의 결과는 분열입니다. 고린도교회의 분열은 "나는 바울에게, 나는 아볼로에게, 나는 게바에게, 나는 그리스도에게 속한 자"라는 파당에 따른 것이었습니다(고전 1:12).

나이, 재산, 학식과 같은 외적 조건이 질서를 무너뜨리는 장애물로 작용할 수 있습니다. 숫자가 많다는 것 때문에, 혹은 내가 장자라는 것 때문에 질서를 벗어나려는 유혹은 항상 존재합니다. 누군가 이런 것을 자랑하기 시작하면 공동체는 걷잡을 수 없는 혼란에 휩싸일 수 있습니다. 그것 때문에 하나님의 권위가 개입해야 합니다. 하나님께서 순서를 정하셔서 미리 모든 탐욕이 경쟁하지 못하도록 방지하신 것입니다. 교회는 육적인 배경이나 다른 무엇을 따라서가 아니라 하나님께서 정하신 질서대로 세워져 가야 합니다.

그렇다고 숫자가 적거나 육적으로 내세울 것이 없는 사람들이 되레 우쭐해서도 안 됩니다. 하나님께서는 가난한 자를 들어서 부한 자를 부끄럽게 하신다며 가난한 자들이 자랑하고 연약한 자들이 권리를 행사하려 한다면, 그것 역시 하나님 앞에서는 어리석은 일입니다. 하나님께서 높이신 것인데도 마치 자신에게 대단한 것이 있는 것처럼 자랑한다면 그것은 어리석은 짓입니다(고전 1:27-31).

하나님 나라에서 가장 큰 자는 섬기는 자입니다(막 9:35). 섬기는 자가 높아지는 나라가 하나님 나라이기 때문에, 숫자나 육적인 배경과 상관없이 각 진영의 대표는 다른 이들을 섬기는 자로 부름받은 것입니다. 이것을 알고 겸손히 섬기는 일에 충실하십시오. 주님께서 높이실 것입니다.

# 05 하나님 중심의 삶
민 2:3-34

하나님께서 정해 주신 질서에는 두 가지 특징이 있습니다. 첫째는 숫자가 많다고 해서 먼저 되거나 적다고 해서 나중이 되지 않는다는 점입니다. 외형적인 조건(숫자, 능력 등의 우열)은 고려되지 않습니다. 남쪽 진영에서는 르우벤 지파보다 시므온 지파의 숫자가 더 많습니다.

둘째는 12아들의 육적 순서대로 되지 않았다는 것입니다. 야곱의 12아들의 순서대로 하면 유다는 넷째입니다. 상식적으로 각 진영의 대표는 그 진영의 형이어야 하지만 르우벤 지파는 네 번째로 이동합니다. 첫 번째로 이동하는 것은 유다 지파입니다(민 10:14). 이스라엘 장자는 르우벤이지만 르우벤은 아버지의 침상을 더럽혔기 때문에 장자의 명분은 둘째가 아닌 요셉의 자손에게 돌아가서 에브라임과 므낫세가 실제로 이스라엘의 형 노릇을 합니다. 요셉이 이스라엘의 보호자가 되어 고센 땅에서 살게 된 것이 바로 그런 이유입니다. 육적 장자 노릇을 요셉이 했다면, 영적인 면에서 장자는 유다입니다(대상 5:1-2). 그래서 야곱은 유다에게서 주권자가 나올 것을 축복하며 예언하였고, 유다의 자손에서 메시아가 오십니다. 이런 점을 감안해서 첫 번째로 이동하는 진영이 유다 진영, 두 번째는 르우벤 진영, 세 번째는 요셉의 아들인 에브라임 진영, 네 번째는 단 진영입니다.[4]

[참고] 야곱의 12아들(창 29:31~30:24)

| 아내 | | 아들(태어난 순서대로) |
|---|---|---|
| 레아 | 레아 | 첫째, 르우벤<br>둘째, 시므온<br>셋째, 레위<br>넷째, 유다<br>아홉째, 잇사갈<br>열번째, 스불론 |
| | 실바(레아의 여종) | 다섯째, 단<br>여섯째, 납달리 |
| 라헬 | 빌하(라헬의 여종) | 일곱째, 갓<br>여덟째, 아셀 |
| | 라헬 | 열한 번째, 요셉<br>열두 번째, 베냐민 |

만약 누군가 12아들 사이에 있는 순서를 고려해서 '그의 어머니가 누구이고 그 사람이 이복 동생이냐 아니냐' 이런 문제를 제기했다면 혼란이 야기되었을 것입니다. 어떤 사람들은 동생이 형의 깃발 아래

---

4    창 49:17-18을 보면, 야곱은 단 지파를 향해서 "여호와여 나는 주의 구원을 기다리나이다"라고 합니다. 단 지파는 항상 여호와의 구원을 기다리는 족속으로서의 영예를 얻었다는 점에서 네 번째 진영의 우두머리가 된 듯합니다.

있다는 것을 권위나 존엄과 관련하여 부끄러운 일로 여길 수도 있는 상황입니다.

남쪽 르우벤 진영을 보면 시므온은 르우벤의 동생이지만, 갓은 르우벤의 어머니 레아와 경쟁했던 라헬의 아들입니다. 심지어 라헬의 여종의 아들이어서 이복동생이라도 천대받을 환경에 있었습니다. 서쪽의 에브라임 진영에는 므낫세가 있는데, 사실 므낫세가 형입니다. 그럼에도 야곱이 오른손을 에브라임에 두고 왼손을 므낫세에 두어 축복합니다. 요셉이 팔을 바꾸려고 하지만, 야곱은 "아우가 그(형)보다 더 큰 자가 되고 그의 자손이 여러 민족을 이루"게 될 것을 예언합니다(창 48:19).

각 진영의 대표는 다른 이들을 섬기는 자로 부름받았다는 사실을 잘 기억해야 합니다. 교회에도 교육, 봉사, 서로 간의 돌봄 등을 위해 여러 조직과 모임이 있고, 이 일을 위해 장로, 집사의 직분을 세웁니다. 모임은 교회 전체의 질서 안에 있기 때문에 교회와 별개인 사적 모임이 되거나 교회와 별개라는 의식을 가져서는 안 됩니다. 그 모임을 맡은 직분자들 역시 자기 모임이 아니라 교회의 질서 안에서 섬기는 대표라는 인식을 가져야 합니다. 모세처럼 여호와께서 명령하신 것을 온전히 순종하는 자세로 섬겨야 합니다(34절). 그는 자기가 보기 좋은 대로 순서를 바꾸거나 편의를 봐주지 않았고, 하나님께서 정하신 질서 안에서 순종했습니다. 그 순종은 아름답습니다.

우리 보기에는 장자가 앞서야 하고 그 사람이 가진 배경 때문에 높은 자리에 앉아야 하는 것이 일반적이지만, 하나님 앞에서는 하나님께서 정하신 질서대로 가야 합니다. 적은 나이에 직분을 받았다 하더라도 직분자로서 존경하는 것이 아름다운 질서입니다. 그 사람의 사회적 배경과 학식을 따지기보다, 그가 하나님 앞에서 아름다운 직분에 순종하여 섬기는 자라면 외모를 보지 않고 그를 존경하고 순종해야 합니다.

하나님의 어리석음이 사람보다 지혜롭고 하나님의 약하심이 사람보다

강하니라_고전 1:25

우리 생각이 현명해 보이고 더 지혜롭게 보여도, 하나님께서 명령하신 대로 순종하는 것이 겸손입니다. 하나님의 미련해 보이는 것이 사람보다 지혜롭다고 하신 것을 기억해야 합니다.

혹 누군가가 직분과 섬김과 관련하여 하나님께서 맡기신 일을 스스로 저평가한다면 그것은 옳은 태도가 아닙니다. 만약 르우벤 지파가 아버지의 침상을 더럽혔다는 것 때문에, 그리고 숫자가 다른 지파보다 적다는 이유 때문에 열등감을 가지거나 자기에게 맡겨진 일을 소홀히 한다면 그것도 바른 자세가 아닙니다. 우리가 부(富)해서 하나님께서 일을 시키시는 것이 아니고, 우리가 약해서 안 시키시는 것도 아닙니다. 우리는 하나님께서 명하신 대로 순종할 뿐입니다. 약하나 강하나 주님을 기쁘시게 하기 위해서 수고할 뿐이며, 주님의 명령이기에 즐겁게 복종할 뿐입니다.

자기 일을 열심히 해야 하는 것은 말할 필요도 없습니다. 자기 일에는 게으르고 나태하면서 주님을 기쁘시게 할 수는 없기 때문입니다. 다만, 자기 일도 열심히 하고 수고하면서 여전히 사람들 보기에

는 낮은 자리에서 살아갈 수도 있을 것이지만, 그렇더라도 그것이 이유가 되어서 주님의 일을 소홀히 하고 뒷전으로 스스로 물러난다면 그것은 합당하지 않다는 것입니다. 그런 분을 대할 때 우리도 더욱 열심히 협력하려는 자세를 가져야 할 것입니다.

모든 질서의 중심은 회막입니다. 조직의 유지나 질서와 편리를 위해서 진영을 조직했더라도, 그들 삶의 중심에는 하나님께서 계십니다. 자기 진영의 결속도 중요하지만, 그것도 회막을 중심으로 하는 하나님 중심의 삶을 위해 필요합니다. 하나님 중심의 삶을 벗어난 결속은 오히려 해체됨이 유익합니다. 하나님 중심의 삶을 위해 모임이 존재하는데, 그 모임이 하나님과 상관없는 육적 교제나 돈거래 등과 같은 세속적인 일에 관심을 갖는다면 그것은 교회 전체 질서에 도움이 되지 않습니다.

교회의 모든 모임은 하나님 중심의 삶을 더 충실히 살아가도록 서로 돌아보고 격려하기 위해서 있습니다. 세상의 어떤 모임이나 회(會)를 이루는 것처럼 먹고 즐기고 재미를 추구하는 정도로 그쳐서는 안 됩니다. 작은 모임을 통해 신앙으로 권면하고, 큰 모임에서 할 수 없는 사랑의 섬김을 하며 깊이 있게 나누어야 하는데, 그것이 우리끼리만의 모임이 된다면 방향 설정을 다시 해야 합니다.

우리 개인이나 가정도 마찬가지입니다. 자기 자신이나 가정도 교회라는 질서 안에 있는 개인이고 가정입니다. 교회와 별개인 가정, 교회로부터 동떨어진 믿음을 하나님 중심이라 할 수 있을까요? 하나님을 중심으로 가정, 개인의 삶이 있습니다. 교회는 그런 삶을 살도록 예배하고, 가르치고, 돌봐야 합니다. 오늘날, 교회와 동떨어진 신앙생활이 가능한 것처럼 말하고, 그런 것이 가능하도록 대중 매체가 많은 자료들을 제공하지만, 하나님 중심의 삶을 위해 주신 교회는 하나님 나라의 질서에서 중요한 원리입니다. 그 교회의 질서 안에 우리 자신, 가정, 그리고 모든 모임이 있다는 점을 기억하십시오.

⊙ 행진 순서

1. 동쪽의 유다 진영  2. 남쪽의 르우벤 진영  3. 서쪽의 에브라임 진영  4. 북쪽의 단 진영

| | 4. 북쪽(157,600명)<br>단 군대 진영<br>• 단 지파<br>(아히에셀: 62,700명)<br>• 아셀 지파<br>(바기엘: 41,500명)<br>• 납달리 지파<br>(아히라: 53,400명) | |
|---|---|---|
| 3. 서쪽(108,100명)<br>에브라임 군대 진영<br>• 에브라임 지파<br>(엘리사마: 40,500명)<br>• 므낫세 지파<br>(가말리엘: 32,200명)<br>• 베냐민 지파<br>(아비단: 35,400명) | 회막<br>레위인 진영 | 1. 동방 해 돋는 쪽<br>(186,400명)<br>유다 군대 진영<br>• 유다 지파<br>(나손: 74,600명)<br>• 잇사갈 지파<br>(느다넬: 54,400명)<br>• 스불론 지파<br>(엘리압: 57,400명) |
| | 2. 남쪽(151,450명)<br>르우벤 군대 진영<br>• 르우벤 지파<br>(엘리술: 46,500명)<br>• 시므온 지파<br>(슬루미엘: 59,300명)<br>• 갓 지파<br>(엘리아삽: 45,650명) | |

# 06 거룩히 구별된 사람들
민 3:1-10

성막 중심의 진 구성은 이스라엘이 하나님 중심으로 살아야 함을
보여 줍니다. '하나님 중심'은 단순히 구호나 다짐이 아니라 삶 전체
에 요구되는 것입니다. 이스라엘 진영은 아침에 일어나고 잠자리에
들 때, 장막을 걷고 이동할 때, 그들 가운데 계신 하나님을 가까이
피부로 느끼며 사는 구조입니다. 그들은 단순히 제사라는 의식적인
영역에서만 거룩하게 사는 것이 아니라, 삶 전체에서 즉, 자고 일어
나고 움직이고 하는 모든 순간에 주님을 모시고 살아야 했습니다(참
고, 행 17:28). 성도는 교회 안에서만 성도이고, 교회 밖으로 나가는 순
간부터는 세상의 지배를 받는 사람이 아닙니다. 일상은 예배와 분리
되지 않고, 예배는 일상 속에서 이루어집니다. 일을 하고 먹고 마시
는 것은 예배를 통한 은혜와 연결되어야 하고, 교회 안에서의 경건
과 거룩은 삶의 현장에서 경건과 실천으로 드러나야 합니다.[5]

---

5  그것을 실천하는 가장 좋은 수단은 기도라 생각합니다. 괴로울 때, 선택의 기로 앞에서, 어려
   운 상황을 대할 때 수시로 우리 주님의 도우심을 구하는 것입니다.

이스라엘은 광야라는 환경을 이유로 하나님 중심의 삶을 포기하거나 미룰 수 없습니다. 무질서와 혼란은 우리가 하나님의 임재 가운데 살아야 하는 성도라는 정체성을 잃어버리고 현실의 커다란 파도에 휩쓸려 두려워하고 방황할 때 나타나는 현상입니다. 광야에서는 먼저 자기 죄와 싸우겠지만, 우리는 더 나아가 우리가 앉고 일어서며 걷는 모든 길에서 하나님 중심의 삶을 회복하기 위해 싸워야 합니다. 그것이 거룩을 위해 부르신 하나님 앞에서의 성도의 바람직한 모습입니다.

본문은 하나님 중심의 삶을 살아가며 성막을 섬기도록 부름받은 사람들에 관한 이야기입니다. 이스라엘이 성막 중심의 삶을 살지만, 성막의 모든 일에 직접 관여하는 것은 아닙니다. 성막에서 이루어지는 모든 일은 하나님께서 구별하신 제사장과 레위 지파를 통해 이루어집니다. 이들의 섬김을 통해서 이스라엘 백성들은 하나님 중심의 삶을 살고 있다는 자각과 깨달음을 얻습니다. 하나님께서는 회막에서 봉사하는 제사장과 레위 지파를 배치하고 숫자를 계수하라고 명령하셨습니다.

먼저 아론의 아들들과 그들의 제사장 역할을 소개합니다(1-4절). 아론의 아들들은 장자 나답, 아비후, 엘르아살, 이다말 4명입니다(2절). 그들은 "기름 부음을 받고 거룩하게 구별되어 제사장 직분을 위임받은 제사장들"입니다(3절). 거룩한 제사장 역할을 맡은 네 아들 중에서 나답과 아비후는 하나님께서 명령하시지 않은 다른 불을 드려 불순종으로 죽고 현재는 엘르아살과 이다말 두 명이 제사장 직분을 수행하고 있습니다(레 10:1-7).

나답과 아비후의 죄를 다시 상기시킨 의도가 무엇일까요? 우리의 성정은 나쁜 일은 감추고 들춰내지 않으려 하지만, 그것을 꺼내 들었다는 것은 옛 범죄를 반복하지 않도록 경계를 삼기 위해서입니다. 하나님께서는 당신을 가까이 섬기는 자를 통해 거룩함을 얻으시는 분이며, 제사를 통해 하나님을 섬기려는 모든 백성에게 거룩할 것을 요구하시는 분입니다. 기름 부음을 받고 거룩하게 구별되었다는 것이 어떤 특별함을 의미하기는 하지만, 그 특별함은 개인의 특별함이 아니라 하나님을 섬기는 일과 관련한 특별함입니다. 따라서 이 직분에 불순종한다면 그것은 자신에게도 불행이라는 점을 상기시켜 줍니다. 따라서 하나님께서 구별하신 직분은 하나님의 능력과 성령님의 도우심이 없다면 실패할 수밖에 없습니다.

하나님께서는 제사장을 도울 사람들로 레위 지파를 구별하셨습니다(5-10절). 레위 지파의 임무는 아론 앞에 서서 그를 섬기는 일입니다. 아론에게 시종하라는 말은 '아론을 떠받들라'는 의미가 아니라 "아론의 직무와 온 회중의 직무를 위하여" 돕는 것을 의미합니다(7절). 아론의 직무는 제사장으로서의 직무이고 그가 하는 일은 이스라엘 백성과 하나님을 화해시키는 제사의 일에 충성하는 것입니다. 또한 이스라엘 자손이 하나님을 섬기기 위해 해야 할 일을 위하여 성막에서 시무하는 것입니다. 이스라엘 전체의 섬김을 돕는다는 뜻입니다.

민수기 2장을 보면 각 지파는 각자의 지휘관을 두고 있습니다. 하나님께서는 레위 지파의 그 역할을 아론과 그 아들들에게 맡기십니다(9절). 특히 엘르아살은 레위인의 지휘관들의 어른으로 섬기게 하셨습니다(32절). 하나님께서는 레위인들을 제사장의 권위 아래 두셨습니다(민수기 16장에서 고핫의 자손 고라가 반역하는 것은 하나님께서 두신 질서에 대한 반역입니다). 그들은 아론에게 온전히 맡겨진 사람들입니다(9절). 이것은 직분, 역할에 따른 것입니다. 이것을 계급적인 높고 낮음으로 이해하는 것은 세속적 견해입니다. 제사장도 하나님의 주권적인 은혜로 부름받고, 레위인도 마찬가지입니다. 다만 그 역할을 하나님께서 구별하셨고 그 관계를 규정해 주신 것일 뿐, 높고 낮음을 정하신 것이 아닙니다. 서로 돕고 연합할 때 하나님 섬김은 극대화될 것입니다. 또한 온 회중에게도 큰 유익이 될 것입니다.

하나님께서 아론에게는 제사장의 중요한 역할을 부여하십니다. 성막의 거룩을 지키는 것입니다.

> 제사장 직무를 행하게 하라 외인이 가까이하면 죽임을 당할 것이니라_10절

이 명령은 이곳 외에 5번 나옵니다(민 1:51; 3:38; 16:40; 18:4, 7). 광야에서의 제사장과 레위 지파의 싸움이 하나님의 거룩을 위한 싸움임을 강조합니다. 하나님의 궤를 옮기는 과정에서 궤를 붙들려다 죽은 웃사의 죽음을 아신다면(대상 13:10), 성막에 가까이하지 말라는 말씀은 거룩을 훼손하려는 부정적인 측면은 말할 것도 없고 어떤 예외도 허용될 수 없을 정도의 아주 강력한 경고임을 기억해야 합니다. 거룩과 정결에 크게 신경 쓰지 못하는 우리로서는 이렇게까지 해야 하는가 하는 의심과 반발을 쏟아 낼지 모르지만, 하나님께서는 당신을 가까이 섬기는 자를 통해서 거룩을 얻으시겠다고 하실 만큼 철저하

신 분입니다.

하나님께서 우리가 얼마만큼 거룩하기를 바라시는지 아시겠습니까? 이것을 존중해야 합니다(삼상 2:30). 하나님을 기쁘시게 하는 것은 그분이 어떤 분이신지 알고 그분께서 당신이 어떤 분인지 계시하신 대로 알고 섬기는 것입니다. 이스라엘은 성막과 제사에서 배우고 있고, 우리는 율법을 완성하신 그리스도 안에서 이것을 배우고 있습니다.

# 07 이스라엘을 대신하는 레위인
민 3:11–13

하나님께서 레위 지파를 구별하신 이유는 그들이 "이스라엘 자손 중에 태를 열어 태어난 모든 자를 대신"했기 때문입니다(12절). 이것은 출애굽 10번째 재앙과 연결되어 있습니다. 여호와께서 애굽의 처음 태어난 것은 왕을 시작으로 모든 가축의 처음 태어난 것까지 모두 죽을 것이라고 말씀하셨습니다(출 11:5).

하나님께서는 이스라엘과 애굽 사이를 구별하셔서 여호와의 사자가 이스라엘 집의 어린양의 피를 보고 넘어감으로 이스라엘은 목숨을 보호할 수 있었습니다. 1년 된 흠 없는 어린 숫양이나 숫염소를 해 질 때에 잡아 그 피를 집 좌우 문설주와 인방에 바르고 그 밤에 고기를 불에 구워 쓴 나물과 무교병과 아울러 먹을 때, 여호와의 사자가 그 피를 보고 재앙을 넘어갈 것이기 때문입니다. 이렇게 이스라엘의 생명을 보존하신 후에 그 생명을 대신하여 처음 태어난 것은 모두 하나님께 돌려야 했습니다.

이스라엘 자손 중에서 사람이나 짐승을 막론하고 태에서 처음 난 모

든 것은 다 거룩히 구별하여 내게 돌리라 이는 내 것이니라_출 13:2

이것이 레위 지파를 계수하는 목적입니다. 레위 지파는 이스라엘의 생명을 대신해서 하나님께 돌리기 위해 구별되었습니다. 그들은 이스라엘이 하나님께 속해 있고, 하나님의 구속의 은총을 받아 하나님께 소유된 백성임을 보여 주는 산 증거입니다.

이스라엘은 처음 태어난 장자 그리고 첫 생명을 대신하는 레위 지파의 섬김과 봉사를 받고 있지만, 그들을 힘든 일을 대신하는 사람이 아니라 자신의 생명을 대신하는 값진 일을 하는 사람으로 봐야 했던 것입니다. 따라서 레위 지파의 섬김은 나와 상관없는 것이 아니라 그 반대입니다. 하나님께 속한 백성은 레위 지파뿐이고 우리는 아니라고 주장하는 것은 참을 수 없는 배은망덕입니다.

레위 지파의 구별과 관련하여 출애굽기 32장에서 그들의 성격을 엿볼 수 있습니다. 사실 레위 지파도 금송아지 사건에 참여한 자들이고 똑같이 금송아지 앞에서 즐거워했던 자들입니다. 금송아지 사건의 가장 큰 책임은 아론에게 있습니다. "모세가 본즉 백성이 방자하니 이는 아론이 그들을 방자하게 하여 원수에게 조롱거리가 되게 하였음이라"(출 32:25). 그럼에도 백성은 변명의 여지가 없습니다. 이어서 모세가 "여호와의 편에 있는 자는 내게로 나아오라"고 했을 때, 레위 자손이 나왔습니다(출 32:26). 죄의 자리에서 떠날 것을 요구했을 때, 레위 지파가 나온 것입니다.

금송아지 숭배 자리는 부패한 광신자들의 모임인 것 같지만 오히려 그 반대일 수 있습니다. 백성 전체가 금송아지를 향해 우리를 구원해 낸 자라고 기뻐하고 있는 그 자리는 굉장히 진지하고 엄숙했을 것입니다. 오늘날 많은 이단이나 사이비 기독교 모임을 가 보면 굉장히 경건하고 엄숙하고 진지하게 숭배하고 울음과 환희와 기쁨이 있는 것을 목격합니다. 진짜 같은 분위기 속에 있어서 참진리를 가진 교회로 나오라고 해도 교회의 연약함 때문에 거절하기도 합니다. 그런 분위기에서 레위 지파가 나온 것입니다.

성령님께서 그들의 마음의 눈을 일깨워 주시지 않았더라면 그들은 쉽게 돌아오지 못했을 것입니다. 성령님께서 하나님 앞에서의 자신들의 죄악이 얼마나 큰지를 보게 하셨을 때, 그들은 주저하거나 부끄러워서 숨거나 하지 않고 부르시는 주님 앞에 나왔습니다. 그리고 죄를 심판하시는 여호와의 도구가 되어 3천 명을 죽입니다.

이 일을 보고 모세는 다음과 같이 말합니다. "오늘 여호와께 헌신하게 되었느니라 그가 오늘 너희에게 복을 내리시리라"(출 32:29). 따라서 레위 지파가 아론 앞에 서서 그들을 돕게 된 것은 그들의 의로운 행동 때문도 아니고, 그들에게 있는 특별함 때문도 아닙니다. 하나님의 은혜로운 섭리 때문입니다. 죄악을 벌하시지 않고 그들을 거룩하게 하셔서 하나님을 가까이 섬기게 하신 전적인 하나님의 자비요 은혜 때문입니다.

오늘날 교회의 섬김과 봉사를 위해 구별된 목사, 장로, 집사는 자신의 부르심을 감사하며 직무에 충성해야 합니다. 동시에 하나님께서는 성도들도 섬기는 자가 되기를 원하십니다. 성도들은 직분자들의 섬김을 자신들을 위한 것으로 받아서 그들에게 협력하고 도와야 합니다. 직분자들은 자신들의 섬김이 성도들을 대신하는 것인 줄 알고 더욱 최선의 노력을 다해야 합니다. 협력함으로 세워 가는 모습이 참으로 아름답습니다. 그럼에도 여전히 교회의 문제는 그들의 섬김과 봉사를 자신들과 상관없고 그들에게만 속한 것처럼 외면함으로 발생하고, 결국 그런 무관심이 낳은 반목과 멀어짐 탓에 자신에게 손해로 돌아오는 일들이 많습니다. 그러므로 직분자나 성도들이나 모두가 서로의 일을 존중해야 합니다.

우리 모두 주를 섬기는 자로 부름받았습니다. 낮은 자리에서 섬기는 자가 복됩니다.

# 08 하나님의 소유

민 3:14–51

| | 북쪽<br>단 군대 진영<br>(단, 아셀, 납달리) | | | |
|---|---|---|---|---|
| **서쪽**<br>에브라임<br>군대 진영<br>(에브라임,<br>므낫세,<br>베냐민) | | 므라리<br>(6,200명) | | **동쪽**<br>(해 돋는 쪽)<br>유다 군대 진영<br>(유다, 잇사갈,<br>스불론) |
| | 게르손<br>(7,500명) | **회막** | 모세, 아론<br>그 아들들 | |
| | | 고핫<br>(8,600명) | | |
| | 남쪽<br>르우벤 군대 진영<br>(르우벤, 시므온, 갓) | | | |

하나님께서는 당신의 것이라고 구별하신 레위 지파의 인구를 계수하라고 명령하셨습니다(14–39절). 이스라엘은 싸움에 나갈 만한 20

세 이상을 계수하지만, 레위 지파는 일 개월 이상 된 남자 아이부터 어른까지를 다 포함해 계수합니다.

일 개월 이상 된 남자라는 말은 레위 지파의 모든 남자를 의미하는 것 같습니다. 그들이 진을 칠 곳과 그들의 역할을 알려 주시는데, 서쪽에는 게르손 종족 7,500명(21-26절), 남쪽에는 고핫 종족 8,600명(27-32절), 북쪽에는 므라리 종족 6,200명(33-37절), 동쪽 즉, 해 돋는 쪽에는 모세와 아론과 아론의 아들들이 진을 칩니다. 게르손, 고핫, 므라리 세 명의 아들들을 계수한 결과 일 개월 이상 된 남자가 22,000명이었습니다. 하나님께서는 이제 이스라엘의 모든 처음 태어난 남자를 계수하라고 말씀하십니다.

나는 여호와라 이스라엘 자손 중 모든 처음 태어난 자 대신에 레위인을 내게 돌리고 또 이스라엘 자손의 가축 중 모든 처음 태어난 것 대신에 레위인의 가축을 내게 돌리라_41절

처음 난 자를 세어 보니 22,273명이었습니다. 여기에서 레위 지파 남자들과 이스라엘 처음 난 자들의 차이가 273명입니다. 이스라엘 자손의 처음 난 자가 레위인보다 273명이 더 많았습니다. 하나님께서는 그 수에 대해서 성소의 세겔 곧 5세겔씩 '속전'을 받으라고 명령하셨습니다(47절). 273명은 대속할 레위인이 없기 때문에 속전으로 내게 하신 것입니다. 그래서 273명분 속전인 1,365세겔을 거둬 아론과 그의 아들들에게 주었습니다.

제사장과 레위 지파는 회막을 위해 구별되었습니다. 그들의 일은 회막의 일이고 이스라엘의 성막 섬김을 돕습니다. 그러므로 일의 성

격이 다릅니다. 레위 지파는 전쟁을 수행하거나 따로 목축을 하지 않고, 풀타임 사역자처럼 온전히 회막 일에만 전념합니다. 누군가 '왜 일하지 않느냐?'고 말하는 것은 옳지 않습니다. 바로 그 자신을 대신해서 회막에서 섬기고 있기 때문입니다. 따라서 레위 지파의 가난은 이스라엘 전체의 가난이고, 레위 지파 사람들의 게으름과 나태함은 이스라엘 전체의 게으름과 나태함입니다. 이렇게 서로 연결되어 있는 것이 이스라엘 교회입니다.

교회는 그리스도를 머리로 하여 한 몸을 이루고 있습니다. 몸의 많은 지체가 각각 다른 은사를 가지고 있습니다. 바울은 다음과 같이 가르칩니다. "이와 같이 우리 많은 사람이 그리스도 안에서 한 몸이 되어 서로 지체가 되었느니라 우리에게 주신 은혜대로 받은 은사가 각각 다르니"(롬 12:5-6). 한 몸이 연결되어 있다는 통일성을 먼저 말한 다음에, 그 통일성 안에 각각 은사가 다른 다양성이 있음을 가르치고 있습니다.

이스라엘 모든 지파와 레위 지파 모두 회막을 중심으로 하나님을 섬긴다는 통일성과 공통성을 가지고 있습니다. 그러나 레위 지파는 회막 일에만 전념하는 은사를 받았고 다른 지파는 가나안 사람과 싸워야 하는 은사를 가진 것입니다. 통일성 안에 다양성이 있습니다. 통일적 다양성입니다. 통일성을 강조하다 보면 각양 은사대로 섬기는 일이 약화되고, 다양성을 강조하다 보면 한 몸이라는 의식이 약화될 수 있습니다. 항상 통일성을 확인하며 그 안에서 다양함을 말함으로써 교회는 질서 있게 세워져 갑니다.

이것을 위해 하나님께서는 엘르아살을 세우셨습니다(32절). 그의 역할은 레위인의 지휘관들의 어른이 되고 성소를 맡을 자를 통할하는 것입니다. 그는 은사 사용의 질서를 잡고 성소 섬기는 일을 원활하게 하기 위해 레위인들을 조율하고 조정해야 합니다. 은사 사용에서의 혼란과 대립을 없애는 일입니다. 이것은 교만과 다툼 등으로 발생하는 교회 분열과 불화를 미연에 방지하기 위함입니다. 엘르아살이 아론의 아들이어서 자동으로 리더십을 가진 것이 아닙니다. 하나님께서 기나긴 광야 생활에 꼭 필요한 리더십을 직접 세우신 것입니다. 이 일에서 우리는 교회의 하나 됨과 조화로운 질서를 하나님께서 얼마나 기뻐하시는지를 깨달아야 합니다.

# 09 일할 만한 모든 자
민 4:1-3

레위 지파 가운데 회막에서 일할 레위 사람을 계수합니다(3절). 회막일에 참여할 수 있는 자격 중에서 제일 먼저 고려한 것이 나이입니다. 30세에서 50세입니다. 그러나 싸움에 나갈 사람은 20세 이상부터인데 몇 살까지라는 제한은 없습니다(민 1:3). 전쟁에서 나이 제한이 없기 때문일까요? 영적 전쟁을 수행하는 데 은퇴는 없습니다. 나이가 들어도 죄와의 싸움은 끊이지 않기 때문에 영적 전쟁은 평생하는 것입니다. 전쟁을 하다가 후방으로 빠지고 전쟁터를 떠나 편안하게 쉬는 것을 상상하겠지만, 이 싸움에서 은퇴는 곧 하나님 앞에 가는 것입니다.

쉰다는 것도 사실 육신을 쉬는 것을 의미하지만, 육신이 쉴 때라도 영적인 싸움은 중단할 수 없습니다. 심각한 부상을 입어 회복을 위해 전쟁터를 떠나 있더라도, 그리스도인의 영적 싸움은 쉬는 법이 없습니다. 기도를 쉴 수 있습니까? 성령 충만을 구하며 살려는 열망을 꺼뜨려 버릴 수 있습니까? 영혼의 양식인 말씀 묵상을 중단하시겠습니까? 예배를 멈추시겠습니까? 우리에게 하나님께서 주시는 안식이란 곧 그분 앞에서 쉬는 것뿐입니다. 그것도, 우리의 군대 대장이신 여호와께서 '쉬라' 명령하실 때에야 쉴 수 있습니다. 그때까지는 믿음의 경주를 해야 하고, 부름의 상을 향해 마라토너처럼 달려야 합니다.

회막에서의 일은 다릅니다. 30세부터 50세까지입니다. 개인마다 성숙도가 다르기는 하겠지만, 보통 30세는 젊은 혈기나 방탕으로부터 어느 정도 멀어지고 경솔함이나 무절제함으로부터 성숙했을 때입니다. 요즘은 70세도 건강하지만 당시 광야라는 환경에서 단명했을 것을 추측해 보면 50세로 나이를 제한한 것은 힘이 쇠해지기 때문일 것입니다. 회막에서의 봉사는 거룩한 일이지만 사실 모든 물건을 어깨에 메어야 하는 고단한 일이기도 합니다(15, 26, 32절). 어깨에 메지 않고 수레로 운반하던 중에 소가 뛰어 법궤가 떨어지려는 것을 붙잡다 죽은 웃사의 경우를 기억한다면, 모든 기구를 어깨에 메고 다닐 만한 체력이 필요합니다.

한편 나이가 들수록 지혜가 생길 수도 있지만 익숙함 때문에 태만해질 수도 있습니다. 모두가 태만해지는 것은 아니지만, 그런 일이 발생해서 다른 사람에게 해를 끼치는 것을 예방하려는 차원임을 기억해야 합니다. 이것은 50세 이후에도 전쟁에 남아 있는 것과는 다릅니다. 오늘날 우리 모두는 하나님 나라를 위해 섬기도록 부름받았습니다.

이는 성도를 온전하게 하여 봉사의 일을 하게 하며 그리스도의 몸을 세우려 하심이라_엡 4:12

주님을 섬기는 일에는 남녀노소, 빈부귀천이 없습니다. 주님의 나라를 위해 섬기기를 바라는 마음이 식지 않도록 힘써야 합니다. 우리의 쉼은 주님의 나라에 들어감으로 완성될 것이니, 주님께서 쉬라 하실 때까지 성도는 항상 봉사의 일에 힘써야 합니다.

| 민수기 4장의 내용 | | |
|---|---|---|
| 1-20절 | | 고핫 자손의 임무: 지성물을 운반 |
| | 3~15 | 아론과 그 아들들의 임무: 성소와 성소의 모든 기구를 덮는 일 |
| | 16 | 엘르아살의 임무: 등유와 태우는 향과 항상 드리는 소제물과 관유이며 또 장막 전체와 그중에 있는 모든 것과 성소와 그 모든 기구 |
| 21-28절 | | 게르손 자손의 임무: 성막의 휘장들과 회막과 그 덮개와 그 위의 해달의 가죽 덮개와 회막 휘장 문을 메며 뜰의 휘장과 성막과 제단 사방에 있는 뜰의 휘장 문과 그 줄들과 그것에 사용하는 모든 기구를 메며 이 모든 것을 이렇게 맡아 처리 |
| 29-33절 | | 므라리 자손의 임무: 장막의 널판들과 그 띠들과 그 기둥들과 그 받침들과 뜰 둘레의 기둥들과 그 받침들과 그 말뚝들과 그 줄들과 그 모든 기구들과 그것에 쓰는 모든 것 |
| 34-49절 | | 세 자손의 계수와 명령대로 행함 |
| | 34~37 | 고핫 자손의 수: 2,750명 |
| | 38~41 | 게르손 자손의 수: 2,630명 |
| | 42~45 | 므라리 자손의 수: 3,200명 |
| | 46~48 | 회막 봉사할 레위인 전체의 수: 8,580명 |

# 10

## 임무의 동등성과 그 책임

민 4:4-49

레위 지파에게 맡겨진 임무는 다음과 같습니다. 먼저 고핫 자손은 지성물을 운반하는 일을 합니다(4절). 다만 직접 지성물을 챙길 수는 없고 제사장이 지성물을 정리해 놓으면 그것을 운반합니다. "진영이 전진할 때에" 곧 회막 위에 구름이 떠오르면 아론과 그의 아들들은 지성물을 정리합니다(5절). 그리고 칸 막는 휘장을 걷어 증거궤를 덮습니다. 그 위를 해달의 가죽으로 덮고 그 위에 순청색 보자기를 덮어 그 채를 꿴니다. 증거궤를 세 겹으로 덮는 것은 떨어지는 것을 예방하기 위한 목적도 되고, 외부와의 접촉을 철저하게 피하려는 목적도 있어 보입니다(5-6절).

진설병의 상에 청색 보자기를 펴고 대접들, 숟가락, 주발들, 붓는 잔을 그 위에 두고, 또 항상 진설하는 떡을 그 위에 두고, 홍색 보자기를 그 위에 펴고, 그것을 해달의 가죽 덮개로 덮은 후에 그 채를 꿴니다. 이동 중이라고 "항상 진설하는 떡"을 치우는 법이 없습니다. 그 떡은 우리의 양식이 하나님임을 고백하고, 우리가 일상적으로 먹는 떡을 드림으로 우리의 전부를 드리는 헌신을 뜻하기 때문에 이동

중이라도 놓습니다. '제사용 떡'으로만 특별히 제작해서 놓고 평소에는 두지 않는 오늘날의 제사나 의식과 달리, 이 떡은 항상 있어야 합니다(7-8절).

다음으로 청색 보자기를 취하여 등잔대, 등잔들, 불 집게들, 불똥 그릇들과 기름 그릇을 덮고 등잔대와 그 모든 기구를 해달의 가죽 덮개 안에 넣어 메는 틀 위에 두고, 금제단 위에 청색 보자기를 펴고 해달의 가죽 덮개로 덮고 그 채를 꿰웁니다(9-11절).

성소에서 봉사하는 데에 쓰는 모든 기구를 취하여 청색 보자기에 싸서 해달의 가죽 덮개로 덮어 메는 틀 위에 두고, 번제단의 재는 버리고 그 제단 위에 자색 보자기를 펴서 봉사하는 데에 쓰는 모든 기구, 곧 불 옮기는 그릇들과 고기 갈고리들과 부삽들과 대야들과 제단의 모든 기구를 두고 해달의 가죽 덮개를 그 위에 덮고 그 채를 꿰웁니다(12-14절).

각 기구들을 덮는 데 사용하는 보자기들이 굉장히 화려합니다. 그것은 각 기구들을 쉽게 식별하기 위한 것으로 보입니다. 이렇게 아론과 그 아들들이 성소와 성소의 모든 기구 덮는 일을 끝마친 후에야 고핫 자손들이 와서 멥니다.

> 진영을 떠날 때에 아론과 그의 아들들이 성소와 성소의 모든 기구 덮는 일을 마치거든 고핫 자손들이 와서 멜 것이니라 그러나 성물은 만지지 말라 그들이 죽으리라 회막 물건 중에서 이것들은 고핫 자손이 멜 것이며 제사장 아론의 아들 엘르아살이 맡을 것은 등유와 태우는 향과 항상 드리는 소제물과 관유이며 또 장막 전체와 그중에 있는 모

고핫 자손과 레위인 지휘관들의 어른인 엘르아살까지 성물 운반에 책임을 집니다. 레위 지파를 지휘하는 자라고 해서 아무 일도 하지 않는 것이 아님을 말하고 있습니다.

게르손 자손의 사람도 계수한 후에 그들에게 부여한 임무는 "성막의 휘장들과 회막과 그 덮개와 그 위의 해달의 가죽 덮개와 회막 휘장 문을 메며 뜰의 휘장과 성막과 제단 사방에 있는 뜰의 휘장 문과 그 줄들과 그것에 사용하는 모든 기구를 메며 이 모든 것을 이렇게 맡아 처리"하는 것입니다(25-26절).

므라리 자손의 임무는 "장막의 널판들과 그 띠들과 그 기둥들과 그 받침들과 뜰 둘레의 기둥들과 그 받침들과 그 말뚝들과 그 줄들과 그 모든 기구들과 그것에 쓰는 모든 것"을 메는 것입니다(31-32절).

이렇게 레위 사람의 종족과 가문에 따라 30세부터 50세까지 회막에서 섬길 사람을 계수한 결과를 보면 고핫 자손이 2,750명, 게르손 자손이 2,630명, 므라리 자손이 3,200명입니다. 총 8,580명입니다(34-49절).[6]

임무와 관련해서 두 가지를 생각해 봐야 합니다.

첫째는 맡은 일의 귀천(貴賤)이 없다는 점입니다. 고핫 자손은 지

---

6 여기에 언급되지 않았지만, 불구자나 흠 있는 자는 참여할 수 없습니다. 왜냐하면 불구의 모습이 가져올 모욕이 하나님께 돌려지는 것을 방지하기 위해서입니다. 그리고 흠 있는 자가 일할 수 없다는 것은 하나의 상징입니다. 즉 외적 상징을 통해서 모든 영적 불결로부터 자신을 더욱 열심히 보호하게 하려는 것입니다.

성물을 운반하기에 게르손이나 므라리의 일은 뒤치다꺼리 정도로 생각할 수도 있습니다. 하지만 일의 중요도보다 맡겨진 임무에 충실히 순종하는 것이 하나님 앞에서 귀합니다. 일의 경중을 따지듯 하는 세속적 습관을 버리고 거룩한 일에 자기를 부르신 자를 기쁘시게 순종함이 아름다운 것입니다.

불만과 불평은 하나님께서 나에게 맡기신 일을 내가 온전히 순종하느냐에 대한 관점을 잃어버리는 데서 발생합니다. 하나님을 보지 않고 서로 비교하고 자기 수고에 대한 대가를 바라는 마음 때문입니다. 하나님께서 이렇게 일을 나눠 주신 것이므로 불평 없이 했겠지만, 사람의 부패한 본성은 하나님께서 맡기신 부름과 섬김을 놓고도 옥신각신할 정도로 나약합니다. 그러나 우리를 부르신 하나님을 기쁘시게 해야 한다는 점을 항상 잊지 않아야 할 것입니다. 바울은 "그리스도 예수 안에서 하나님이 위에서 부르신 부름의 상을 위하여 달려가노라"라고 말합니다(빌 3:14). 하나님께서 부르신 부르심의 상을 위해서 맡은 자리에서 충성하는 자세가 필요합니다.

둘째로 맡은 일에는 엄중한 책임이 요구된다는 점입니다. 고핫 자손은 지성물을 옮기는 중요한 일을 맡았는데, 다른 자손과 달리 하나님께서 그들에게만 하신 경고가 있습니다. 그것은 죽을 수도 있다는 경고입니다. 두 가지 상황을 특히 조심해야 하는데, 첫째는 성물을 만지는 경우이고(15절), 둘째는 잠시라도 성소에 들어가서 성소를 보는 경우입니다(20절).

만지거나 들어가서 보는 것은 단순한 행동입니다. 그럼에도 왜 죽는다고 경고하시는 것입니까? 역시 사람의 부패한 본성으로 말미암아 하나님의 거룩함을 드러내지 못하는 일들이기 때문입니다. 만지고 들어가 보는 행동이 발생하는 이유는 부주의함 때문이거나 호기심 때문입니다. 하나님께서 성물을 만지는 일을 제사장에게 부여하셨는데, 그런 경계를 깨고 허무는 부주의함을 경고하신 것입니다. 또한 들어가서 성소를 본다는 것은 호기심을 채우기 위해 하나님의 명령을 어기는 일입니다. 헛된 호기심으로 하나님의 법을 깨뜨리는 일에 대한 경고입니다.

죽을 것이라고 경고하신 이유는 그들이 부주의해서, 또는 헛된 호기심을 채우려고 하나님의 명령을 어겼을 때 상상할 수도 없는 불행을 겪을 것이기 때문입니다. 어쩌면 한 번이라고 생각할지도 모르고, 호기심은 당연하다고 생각할지도 모릅니다. 그러나 하나님께서 명령하신 대로 사는 것은 그분에 대한 신뢰를 바탕으로 하고, 우리를 선으로 대하시는 것을 믿는 믿음에 따른 순종입니다. 그러므로 하나님께서 '~하지 말라'고 하신 것들에 대해서는 쓸데없는 경험을 요구하지 말아야 합니다. 이 경고는 "그들이 지성물에 접근할 때에 그들의 생명을 보존하고 죽지 않게 하기 위하여" 주신 것입니다(19절). 사람의 부패와 악함을 아시기 때문에 마련하신 안전장치입니다.

오늘날에는 성물이라고 할 만한 것이 없습니다. 성소와 그 안에 있는 모든 기구들까지도 그리스도의 속죄 제사를 통해 완성되었기 때문입니다. 성물이란 성전 제도 안에 속한 부속품인데, 참 성전이신 그리스도께서 구속의 일을 완성하셨습니다.

성도들에게 거룩한 물건에 대한 봉사는 거룩한 하나님의 말씀에 대한 봉사와 순종으로 남아 있습니다. 그 봉사와 순종 관련해서도 목사, 장로, 집사의 봉사와 순종은 더 거룩하고 성도의 봉사와 순종은 덜 거룩한 것이 아니라, 모든 사람의 봉사와 섬김이 귀하고 거룩합니다. 우리는 그리스도 안에서 하나님 앞에서 살아가고 하나님의 은혜의 보좌 앞에 나아가는 삶을 살아가고 있기 때문입니다. 우리도 다른 사람과의 비교를 멈추고 하나님의 부르심에 순종하는 자세로 직분자는 직분자대로, 성도는 성도 자신의 의무를 충실히 감당해야 합니다(예배, 헌금, 봉사, 경건의 삶 등).

# 11 내가 그 진영 가운데 거하느니라

민 5:1-4

이스라엘의 진영이 갖춰졌습니다. 전쟁에 나갈 숫자를 파악하고, 어떻게 진영을 갖출지를 배정받고, 이스라엘 중앙에 위치한 성막을 섬길 사람들과 그들의 역할 분배를 끝마쳤습니다. 이것을 통해서 두 가지를 확인할 수 있었습니다.

첫째로 이스라엘은 전투하는 교회라는 점입니다. 계수의 목적이 전투이기 때문입니다. 외부를 향해서는 가나안과의 전쟁, 내부를 향해서는 자기 죄와의 싸움입니다. 그런데 성막이 이스라엘 진영 가운데 있다는 점을 생각해 볼 때, 이스라엘의 영적 싸움은 홀로 하는 전쟁이 아니라 하나님과 함께, 더 나아가 하나님 중심으로 행하는 싸움입니다.

둘째로 이스라엘의 이런 진영과 역할 배정은 질서 유지를 위한 것이라는 점입니다. 하나님 중심의 삶은 규모 있는 삶을 사는 것입니다. 질서, 조화, 균형이 있는 삶입니다. 이런 명령이 없다면 부패한 본성 때문에 서로 경쟁하면서 헛된 야망에 사로잡혀 다툼과 분열에 휩쓸리고 말 것입니다. 그러나 질서와 역할 분배는 교회의 덕을 세우기 위한 것이고, 하나님께서 은혜로 맡기신 역할이라는 점이 세상과 다릅니다. 세상은 끊임없이 계급을 따지고 공치사를 늘어놓지만 교회는 덕을 세우기 위해 애쓸 뿐입니다. 따라서 민수기 1-4장의 마지막마다 여호와께서 명령하신 대로 순종했다는 고백이 나옵니다(민 1:54; 2:34; 3:51; 4:49). 그리고 민수기 3-4장에서 제사장과 레위 지파가 성소에 대해서 지켜야 할 의무 사항을 말했는데, 레위 지파 중에 고핫 자손은 지성물을 옮기다가 호기심으로라도 성물을 본다면 죽게 될 것이라 경고했습니다. 레위 지파는 성소의 거룩함을 위해 싸워야 하는 지파였습니다. 그러나 거룩의 의무는 특정 지파에게만 요구된 것이 아니라 이스라엘 전체에게 요구되는 사항입니다.

본문은 이스라엘 자손이 성소에 대하여 지켜야 할 의무 사항입니다(2-3절). 하나님께서는 이스라엘 진영 밖으로 내보내야 할 대상을 지목하셨습니다. 나병 환자, 유출병자, 시체를 만진 사람들입니다. 한마디로 부정한 자는 다 내보내야 합니다.[7] 이들은 정결하다고 판

---

7  하나님께서는 모세를 통해 아론과 그의 자손들에게 경고하십니다. "누구든지 네 자손 중에 대대로 그 몸이 부정하면서 이스라엘 자손이 구별하여 여호와께 드리는 성물에 가까이하는 자는 내 앞에서 끊어지리라"(레 22:3). 이 사람들은 '나병 환자, 유출병자, 시체로 부정하게 된 자, 설정한 자, 무릇 사람을 부정하게 하는 벌레에 접촉된 자, 무슨 부정이든지 사람을 더럽힐 만한 자에게 접촉된 자'들입니다(레 22:4-5). 이런 것에 접촉한 사람은 정결 의식을 통해서 저녁에 먹을 수 있었고, 이런 명령을 지키지 않는 것은 하나님을 욕되게 하는 것이어서 그 죗값은 죽음이었습니다. 그래서 제사장의 역할은 필수적이기 때문에 저녁이 되면 정결하게 되는 길을 열어 놓으셨던 것입니다. 그래서 하나님께서는 이것을 명령하신 당신을 '그들을(제사장들을) 거룩하게 하는 주'라고 소개하셨습니다(레 22:9). 그러나 이스라엘 백성은 상황이 다릅니다.

정받기 전까지, 이스라엘 진영 밖으로 쫓겨나야 했습니다. 남녀를 막론하고 모두 내보내야 했습니다.

'진 밖으로 나간다'는 의미는 첫째로 백성과의 단절입니다. 이스라엘 사회 속에서의 단절입니다. 둘째는 하나님과의 단절입니다. 제사에 참여할 수 없고 하나님의 임재의 장소에서 쫓겨나는 것입니다. 전자는 육체적으로 사회적인 끊어짐이라면 후자는 영적인 단절입니다. 따라서 부정한 자로 진영 밖으로 보냄을 받는 일은 이스라엘 자손에게 심각한 조치입니다. 슬프게 울며 가슴을 치며 안타까워해야 할 상황입니다.

매일 이스라엘의 중심에 있는 하나님의 임재를 상징하는 성막을 바라보는 하나님 중심의 삶에서 단절된다는 것은 참 불행한 일입니다. 하나님께서 계시는 곳을 사모하지 않는 세상과 육적인 사람들에게는 그것이 실감되지 않겠지만, 하나님을 사랑하는 사람에게는 다릅니다.

> 하나님이여 주는 나의 하나님이시라 내가 간절히 주를 찾되 물이 없어 마르고 황폐한 땅에서 내 영혼이 주를 갈망하며 내 육체가 주를 앙모하나이다 내가 주의 권능과 영광을 보기 위하여 이와 같이 성소에서 주를 바라보았나이다_시 63:1-2

하나님을 갈망하고 찾는다는 것은 성소에 나간다는 것인데, 그곳으로부터 단절된다는 것은 영적인 죽음 상태에 처해지는 고통스러운 상황입니다.

이 말씀은 '성결은 이스라엘 내부에서부터 시작하라'고 요구합니다. 하나님 중심의 삶에 필요한 거룩은 내부에서부터 시작해야 합니다. '왜 이런 사람들을 내보내야 합니까'라고 물으면서 이 사람들이 더럽다고 판정받게 된 이유를 따지려고 하면 부정의 이유를 하나님께 돌리려고 들 것입니다.

우리는 사람들을 쫓아내는 것이 너무하다고 말하기보다 왜 이렇게까지 명령하셔야 하는지에 대한 하나님의 뜻을 물어야 합니다. 그것은 거룩한 백성으로 부름받은 이스라엘의 성결은 우리 안의 죄를 제거하는 것으로부터 시작해야 한다는 것을 경험시키기 위함입니다. 만약 지파와 가문 중심으로 진영을 치고 있는 상황에서 가족 중에 한 사람이라도 이런 대상이 되어 쫓겨난다면 얼마나 마음이 아프겠습니까? 그러나 이것을 보면서 우리 안의 죄는 이렇게 철저히 제거해야 하는 것이고, 마음으로 아파하고 슬퍼해야 할 요소임을 깨달아야 합니다. 왜 그렇습니까? 부정한 사람이라도 당장은 (일시적으로) 진영 밖으로 쫓겨나지만 정결 규례를 통하면 들어올 수 있기 때문입니다(레 13-15장).

제사장의 판결을 받아 깨끗하게 되는 규례를 통해 다시 백성과의 교제와 하나님과의 거룩한 교제로 들어올 길은 항상 열려 있습니다. 그러므로 누군가를 쫓아내라는 명령은 단순히 공동체 안에 있는 사람들을 조사해서 누구를 잘라 내야 할까를 고민하게 하는 배타적인 법이 아니라, 우리 자신과 공동체 안의 죄를 제거함으로 거룩을 위해 서로 간에 더욱 힘쓰고 노력하라고 주신 수용적인 법입니다. 우리를 하나님과 단절시키는 죄를 조심하고 그분과의 교제에 계속 머물게 하기 위해 더러움이 아닌 정결에 힘쓰라는 동기 부여를 위한 법인 것입니다.[8] 이것이 율법이 요구하는 의도입니다.

구약은 외부적인 규례만을 명령하는 것 같지만, 눈에 보이는 것을 통해서 보이지 않는 것까지 교훈합니다. 외적인 것을 통해서 내적인 것을 가르치고 있습니다. 육적인 방식으로 영적인 것을 요구하고 있습니다. 이 사실을 간과한 사람들이 유대인들입니다. 그들은 겉만 보고, 껍데기만 붙들고 핵심을 버렸습니다. 예수님께서는 그들을 향해 입술로만 공경하고 마음이 멀어진 자들이요 '외식하는 자'라고 책망하셨습니다. 사람을 더럽게 하는 것은 '입으로 들어가는 것이 아니라 입에서 나오는 것'임을 알지 못했기 때문입니다(마 15:11).

우리는 단순히 시체를 안 만졌고 나병이나 유출이 나에게 없다고 해서 스스로를 깨끗하게 여겨도 된다고 생각하지 않아야 합니다. 우리는 어떤 형태로든 부정함에 늘 접촉하여 더러운 자로 판명될 수 있고, 그럴 경우 하나님의 임재 앞에서 격리될 수 있음을 기억해야 합니다. "내가 거룩하니 너희도 거룩할지어다"(레 11:45)라는 주님의 뜻을 더욱 명심하고 살아야 합니다. 하나님 중심의 삶을 살려 하고 성막에 임재하신 거룩한 하나님의 영광을 아침저녁으로 마주하는 성도에게 거룩과 성결은 그 마음에서부터 시작해야 하고 삶 전체

---

8  진 밖으로 나가야 할 대상 가운데 여자들의 유출은 신체적 변화와 관련되어 있고 나병 또한 자기 의지와 상관없이 태어날 때부터 가지고 있는 더러움인데, 이런 사람들까지 내보내는 것은 불합리해 보일 수도 있습니다. 그러나 시체를 만진 것도 고의가 아닌 실수에 따른 접촉으로 부정하게 되었음을 생각하면, 부정하다고 판정받은 사람들도 자기 의지와 힘과 노력과 상관없이 부정하게 되었음을 이해해야 합니다. 여자나 나병 환자를 차별하는 규례가 아니라, 이것을 통해 모든 죄인은 자기 의지나 노력과 상관없이 더럽혀진다는 사실을 직시하라는 말입니다.

로 확대되어 음식, 남녀 관계, 이웃과의 관계에서 일어나는 여러 문제들에서도 잘 적용되도록 해야 합니다.

바울은 "육신에게 져서 육신대로 살 것이 아니니라"라고 요구하면서 죄를 피하는 것과 함께 우리가 더 깊이 생각해야 할 것이 우리를 향한 하나님의 뜻 즉, 거룩함이라고 말합니다(롬 8:12; 살전 4:3). 그분의 뜻에 복종하고 그분의 말씀에 순종함으로 그분 앞에서의 거룩함이 말뿐 아니라 실천적인 열매임을 증명해야 합니다. 그 가운데서 우리도 늘 부정함을 입고 더러운 말과 생각에 젖어 드는 것은 우리의 나약함과 육체의 한계와 이 세상에서의 계속되는 위협 때문입니다. 그때마다 우리의 회개는 말로만이 아니라 마음 깊은 곳에서부터의 통회와 자복으로 나와야 하고, 이 일을 위해서 우리를 거룩하게 하시는 그리스도의 영의 도우심을 충만하게 받기를 힘써야 합니다. 성령으로 우리 마음에 충만하게 부어 주신 하나님의 사랑을 힘입어야할 것입니다. 다시 하나님을 사랑함으로써 우리 마음이 더러움에서 깨끗함으로, 부정에서 정결함으로 방향 전환할 수 있는 은혜를 매일 구해야 합니다(롬 5:2, 6).

마지막으로, 부정한 것이나 정결한 것의 구분은 장차 그리스도 안에서 더러운 자를 정결케 씻어 주시는 은혜를 예표합니다. 부정하게 된 사람 입장에서 '왜 나를 부정하다고 하는가?'라는 차원보다 부정한 자가 다시 깨끗함을 얻게 될 수 있다는 은혜를 말하려는 것입니다. 그리고 그 은혜는 그리스도 안에서 도래할 새로운 질서입니다. 따라서 그리스도께서 오실 때까지 정결 규례라는 것은 한시적으로 필요합니다. 이런 한시적 목적 때문에 더 완전하고 온전한 정결을 사모하며 살아야 하는 것이 구약 백성의 영적 자세였습니다. 그리스도께서 오셔서 모든 것을 씻으시는 은혜를 그 시대 사람들에게 증거할 복음이 필요했던 것입니다. 이것을 지킬 때마다 사람들이 그리스도를 통해 주실 복음을 예비하고 기다리게 하셨습니다.

때가 되어 그리스도 안에서 정결케 하시는 은혜 안에 사는 성도들은 이 은혜를 베푸신 하나님께 감사하며 합당한 삶을 살아가야 합니다.

# 12 배상의 원칙
민 5:5-10

본문은 이웃과의 관계에서 일어나는 죄와 관련한 내용입니다. 남자, 여자, 사람들이 저지르는 죄는 사람에게 피해를 주고 해악을 끼칩니다. 사람 사이에서 저지른 범죄라도 그 죄의 성격은 '여호와께 패역한 것'입니다.[9] 여호와를 배신하는 죄이자 여호와 하나님 앞에 신실하지 못한 죄입니다. 죄는 이중적 성격이 있습니다. 사람에게 저지른 죄이면서 근본적으로는 하나님을 배신하는 악행입니다.

죄를 지으면 어떻게 해야 합니까? 저지른 죄를 자백하고 죗값을 온전히 갚아야 합니다. 죗값을 갚되 20%의 배상을 통해서 해야 하고 그가 죄를 지었던 그 사람(피해자)에게 갚아야 합니다. 이때 죗값을 받을 친척이 없으면 그 배상금은 제사장에게 속해야 하고, 제사

---

9 "누구든지 여호와께 신실하지 못하여 범죄하되 곧 이웃이 맡긴 물건이나 전당물을 속이거나 도둑질하거나 착취하고도 사실을 부인하거나 남의 잃은 물건을 줍고도 사실을 부인하여 거짓 맹세하는 등 사람이 이 모든 일 중의 하나라도 행하여 범죄하면 이는 죄를 범하였고 죄가 있는 자니"(레 6:2-4). 이웃에게 행하는 죄는 '여호와께 신실하지 못할 때 발생하는 것'이라고 말하는 점을 주목해야 합니다. 사기나 도둑질, 착취, 거짓 맹세 등 사람 사이에서 일어나는 범죄가 그득한 사회입니다. 이것은 개인의 일, 국가의 일이기도 하지만 하나님 앞에서의 범죄라는 점을 가르치고 있습니다.

장의 소유는 이것 외에 거제로 제사장에게 가져오는 성물, 곧 각 사람이 구별한 물건이 제사장의 것이라고 말씀합니다(8-10절).

이스라엘은 하나님 나라의 정의를 실현하도록 부름받은 백성입니다. 그 백성 상호 간의 정직, 신뢰, 깨끗함 등은 하나님 나라의 윤리로서 거룩을 반영하는 중요한 요소라 할 수 있습니다. 따라서 이웃에게 행하는 죄라 하더라도 그것은 여호와 하나님의 말씀을 배신하는 죄라고 말씀합니다. 마치 '지극히 작은 자 하나에게 행하는 것이 나에게 한 것'이라는 그리스도의 말씀을 생각나게 하는 것처럼(마 25:40), 하나님의 소유인 백성에게 행하는 죄가 하나님께 짓는 죄라는 점을 말합니다. 하나님 앞에 정직하려면 사람 앞에서도 정직해야 함을 알리고 있습니다. 하나님의 거룩을 닮아 가려는 성도는 다른 성도에게도 거룩한 자태를 드러내야 한다는 뜻입니다. 그리고 교회 안에서의 윤리는 자연스럽게 세상 사람들에게도 드러나도록 해야 하고, 세상도 하나님의 거룩으로 대해야 한다는 교훈이 뒤따라 나옵니다.

우리는 죄를 지을 수밖에 없는 연약함이 있지만, 죄를 범했을 때 어떻게 수습하느냐가 중요합니다. 죄를 해결하지 않으면 죄는 또 다른 죄를 유발하여 보복과 다툼 같은 더 큰 죄악으로 이어지기 때문에 이런 죄의 확장을 방지해야 합니다. 그 방법이 죗값을 갚는 것입니다. 죄를 덮어 버리거나 상대방의 피해와 고통을 나 몰라라 하는 것이 아니라, 피해자에게 해야 할 의무를 명령합니다.

첫째는 자복입니다. 자신의 잘못을 인정하고 고백하는 것입니다. 죄를 감추려는 습성을 깨뜨려야 합니다. 죄 때문에 당할 수치를 기꺼이 받겠다는 각오로 정직하게 자백해야 합니다. 이렇게 자백할 때에는 피해자에게나 하나님 앞에서 내면의 태도를 정직하게 반영해야 합니다.

둘째는 그 죄에 대한 배상입니다. 보상할 때는 먼저 그 값을 완전히 배상해야 합니다. 원금대로, 본전대로 갚아야 하고, 20%를 더해서 갚아야 합니다. 정신적 피해에 대한 일종의 위자료입니다. 20%는 일반적인 배상 법칙인데, 출애굽기를 보면 도둑질한 가축을 팔거나 잡았을 경우 소는 다섯 배, 양은 네 배로 갚아야 했고, 도둑질한 것이 살아 있으면 두 배로 갚으라고 명령합니다(출 22:1-4). 목축업을 하는 이스라엘에게 소나 양은 생업 수단이므로 이런 배상은 무겁게 조치합니다. 죄에 대한 실제적 경고였습니다.

삭개오는 예수님을 만난 후에 "주여 보시옵소서 내 소유의 절반을 가난한 자들에게 주겠사오며 만일 누구 것을 속여 빼앗은 일이 있으면 네 갑절이나 갚겠나이다"라고 고백함으로 그 회개와 돌이킴의 진정성을 확실히 나타내 보였습니다(눅 19:8).

이웃에게 저지른 죄는 하나님께 지은 죄이므로, 이웃에게 배상하는 것은 결국 하나님께 죗값을 치르는 것이라 할 수 있습니다. 다만, 죗값을 받을 친척이 없을 때는 (피해자가 죽었을 경우처럼) 제사장에게 가져와야 하고, 이때 "속죄할 속죄의 숫양과 함께" 돌려야 합니다(8절).[10]

---

• 10    여기에서 제사장의 소유를 언급한 이유는 제사장들이 자신들의 몫에 대한 관심보다 영적 섬김에 전심전력하게 하려는 것이고, 다른 한편으로는 그들이 배상의 문제에 과도히 개입하지 않도록 하려는 것 같습니다. 이웃 상호 간에 일어나는 일에 제사장이 개입함으로 어떤

죗값은 피해 당사자에게 주어야 하는 것이 원칙입니다. 다만 피해 당사자가 없을 때는 제3자가 받아야 하는데, 먼저는 친척이고 둘째로 친척마저 없으면 제사장에게 돌리라고 말합니다.

제사장의 몫을 둔 것은 그들이 영적 섬김에 전심전력하게 하기 위함이며, 그것이 결국 교회 전체의 유익을 위하기 때문입니다. 만약 제사장이 치부에 관심을 두거나 자기 몫에 관심을 가지기 시작하는 순간, 영적 섬김에는 빈틈이 생기고 그 영적 섬김을 받아야 할 백성들에게는 영적인 유익이 조금씩 줄어들어 결국에는 모두에게 피해를 끼치기 마련입니다(미 3:11). 하나님의 종들은 전심으로 주님께서 맡기신 일을 감당해야 하고, 하나님께서는 당신의 종들이 배고프게 지내는 것을 원하시지 않기 때문에 제사장의 몫을 정해 놓으신 것입니다.

이웃에게 범한 그 죄의 성격이 여호와께 패역한 것임을 생각한다면 우리는 하나님 앞에서 살아가는 삶을 더욱 연습해야 할 것입니다.

---

이익을 취하는 일을 금지하려는 의도 같습니다.

# 13 부부 사이의 성결
민 5:11-31

본문은 부부 사이의 정결에 관한 내용입니다. 어떤 사람의 아내가 탈선하여 남편에게 죄를 범한 경우에 그 아내의 부정함에 대한 확실한 증거가 드러나지 않음으로 그 아내를 불신하게 될 때, 의심의 소제요 생각나게 하는 소제를 드리도록 한 것입니다. 그 목적은 죄악을 생각나게 하는 것입니다.

'의심한다'는 말은 질투, 시기라는 뜻입니다. 미움과는 다릅니다. 이것은 여호와께서 당신에게 돌려져야 할 영광이 우상에게 돌아갈 때 질투하신다고 하신 뜻을 내포하고 있습니다. 남편의 의심은 정당하게 의무를 다하고 사랑해야 할 대상을 저버리고 우상에게 가듯 음란한 행위를 한 자에 대한 질투와 시기인 것입니다.

> 이는 의심의 법이니 아내가 그 남편을 두고 탈선하여 더럽힌 때나 또는 그 남편이 의심이 생겨서 자기의 아내를 의심할 때에 여인을 여호와 앞에 두고 제사장이 이 법대로 행할 것이라_29-30절

> 이 의심의 법에 따라 아내의 성결함이 드러나든지 죄가 드러나면

형벌을 받습니다. 의심의 법 절차는 다음과 같습니다(16-28절). 의심의 대상인 여자를 가까이 나오게 해서 여호와 앞에 세웁니다. 모든 죄는 여호와 앞에서 드러나야 하기 때문에 "여호와 앞에 세우고"라는 말을 두 번 강조하고 있습니다(16, 18절).

여자는 머리를 풀어야 하는데 머리에 쓰지 않는 것은 수치 때문이 아니라 하나님 앞에서 위증하지 못하도록 하는 진실의 표시입니다. 제사장은 그녀에게 거룩한 물에 성막 바닥의 티끌을 넣은 저주가 되게 할 쓴 물을 주면서 부정하다는 의심에 대해 깨끗하다고 맹세할 것을 요구합니다(19-22절).

제사장은 저주의 말을 두루마리에 기록하여 그것을 그 쓴 물에 빨아 넣고 여인에게 그 물을 마시게 합니다. 만일 여자가 실제로 남편에게 범죄하였으면, 저주가 되게 하는 물이 쓰게 되어 그의 배가 붓고 넓적다리가 마를 것입니다. 그리고 그 여인이 그 백성 중에서 저줏거리가 될 것입니다.

재판정에서 성경에 손을 얹고 위증하지 않겠다는 서약을 하는 것과 비교하여 저주가 되게 하는 물을 마시고 위증하거나 거짓을 말하면 그 물이 쓰게 되어 몸에 이상이 생겨 병을 얻게 될 것이라는 말씀은 오늘 우리의 입장에서 비과학적으로 보이기도 할 것입니다. 또한 간통이 저줏거리가 된다는 말은 성에 대해서 개방적인 사회에서 너무나 가혹하게 들릴지도 모릅니다. 하지만 그 일들이 우리의 이성을 뛰어넘고 과학적으로 설명되기 어렵겠지만, 죄를 범했을 때는 그 일이 저줏거리, 맹셋거리가 되게 하실 것임을 하나님께서는 분명히 하셨습니다. 여호와 하나님께서 직접 보응하신다는 뜻입니다. 그러나 이 말씀에서 확인할 수 있는 확실한 사실은 하나님께서 부부의 침대를 당신의 보호 아래 두셨다는 점입니다.

하나님께서는 부부간의 신의를 지키는 수호자이시며 신의를 저버리는 자의 복수자가 되십니다. 하나님께서는 부부간의 서약을 귀중히 보시고, 서로 간의 의무를 다하고 신의를 지키는 일을 소중히 하는 자를 귀중히 여기십니다. 그러므로 아내에게나 남편에게 하는 범죄는 하나님의 순결하심에 대한 반역이고, 하나님의 돌보심을 내팽개치는 음행입니다. 오늘날 사회가 개인의 자유를 위한다면서 성적 자기 결정권이나 합의에 따른 자유를 외치며 부부 사이의 신실함을 깨뜨리는 것을 아무렇지도 않게 하고 있는데, 만약 교회와 성도들이 그 일을 따라 한다면 그것은 하나님을 배신하는 일이요 하나님의 통치를 부정하는 악행이 될 것입니다.[11]

또한 이 말씀은 하나님 앞에서의 거룩이 가장 은밀한 영역에까지도 확대되어야 한다는 점을 가르칩니다. 부부 사이처럼 가장 은밀한 사이에서 일어나는 일, 또는 두 사람이 입을 다물면 누구도 알 수 없을 만한 거짓과 부정함이라 하더라도, 하나님을 속일 수 없다는

---

11  우리 눈에 보기에 사랑을 찾아 간통을 하거나, 합의를 해서 배우자가 아닌 다른 상대와 동침하거나, 접대를 이유로 또는 어떤 조건과 목적을 위해서 동침하는 것을 그럴 수도 있는 일처럼 여기고, 사회나 법이 개인의 자유를 침범하는 것을 개인의 존엄성을 침해하는 것이라고 주장하는 시대에서, 오늘 말씀은 상당히 시대를 역행하는 것처럼 보입니다. 현대 사회는 가족의 개념을 재정의하고 있고, 결혼의 의미나 부부의 의미를 새롭게 정립하려고 합니다. 아버지와 어머니가 누구냐가 중요한 것이 아니고 현재 함께 사는 것이 가족이라는 주장과 한 남자와 한 여자의 결합이 결혼이 아니라 이제는 동성도 결혼하면 부부가 된다는 주장이 말뿐 아니라 법적 투쟁으로 이어지고 있습니다. 이런 시도들이 모두 오랜 통념을 깨뜨리는 것이라고 주장하지만, 실상은 하나님께서 세우신 질서에 대해 반기를 드는 것입니다.

것입니다. 죄는 항상 감추려고 하고 거짓으로 위장하려 드는 성향이 있습니다. 그러나 혼자 은밀하게 하든 두세 사람이 모의하든 하나님 앞에서 감출 수 있는 죄는 없습니다. 그리고 모든 죄에 대해서 하나님께서는 반드시 형벌하실 것입니다. 책임을 물으시는 분입니다. 따라서 가장 은밀하기 때문에 쉽게 숨길 수 있을 것이라는 망상을 버리고 하나님 앞에서 철저히 회개해야 합니다.

하나님 앞에서의 거룩은 적극적인 행동을 요구합니다.

첫 번째로 죄는 버려야 합니다. 진 밖으로 분리하듯, 우리 삶에서 내던져 버려야 합니다.

두 번째로 죄를 자복하고 죗값을 지불해야 합니다. 쉽게 지나치지 말고 죄를 용서하시는 은혜 앞에 엎드려야 하고 주님의 용서의 은혜 안에서 회복을 맛보며 살아야 합니다. 우리의 모든 죗값을 지불하신 그리스도의 공로를 생각하면서 말입니다.

세 번째는 부부간의 거룩과 정절과 순결을 지키면서 하나님 앞에서 거룩을 실천해 가야 합니다. 보이지 않는 하나님을 사랑한다는 것은 눈에 보이는 형제와 자매를 사랑하는 것입니다. 하나님께만 잘하는 것으로 사랑해야 할 이웃을 소홀히 하는 우를 범해서도 안 됩니다. '주께 하듯 하라'는 말씀을 기억한다면, 언약 관계 안에서 맺은 사랑에 충실한 삶을 통해 하나님 사랑이 더 풍부해진다는 점을 기억하십시오.

거룩이 목표하는 바는 참된 인간이 되는 것입니다.[12] 하나님 앞에

---

12    거룩한 삶을 산다는 것은 결국 하나님에 대하여, 이웃에 대하여, 그리고 가장 가까운 배우

서 온전한 인간, 이웃에 대하여 정직하고 참된 인간, 부부 사이에 가장 신실하고 정직한 배우자가 되는 것입니다. 그렇다면 하나님께서 우리를 이런 모습으로 만들어 가실 것이라는 목표 의식을 가지고 하나님 앞에서 살아야 합니다.

이 모든 일에서 우리에게 꼭 필요한 것이 성령 충만입니다. 우리를 도우시고 우리에게 힘 주셔서 우리가 거룩을 열매 맺으며 살아가도록 하시는 그분의 다스림에 나를 맡기고, 그분이 내 안의 죄를 제거해 나가시도록 자기를 부인하며 살아가십시오.

---

자 앞에서의 정직, 순결, 올바름 등을 의미합니다. 이것은 죄를 멀리하고 제거하는 것이 기초가 되어 적극적으로 정직하고 참된 것을 말하고 넓은 아량과 이해와 사랑을 마음에 품고 사는 멋진 사람이 되는 것을 요구합니다. 마음의 여유와 배려와 희생과 헌신이 드러나는 성숙한 인물을 떠올려 보십시오. 거룩을 추구하다 보면 결국 배포가 크고, 아량이 넓고, 이해심이 많은 사람이 되어 있을 것입니다. 그리스도 예수에게서 전형을 발견할 수 있습니다. 그리고 하나님의 형상을 닮아 가 결국 아들의 형상을 소유한 정도를 넘어서서 아들의 형상과 방불한 형상으로 하나님께서는 우리를 만들어 가실 것입니다.

# 14 나실인: 경건의 모델
민 6:1-12

이스라엘의 삶은 하나님을 섬기는 삶입니다. 제사는 섬기는 방법을 가르칩니다. 이스라엘 전체를 대표해서 하나님을 섬기는 삶에 헌신된 지파가 레위 자손입니다. 레위 자손은 30세부터 50세까지 의무적으로 회막에서 봉사해야 했습니다(민 4:3). 이 기간이 지나면 회막에서의 봉사의 일을 멈춥니다.

그렇다면 다른 지파에 속한 이스라엘 사람들 가운데 하나님을 섬기기로 헌신하고자 하면 어떻게 해야 할까요?

> 이스라엘 자손에게 고하여 그들에게 이르라 남자나 여자가 특별한 서원 곧 나실인의 서원을 하고 자기 몸을 구별하여 여호와께 드리려고 하면_2절

'나실인'이라는 말뜻은 구별입니다. 우리가 잘 아는 나실인으로는 삼손이 있습니다. 그리고 한나도 아들을 주시면 그의 평생에 여호와께 드리고 삭도를 그의 머리에 대지 않겠다고 나실인 서약을 합니다(삼상 1:11). 남자들만 하는 것 같지만 '남자나 여자' 누구든지 나실인

서약, 곧 하나님 앞에서 구별된 삶으로 헌신할 수 있습니다. 나실인 서약을 한 후 어떻게 구별된 삶을 살아야 할까요?

첫째는 포도나무의 소산을 먹지 말라는 것입니다.

포도주와 독주를 멀리하며 포도주로 된 초나 독주로 된 초를 마시지 말며 포도즙도 마시지 말며 생포도나 건포도도 먹지 말지니 자기 몸을 구별하는 모든 날 동안에는 포도나무 소산은 씨나 껍질이라도 먹지 말지며_3-4절

포도주로 된 초는 빵에 찍어 먹는 소스로 사용되기도 했습니다 (룻 2:14). 일반적인 용도로 먹는 것이지만 하나님 앞에 구별된 삶을 살겠다고 한 경우는 포도주와 독주뿐 아니라 포도즙, 생포도나 건포도까지도 먹지 말라고 명령합니다. 잠언에서 "포도주는 거만하게 하는 것이요 독주는 떠들게 하는 것이라 이에 미혹되는 자마다 지혜가 없느니라"고 한 것을 보면, 포도주나 독주에 취했을 때 지혜로운 판단이나 행동을 하기 어렵기 때문임을 알 수 있습니다(잠 20:1). 포도주나 독주를 금지한 것은 이해되는데, 포도즙, 생포도, 건포도까지 먹지 못하게 한 것은 포도나무의 열매가 지니는 상징성 때문인 것 같습니다. 포도나무에서 나오는 것들은 세상 쾌락을 상징합니다. 모든 세상으로부터 구별하여 하나님을 섬기라는 뜻입니다.

다른 한편으로는 하나님을 기만하지 못하게 하려는 목적도 있습니다. 포도를 발효시키면 술이 되고, 포도를 짜면 즙이 되는데, 아무래도 사람의 악한 본성은 어디까지가 술이고 어디까지가 즙인지 경계를 늘 흐리려는 마음에 유혹당하기 쉽습니다. 중세 수도사들은

돼지고기나 소고기 먹는 것을 죄악시하면서 고기를 먹지 않기 위해 죽음도 불사했지만, 술을 멀리하는 것은 거부했습니다. 고기에는 절제를 보이면서 술을 과도하게 먹고 취해 있는 것에는 제재하지 않는 모습이 과연 참된 경건일까요? 과도한 육식은 멀리하면서 과도한 음주로 몸을 즐겁게 하는 이런 식의 행동은 자기의 탐욕을 은근히 숨겨 놓은 위선입니다. 마찬가지로 포도주를 금하면 다른 기발한 방법으로 포도주 비슷한 것을 만들어 먹으면서 포도주의 달콤함을 모방하여 쾌락을 즐길 것입니다. 선한 일에 지혜로워야 하는데 악한 일에 더 지혜로운 것이 부패한 본성이기 때문입니다.

따라서 구별하여 드린 기간에 포도나무의 소산은 무엇이든지 금지하신 것은 세상 쾌락으로부터의 단절을 요구하시는 것입니다. 그것이 재미없는 일상이라고 떠드는 사람은 하나님만을 섬기는 복된 은혜 속에 사는 즐거움과 기쁨을 모르는 사람입니다. 사도 바울은 믿음으로 의롭다 함을 얻는 성도는 하나님의 영광을 바라고 즐거워하며, 또한 환난 중에서도 즐거워하게 되고, 그뿐 아니라 하나님과의 화목한 삶 속에서 누리는 복된 교제 속에서 즐거워한다고 말하기 때문입니다(롬 5:1-12).

둘째는 서약한 기간 동안 머리를 밀지 않는 것입니다(5절). 머리를 미는 것은 눈에 보이는 표시를 몸에 지니는 것입니다. 나실인 서약은 여자도 할 수 있다고 했기 때문에 머리를 밀지 말라는 요구는 주로 남자들에게 더 해당됩니다. 나실인 서약은 말뿐 아니라 행동으로도 증명해야 하는 언행일치를 요구합니다. 스스로가 서약한 것을 숨기지 않고 드러내는 효과가 있을 뿐 아니라 다른 사람들이 보기에도 나실인 서약을 했다는 것을 인식하게 한 것입니다. 자랑하라는 뜻보다는 그 헌신을 존중해 준다는 차원입니다.

그렇다고 해서 머리를 자르지 않고 기르는 것 자체에 무슨 심오한 뜻이 있는 것은 아닙니다. 아우구스티누스는 수도사들이 자신의 독신 생활을 눈에 띄게 하려고 머리를 길게 기르며 마치 자신이 더 순결하다는 것을 드러내려는 행동에 대해 '마귀의 장난'을 주의하라고 경고했습니다.

셋째는 시체를 가까이하지 않는 것입니다(6절). 시체에 접촉하는 것은 하나님 앞에서 부정하고 더러운 일입니다. 부모가 상을 당했을 때는 어떻습니까? 부모의 죽음 앞에서 자식이 시체를 수습하는 것은 도의적인 일임에도 하나님께 구별하여 드리는 날 동안에는 그 대상이 누구이든 '접촉 금지'입니다(7-8절). 자기 몸을 구별하여 드리는 날 동안에는 하나님을 섬기는 일이 다른 모든 일보다 우선한다는 뜻입니다.[13] 그것이 거룩한 일입니다.

만약 내가 의도하지 않았음에도 옆에 있는 사람이 갑자기 죽음으로써 어쩔 수 없이 시체를 접촉하는 경우에는 시체로 부정하게 된 것을 깨끗이 하기 위해서 속죄제물을 드리고 여호와께 자기 몸을 구별하여 드릴 날을 새로 정해야 하며 1년 된 숫양을 가져다가 속건제

---

13 부모 공경이 사람 사이에서 큰일이나 하나님과의 관계를 생각할 때 하나님을 섬기는 일은 다른 모든 일보다 큰일입니다. 따라서 부모의 시체를 만질 수 없는 일은 그가 서원한 일정 기간 동안에만 있기에, 전쟁 중이거나 외국에 있어서 피치 못할 사정 때문에 부모의 장례를 치르지 못하는 경우와 비슷합니다. 그처럼 하나님께 자기 몸을 구별하여 드린다는 서약도 그런 피치 못할 상황, 즉 전쟁터에서 군인이 사사로운 일을 위해 빠질 수 없는 상황과 다를 바 없는 것입니다.

물로 드려야 합니다(9-12절). 구별하여 드렸더라도 몸이 더럽혀지면 지나간 날은 무효입니다. 다시 새롭게 서원을 해야 합니다.

나실인 서약 자체는 '자발적이고 자원해서 하는 서원'입니다. 그러므로 빨리 마치려고 요령을 피우는 것은 그 마음에 자원함이나 자발성이 결여된 것입니다. 하나님께서 깨끗하고 순결하고 참된 예배와 섬김을 원하신다는 것을 아는 이상, 자신을 구별하여 드리려는 사람은 흠이 있으면 과감히 그것을 벗고 다시 드리려는 마음을 회복해야 합니다.

우리 중심에 하나님을 섬기려는 마음이 있다면 그 마음을 자원함으로 기쁘게 드리십시오. 억지나 강요가 아니라 즐겨 드리기를 연습하십시오. 주님께서 주시는 마음을 따라 순종함이 아름답습니다.

# 15 그리스도를 온전히 섬기는 삶

민 6:13–21

나실인 서약 기간이 끝났을 때 해야 할 일이 있습니다(13절). 그는 여호와께 헌물을 드립니다. 번제물로 일 년 된 흠 없는 숫양 한 마리와 속죄제물로 일 년 된 흠 없는 어린 암양 한 마리와 화목제물로 흠 없는 숫양 한 마리와 무교병 한 광주리와 고운 가루에 기름 섞은 과자들과 기름 바른 무교전병들과 그 소제물과 전제물을 드립니다.

하나님을 즐거이 섬기는 마음이 아니면 '시간을 구별해서 드린 후' 또 이렇게 번제와 화목제와 속죄제를 드리는 일에 마음이 궁색해질 수밖에 없습니다. 그러나 하나님께 자신을 구별하여 드리는 것은 자기 자신의 유익을 위한 일입니다. 자신을 구별하여 드린 것은 자신이 하나님 앞에서 거룩하게 살기 위한 것이고, 화목제물의 목적은 감사를 표현하기 위함입니다. 하나님으로부터 무엇을 얻어 내기 위해서, 기복적인 마음으로, 의무감에 따라서, 또는 다른 사람에게 보이려고 하는 서원은 무의미합니다. 오직 하나님의 은혜를 깨달아 자신을 구별하여 드리고 섬기기를 마치면 감사를 드리는 것입니다.

왜 속죄제까지 드려야 할까요(16절)? 자신을 구별하여 헌신한 기간에 시체로 부정하면 다시 서원을 새롭게 해야 하는데, 무슨 잘못이 있어서 속죄제를 드려야 할까요? 그것은 두 가지 이유 때문입니다.

하나는 아무리 우리가 구별하여 자신을 헌신했다고 해도 우리 스스로는 완전한 거룩함, 깨끗함을 얻을 수 없기 때문입니다. 자신을 구별하여 드렸더라도 우리의 행동에는 항상 흠이 있고 결핍이 있습니다. '마음과 목숨과 뜻을 다하여 주 너의 하나님을 사랑하라'고 요구하는 율법을 온전히 성취할 사람은 없는 것과 같습니다. 따라서 구별하여 드렸더라도 죄 용서의 은혜로 우리를 받아 주시기를 간구하지 않으면 안 됩니다.

다른 하나는 자기의 봉사를 자기 공로로 돌리지 않기 위해서입니다. '어느 일정 기간 일을 구별하여 섬김을 마쳤을 때' 사람 마음에는 교만이 자라나고 성취감과 자아도취에 빠질 수 있습니다. 일을 할 때의 긴장감이 사라지고, 열심과 최선을 다한 후에 자신에게든 다른 사람에게든 칭찬과 박수를 받게 되면 자만해지기도 합니다. 그래서 자신의 섬김과 봉사에서 자신의 공로를 찾으려 듭니다. 그 순간, 전적인 하나님의 은혜로 했다는 말은 자기를 포장하는 말이 되기도 합니다. 자신이 성공적으로 서약을 마쳐서 사람들 눈에는 경건하고 완전한 사람으로 비춰더라도, 자신의 완전함과 경건은 자기 속에서가 아니라 자신 밖에서 즉, 하나님 그분으로부터 오는 것임을 알리기 위해 속죄제를 드리라고 한 것입니다.

나실인 서약에 담긴 영적 의미는 무엇일까요? 하나님께서는 허락받지 않고 회막에 접근한 자는 죽이라고 명령하셨습니다(민 1:51). 이것은 하나님을 가까이하는 일을 두렵게 만드는 역작용을 일으킬 수 있습니다. 따라서 부정적인 영향을 배제하기 위해서 나실인 제도를 통해 남자든 여자든 누구든지 하나님을 섬길 수 있는 길을 열어 놓으셨고, 하나님께 가까이하는 것이 복된 일임을 알리신 것입니다(시 65:4; 73:28).

오늘날에는 나실인 서약처럼 거룩한 구별을 요구하지는 않습니다. 하나님을 가까이 섬기는 일을 위해 포도나무의 열매를 먹지 말아야 한다거나 머리를 밀지 않아야 한다거나 시체를 만지지 말아야 한다는 규정이 없습니다. 예수 그리스도의 속죄 제사를 통해서 하나님을 가까이 섬기는 길이 열려 있기 때문입니다(히 4:16). 그러나 하나님을 가까이 섬기는 우리에게도 구별된 삶을 살라는 영적 요구는 지속됩니다.

무엇을 먹지 말라는 요구는 더 확대되어서 세상을 사랑하는 것이 하나님과 원수 된다는 것을 경고하고 있습니다(요일 2:15). '이 세상을 본받지 않고, 이 세상을 사랑하지 않는 구별'로써 하나님께 가까이 나갑니다. 포도주를 마시지 말라는 규례는 없지만 술 취함과 방탕을 멀리하라고 요구합니다(롬 13:13). 이런 일들은 하나님 나라를 유업으로 받을 수 없기 때문입니다. 술에 취함뿐 아니라 육신의 욕망을 따라가며 탐닉하는 모든 종류의 방탕함을 그치라고 명령하는 것입니다.

또한 머리에 삭도를 대지 말라는 겉으로 보이는 구별됨의 표시는 없어도, 우리 마음에 성령께서 함께하신다는 표시와 인치심을 받은 성도로서 거룩한 삶을 살아야 합니다. 부정한 것을 만지지 않는 행동의 구별뿐 아니라 마음으로부터 모든 부정을 제거하는 죄와의 싸움을 계속해야 합니다. 하나님을 섬기는 삶이 바로 죄를 제거하고 거룩하게 사는 것이고 세상보다 하나님을 더 사랑하며 사는 것입니다.

> 하나님을 가까이하라 그리하면 너희를 가까이하시리라 죄인들아 손을 깨끗이 하라 두 마음을 품은 자들아 마음을 성결하게 하라 슬퍼하며 애통하며 울지어다 너희 웃음을 애통으로, 너희 즐거움을 근심으로 바꿀지어다 주 앞에서 낮추라 그리하면 주께서 너희를 높이시리라
> 약 4:8-10

거룩은 하나님을 가까이하는 삶입니다. 그것의 척도는 하나님을 가까이 모시고 사는 것으로 측정해 볼 수 있습니다. 나실인은 일정 기간 동안만 구별된 삶을 살기 위해 애쓰지만, 성도는 부르심을 받은 날부터 하나님 나라에 들어가기까지 항상 거룩에 힘써야 합니다. 날마다 우리를 거룩하게 하시는 성령님의 도우심과 함께하심을 힘입으면서 하나님을 가까이 섬기십시오.

# 16 경건하게 사는 자를 향한 하나님의 축복
민 6:22-27

하나님을 섬기는 일이 특정 사람들만의 일이 아니라, 남자든 여자든 하나님을 섬기기 원하는 마음이 생기면 일정 기간 동안 서약을 통해서 할 수 있다고 가르칩니다. 그것이 나실인 서약입니다. 민수기 6장은 그 서약한 기간 동안 해야 할 일을 가르칩니다. 그렇다면 이 나실인 제도가 당시의 이스라엘 백성들에게는 어느 정도의 위상을 가지고 있었을까요?

아모스 선지자는 이스라엘이 저지른 죄를 나열합니다.

또 너희 아들 중에서 선지자를, 너희 청년 중에서 나실인을 일으켰나니 이스라엘 자손들아 과연 그렇지 아니하냐 이는 여호와의 말씀이니라 그러나 너희가 나실 사람으로 포도주를 마시게 하며 또 선지자에게 명령하여 예언하지 말라 하였느니라_암 2:11-12.

이스라엘은 선지자로 예언하지 못하게 하고 나실인에게는 그 서약을 지키지 못하게 했다고 말합니다. 선지자와 나실인을 함께 언급한 것이 의미가 있다면, 이 말씀의 뜻은 이렇게 이해할 수 있습니다. 즉 선지자는 말로써 하나님의 뜻을 전하고 가르치고 율법대로 살 것을 촉구하는 역할을 하고, 나실인은 그 서약한 것을 행동과 삶으로 보여 줌으로써 하나님 앞에서 거룩하게 살아가는 모델 역할을 합니다.

이스라엘 백성은 선지자의 말을 듣지만 실제로는 하나님의 음성을 듣는 것이고, 나실인의 서약을 따라 살아가는 사람들을 보지만 하나님 앞에서 거룩하게 살아가는 것과 하나님을 가까이 섬기는 것이 우리의 본분임을 배우는 것입니다. 그런 나실인들로 하여금 포도주를 마시게 하며 선지자에게 명령하여 예언하지 말라고 한 것은 하나님의 뜻을 저버리고 거룩을 내팽개친 불경건한 삶과 태도를 말합니다. 경건하게 사는 자의 입을 막고 그를 방탕하게 살게 만드는 죄들은 오늘 우리 시대에도 반복되고 있습니다.

> 의인이 악인 앞에 굴복하는 것은 우물이 흐려짐과 샘이 더러워짐과 같
> 으니라_잠 25:26

의인이 악인에게 굴복하는 이유는 강압도 있고 자발적 포기도 있습니다. 그러나 의인으로서의 삶과 가치를 포기할 것을 강요받는 시대, 의인으로 살아가려는 노력과 희생과 열망을 스스로 포기한 시대임에 틀림없습니다. 그 결과는 무엇입니까? 우물이 흐려지고 샘이 더러워지는 것입니다. 무슨 말입니까? 먹을 수 없게 된다는 것입니다. 진흙탕이 되고 더러워진 물을 마시면서도 좋다고 말하는 것입니다. 모두가 더러워지고 부패한 시대, 바로 그때 하나님의 심판이 임합니다(나실인 삼손의 역할 끝에 심판이 있었다는 것).

과연 이런 시대에 경건하고 거룩하게 사는 것이 어떤 의미가 있을까요? 예수 믿고 구원만 받으면 됐지, 우리 몸을 거룩하게 구별하여 살아 있는 경배와 제사로 드리기 위해 노력하고 애쓰는 신앙생활이 무엇이 유익할까요(참고, 롬 12:1-2)? 하지만 하나님께서는 이에 대해 복 주실 것을 말씀하십니다.

> 여호와께서 모세에게 말씀하여 이르시되 아론과 그의 아들들에게 말하여 이르기를 너희는 이스라엘 자손을 위하여 이렇게 축복하여 이르되_22-23절

이 말씀은 하나님 앞에서 거룩하게 살아가는 자들을 향한, 그리고 자기 몸을 세상 속에서 구별하여 하나님께 산 제사로 드리며 살아가는 성도들을 향한 하나님의 축복 선언입니다. 그 축복의 내용은 세 가지입니다.

첫 번째는 복 주심과 보호입니다.

> 여호와는 네게 복을 주시고 너를 지키시기를 원하며_24절

하나님은 어떤 분이십니까? 우리에게 복을 주시길 원하시는 분입니다. 어떤 복일까요? 출애굽을 생각해 보면 이스라엘을 향한 복의 내용은 구원이었고, 이 구원의 근거가 되는 언약과 언약 안에서 약속하신 것을 성취하시는 모든 은혜가 복일 것입니다. 우리에게 주시려는 복은 결국 아브라함 언약의 성취인 '내가 너희 하나님이 되고 너희는 내 백성이 되는 것'입니다. 이스라엘에게는 하나님의 다스림을 받는 나라가 되는 것이 가장 큰 복입니다.

또한 하나님께서는 복을 주실 뿐 아니라 지키시기를 원하십니다. 무엇으로부터 보존하시고 지키시고 막아 내신다는 뜻일까요? 눈에 보이는 대적들, 여러 시험과 환난들, 근본적으로는 죄와 원수 마귀로부터 보존하시고 지키시고 그 모든 공격을 막아 내십니다. 그러므로 하나님께서 우리의 방패, 피난처, 보호자, 피할 바위, 요새, 산성이 되신다는 말씀들에는 바로 이스라엘을 향한 축복이 담겨 있습니다.

하나님의 보호 아래 있는데, 왜 두려워하십니까? 현실이 더 커 보이는 것은 사실이고, 당장의 고난 앞에 마음이 위축되고 힘든 것도 사실입니다. 그러나 하나님께서는 복 주시기를 원하시고 지키시기를 원하십니다. 그분의 의지대로 되는 것이 현실입니다. 그분의 뜻하심은 반드시 성취되는 힘과 능력입니다. 이것을 붙드심으로 현실을 버티고 이겨 내십시오. 하나님께서는 당신을 당신의 그늘 아래 두셨습니다.

두 번째는 은혜입니다.

여호와는 그 얼굴로 네게 비추사 은혜 베푸시기를 원하며_25절

은혜는 비참한 사람들에게 값없이 베푸시는 하나님의 선하심과 사랑입니다. 하나님께서 주시려는 복은 공로나 대가가 아니라 전적인 하나님의 은혜, 무조건적인 선물입니다.

이스라엘은 출애굽 했지만, 스스로 싸워서 나온 것이 아닙니다. 하나님의 능력으로 건져 낸 바 되었습니다. 그들이 광야에서 살아갈 수 있었던 것도 스스로 곡식을 거둬들였기 때문이 아니었습니다. 만

나와 메추라기로 먹이시고 반석에서 물을 내심으로 생명을 주시는 하나님의 은혜 때문이었습니다. 전쟁에서 승리한 것도 군사력 때문이 아니었습니다. 아말렉과의 전쟁은 모세가 팔을 들고 있느냐 없느냐로 승패가 결정되었습니다(출 17:8-16). 그러므로 이스라엘 백성들이 항상 바라볼 곳은 하나님입니다. 하나님의 얼굴을 본다는 것은 하나님 보시기에 정직히 행하는 것이고, 그분의 얼굴을 보기에 부끄럽지 않은 삶이란 순종의 삶이요, 곧 하나님의 율법을 충실히 행하는 것입니다.

세 번째는 평강입니다.

> 여호와는 그 얼굴을 네게로 향하여 드사 평강 주시기를 원하노라 할
> 지니라_26절

'얼굴을 네게로 향하여 든다'는 것은 고개를 반대편으로 돌리거나 숙이고 있는 상태처럼 외면하고 숨기는 상태에서 다시 얼굴을 바라볼 수 있는 관계가 된다는 뜻입니다.

둘째와 셋째 축복에서 강조된 것이 하나님의 얼굴입니다. 축복이라고 하면 물질적인 것을 상상하는데, 왜 하나님의 얼굴을 비추시고 우리를 향해 얼굴을 드시는 것이 축복일까요? 창세기 4장에는 가인이 아벨을 죽인 후에 땅에서 저주를 받는 장면이 나옵니다. 그때 가인은 탄식합니다. "주께서 오늘 이 지면에서 나를 쫓아내시온즉 내가 주의 낯을 뵈옵지 못하리니 내가 땅에서 피하며 유리하는 자가될지라 무릇 나를 만나는 자마다 나를 죽이겠나이다"(창 4:14).

가인이 두려워하는 핵심은 하나님의 얼굴을 뵐 수 없다는 것입니

다. 이것이 죄인이 경험하는 고독과 소외의 본질입니다. 외롭고 쓸쓸하고 죽음의 공포 속에 사는 죄인이 절망하는 근본 이유는 하나님의 얼굴을 볼 수 없다는 것입니다.

> 여호와여 속히 내게 응답하소서 내 영혼이 피곤하니이다 주의 얼굴을
> 내게서 숨기지 마소서 내가 무덤에 내려가는 자 같을까 두려워하나이
> 다_시 143:7

얼굴을 돌리심은 곧 죽은 것과 같습니다. 하나님께서 얼굴을 비추시지 않는 곳은 어둠뿐입니다. 어둠에는 생명이 없습니다(참고, 요 1:4-5). 그렇다면 여호와께서 얼굴을 비추신다는 것은 마치 해가 어둠을 밀어내고 모든 것을 밝히 드러내며 모든 식물에 빛을 주어 생명력 있게 하는 이미지를 생각나게 합니다. 얼굴을 우리에게 비추시고 그 얼굴을 우리에게 향하여 드시는 것은 죄의 해결, 사망에서 생명으로의 변화를 의미합니다. 진정한 샬롬은 하나님의 얼굴을 대면함으로 얻을 수 있고, 서로를 향해서 '평안하세요!'라고 빌어 주는 평안도 하나님의 얼굴을 대면하는 은혜로부터 나오는 것입니다.

우리는 하나님의 얼굴을 찾아야 합니다. 마음이 괴롭고 환난을 당하여 고통받고 있을 때, 여호와께서 얼굴을 숨기신다면 그 답답함이 얼마나 크겠습니까? 불러도 대답 없는 이름이라면 절망과 좌절뿐일 것입니다(시 88:14; 102:2). 죄인은 하나님의 얼굴 앞에서 도망치려 하고, 하나님의 얼굴을 보면 진노와 저주밖에 받을 것이 없다는 두려움을 느끼겠지만, 우리는 그분의 얼굴을 바라봄으로써 위로와 복을 느낍니다. 진정한 샬롬이나 평강을 얻는 것입니다(시 27:8-9).

하나님의 얼굴을 구하십시오.[14] 그리스도의 이름으로 그분의 영광이 충만히 임하시도록 구해야 합니다. 교회 안에, 성도들의 삶 안에 하나님의 영광이 임하고, 우리를 통해 하나님께서 영광을 받으시기를 위해서 간절히 구해야 합니다. 우리 삶의 목적 자체가 하나님을 영화롭게 하는 것이기 때문입니다. 이 모든 축복은 하나님께서 주십니다.

> 그들은 이같이 내 이름으로 이스라엘 자손에게 축복할지니 내가 그들에게 복을 주리라_27절

하나님께서 당신의 이름으로 축복하라고 하신 것은, 이제 하나님 당신은 손 떼실 테니 제사장이 알아서 축복하라는 뜻이 아닙니다. '여호와의 이름으로'는 여호와께서 축복하신다는 뜻입니다. 하나님께서 명령하셨다고 해서 권리 양도를 받은 자처럼 행세하는 것은 월권입니다. 하나님께서는 당신의 권리를 양도하시지 않습니다. 축복의 명령은 복을 주실 수 있는 자가 하는 것입니다. 명령을 수행하는 자에게 필요한 것은 순종이고, 명령하신 자를 높이는 것뿐입니다.

---

14  하나님의 얼굴은 실제로 우리 얼굴과 같은 것이 아니라 하나님 당신의 영광을 의미합니다. 우리가 그 얼굴을 볼 수 없듯이 하나님의 영광에 이를 수 없는 이유는 죄 때문입니다. 그러므로 제사장의 속죄를 통해 이스라엘이 화목하게 된 상태에서 다시 얻게 될 회복의 핵심은 하나님의 영광을 바라보는 것입니다. 우리는 하나님의 얼굴, 곧 그분의 영광을 그리스도에게서 봅니다. 말씀이 육신이 되어 시공간의 영역으로 내려오신 그리스도에게서 나타나는 영광에서 "아버지의 독생자의 영광이요 은혜와 진리가 충만"함을 목격합니다(요 1:14). 또한 바울은 다음과 같이 말합니다. "어두운 데에 빛이 비치라 말씀하셨던 그 하나님께서 예수 그리스도의 얼굴에 있는 하나님의 영광을 아는 빛을 우리 마음에 비추셨느니라"(고후 4:6).

세례 요한처럼 말입니다(참고, 요 3:27-30).

축복의 효력과 성취와 능력은, 제사장이 얼마나 오래 기도하고 얼마나 학식이 많고 얼마나 고난이 많았는지와 같은 그들의 경건이나 명성이나 능력에 달려 있지 않습니다. 오직 하나님의 능력에 달려 있습니다. 하나님이 축복을 주시는 장본인이십니다. 축복할 권리가 사람에게 있는 것처럼 말하는 모든 시도를 거절해야 합니다.

오늘날 목사의 축도(강복선언)에도 이런 의미가 담겨 있습니다. 목사가 축도할 때, 성도들도 '목사님에게도 그렇게 되기를 바랍니다'라는 의미로 화답해야 합니다. 축도는 목사의 권리가 아니라 예배를 인도하는 사람으로서 성경이 명령하는 대로 하나님의 말씀으로 축복을 선언하는 것뿐입니다. 실제로 축복하시는 분은 삼위일체 하나님이십니다. 하나님만이 은혜를 주시는 분이시요 값없는 사랑을 주시고 서로 교통케 하시는 영적인 원리가 되십니다. 목사의 경건이나 능력이 주입되거나 심기는 것이 아닙니다. 따라서 신약 성경의 거의 모든 편지 머리말에서 "하나님 우리 아버지와 우리 주 예수 그리스도로부터 은혜와 평강이 너희에게 있을지어다"라고 비는 것입니다.[15]

---

15 갈 1:3; 고전 1:3; 고후 1:3; 살후 1:2; 벧후 1:2; 요이 3; 엡 1:2; 빌 1:2; 몬 1:3; 딤후 1:2; 딤전 1:2; 딛 1:4; 골 1:2; 살전 1:2; 롬 1:7; 계 1:5.

# 17

## 봉헌 예물을 드리라

민 7:1-89

민수기 7장의 배경은 성막 세우기를 마친 시점입니다. 성막 완공 시점은 출애굽 제2년 1월 1일입니다(출 40:2, 17). 인구 조사는 출애굽 제2년 2월 1일에 시행했고, 이스라엘이 시내산에서 다시 출발한 시점은 출애굽 제2년 2월 20일입니다(민 10:11). 민수기 1-10장은 성막 완공 후 시내산에서 출발하기까지 50일간의 기록입니다. 이 사이에 제사장 위임, 나답과 아비후 사건(레 1-10장), 인구 조사, 레위 지파의 임무 분배(민 1-6장), 그리고 본문의 성막 봉헌(민 7장), 유월절 준수(민 9장)가 있습니다.

본문은 성막을 다 세우고 이스라엘 지휘관들이 여호와께 드린 예물을 설명하는 말씀입니다. 그들은 "덮개 있는 수레 여섯 대와 소 열두 마리이니 지휘관 두 사람에 수레가 하나씩이요 지휘관 한 사람에 소가 한 마리씩" 드렸습니다(3절). 이것의 용도는 레위인들이 각자의 역할대로 성막을 운반하기 위한 것입니다(5절). 게르손 자손에게는 수레 둘과 소 네 마리를, 므라리 자손에게는 수레 넷과 소 여덟 마리를 주었고, 이것을 아론의 아들 이다말에게 감독하게 하였습니다.

분배의 원칙은 "그들의 직임대로"입니다. 므라리 자손에게 많은 수레가 돌아간 이유도 그들이 성막의 무거운 부분들(장막의 널판들이나 기둥들과 받침)을 운반하기 때문입니다. 고핫 자손에게 주지 않는 이유도 그들의 역할이 "어깨로 메는 일"이기 때문입니다(9절).

제단에 기름을 바르던 날에 지휘관들이 제단의 봉헌을 위하여 헌물을 가져다가 그 헌물을 제단 앞에 드리니라 여호와께서 모세에게 이르시기를 지휘관들은 하루 한 사람씩 제단의 봉헌물을 드릴지니라 하셨더라_민 7:10-11

제단에 기름을 발라 거룩하게 구별하던 날에 지휘관들이 봉헌 예물을 드렸습니다. 이스라엘 12지파가 하루에 한 지파씩 12일 동안 봉헌물을 제단에 드렸습니다(12-83절).

첫째 날에 예물을 드린 지파는 유다 지파입니다(13-17절). 장자는 르우벤이지만, 영적 장자인 유다 지파가 제일 먼저였습니다. 동서남북에 진을 칠 때도 동쪽 해 돋는 편에 유다 지파가 치고 르우벤은 남쪽이라는 점에서도 이미 확인한 사항입니다.

유다 지파의 지휘관은 암미나답의 아들 나손이었습니다. 그가 드린 봉헌물은 성소의 세겔대로 130세겔 무게의 은 쟁반 하나와 70세겔 무게의 은 바리 하나인데, 두 그릇에는 소제물로 기름 섞은 고운 가루를 채우고, 10세겔 무게의 금 그릇 하나에는 향을 채우고, 번제물로 수송아지, 숫양, 일 년 된 어린 숫양 하나씩, 속죄제물로 숫염소 하나, 화목제물로 소 둘, 숫양, 숫염소, 일 년 된 어린 숫양 다섯 마리씩이었습니다.

둘째 날은 잇사갈 지파의 지휘관 수알의 아들 느다넬(18–23절), 셋째 날은 스불론 지파의 지휘관 헬론의 아들 엘리압(24–29절), 넷째 날은 르우벤 지파의 지휘관 스데울의 아들 엘리술(30–35절), 다섯째 날은 시므온 지파의 지휘관 수리삿대의 아들 슬루미엘(36–41절), 여섯째 날은 갓 지파의 지휘관 드우엘의 아들 엘리아삽(42–47절), 일곱째 날은 에브라임 지파의 지휘관 암미훗의 아들 엘리사마(48–53절), 여덟째 날은 므낫세 지파의 지휘관 브다술의 아들 가말리엘(54–59절), 아홉째 날은 베냐민 지파의 지휘관 기드오니의 아들 아비단(60–65절), 열째 날은 단 지파의 지휘관 암미삿대의 아들 아히에셀(66–71절), 열한째 날은 아셀 지파의 지휘관 오그란의 아들 바기엘(72–77절), 열두째 날은 납달리 지파의 지휘관 에난의 아들 아히라가 헌물을 드렸습니다(78–83절).

드린 예물을 모두 합하면 은 쟁반이 12개, 은 바리가 12개, 금 그릇 12개인데, 은 쟁반은 각각 130세겔의 무게이고, 은 바리는 각각 70세겔의 무게로 총 합계는 2,400세겔입니다. 또 향을 채운 금 그릇이 12개로 각각 10세겔의 무게이고, 총 120세겔의 금이 모아졌습니다. 번제물로 수송아지 12마리, 숫양이 12마리, 일 년 된 어린 숫양이 12마리, 속죄제물로 숫염소가 12마리, 화목제물로 수소가 24마리, 숫양이 60마리, 숫염소가 60마리, 일 년 된 어린 숫양이 60마리입니다(84–88절).

12지파가 드린 봉헌 예물의 첫 번째 특징은 각 지파가 드린 예물이 모두 똑같다는 것입니다. 지파의 규모가 다르고 능력이 달라도 같은 예물을 드렸습니다. 큰 지파는 많이 내고 작은 지파는 적게 내는 것 같지만, 개인적으로 드릴 때에만 차이가 있을 뿐, 공동으로 드릴 때는 모두가 똑같이 드립니다. 전혀 무리가 가지 않는 정도의 양입니다. 그중에서 화목제물의 수가 속죄제물의 5배인 것을 보면, 죄 용서의 은혜에 대한 감사와 헌신과 충성이 더 풍성한 것임을 알 수 있습니다. 죄 용서의 은혜가 크면, 감사는 그것보다 더 커야 합니다 (눅 7:47).

두 번째 특징은 12일 동안, 하루에 한 지파씩 드린 것입니다. 혼잡을 막기 위해서일 것입니다. 또한 한 지파씩 드림으로 마음을 준비하여 경건하고 엄숙한 분위기 속에서 드릴 수 있었을 것입니다. 마치 일을 치러 내듯이 급히 모였다가 돌아가는 식이 아니라, 차례대로 각 지파가 충분히 자신들의 헌신과 정성을 표현할 수 있기 위해서 하루씩 정한 것입니다.

세 번째 특징은 이 성막 봉헌식이 눈에 보이는 예식이라는 점입니다. 하루에 한 지파의 지휘관씩, 짐승들을 데리고 나오는 행동을 2주간 행해야 하고, 그것을 드리는 목적은 성막 모든 기구에 기름을 발라 거룩히 구별하는 의식을 위해서입니다. 기름을 붓는 외적인 표시로 성막과 그 모든 것을 성별한다는 것은 죄와 부정한 것과 더러운 것을 용납하지 않는다는 의미입니다. 이렇게 눈에 보이는 예식을 지켜보면서 어떤 마음을 품어야 할까요? '우리는 성별되었구나! 우리는 거룩하게 살아야 하는구나!'라는 의식입니다. 즉, 외적인 의식은 보는 사람들에게 거룩한 삶을 살 것을 교훈합니다. 그들이 하나님의 영광이 구름으로 덮여 있는 성막을 보는 것도 부패와 타락에 유혹받고 사는 사람들에게 죄를 멀리하고 하나님 중심의 삶을 살도록 동기부여하는 것과 같습니다. 죄 가운데 살아서는 안 된다는 강력한 메시지를 보고 사는 것입니다.

오늘날 교회는 세례와 성찬이라는 눈에 보이는 예식을 가지고 있습니다. 우리가 예배 순서를 따라 예배하는 것도 이런 절차와 의식에 속합니다. 이 모든 절차와 의식, 그리고 성찬과 세례를 볼 때마다 우리가 깨달아야 할 것은 구별된 삶입니다.

기름 붓는 행위는 구약 시대로만 제한된 것입니다. 신약에서 기름 부음은 성령 충만을 상징합니다. 가톨릭 교회는 성례 때에 기름을 바르면서 그 기름을 '구원의 성유'라고 불렀습니다. 종교개혁자들은 세례와 성찬만을 그리스도께서 제정하신 성례라고 가르치지만, 로마 가톨릭 교회는 5가지를 덧붙였습니다. 그 가운데 견진례(confirmation)가 있습니다.

견진례는 세례 때 받은 성령의 은혜를 더하게 하려고 베푸는 성례라고 합니다. 세례 때에 중생하여 생명을 얻은 자들이 영적 싸움을 할 때, 그들을 더욱 견고하게 해 주는 성례라는 것입니다. 사제는 기름을 부으면서 "나는 그대에게 거룩한 십자가의 성호를 긋고 성부와 성자와 성령의 이름으로 구원의 성유로 그대를 견고하게 하노라"라고 선언합니다. 그럴듯하고 아름답기까지 한 의식이지만, 이 선언에 하나님의 말씀을 하나도 인용하지 않습니다. 또한 구원의 기름이 어떤 의미가 있습니까? 구약에서는 눈에 보이는 방식으로 성별을 의미했다면, 그것은 장차 오실 성령과 성령의 은사들을 상징합니다. 그래서 기름을 바르면 성령이 임할 것이라는 생각은 성경을 뛰어넘는 사람의 생각입니다.

죽음 앞에서 하는 종부성사라는 성례 때에도, 기름을 부으면서 기름 부음을 통해 하나님께서 모든 죄를 용서해 주실 것을 기원합니다. 물론 병든 자가 있을 때에는, 장로를 청하여 기도하고 주님의 이름으로 기름을 바르고 기도했습니다(약 5:14-15). 제자들이 병 고칠 때 기름을 바르는 경우도 있었습니다(막 6:13). 하지만 예수님과 사도들은 말로만 한 경우도 있고, 침으로 진흙을 이기기도 했으며, 만지는 것으로 하기도 했습니다. 그런데 유독 기름을 바르는 것만이 치료의 수단이라는 생각은 지나친 것입니다. 그것은 상징입니다. 상징은 화살표입니다. 상징은 참된 실체를 가리키는 하나의 표시일 뿐입니다. 성령이 비둘기같이 내렸다고 비둘기가 성령입니까? 아닙니다. 비둘기는 성령의 임재를 보여 주는 상징일 뿐입니다. 그렇다면 오순절 성령 강림을 아는 성도에게는 더 이상 비둘기를 그릴 필요가 없습니다. 그 사건을 모르는 사람에게는 비둘기를 하나의 교보재로 사용할 수 있겠지만, 실체이신 성령의 임재가 충만하게 된 이 시대에는 성령님을 가르치면 됩니다. 기름을 구원의 기름이라고 한 것은, 날아다니는 비둘기를 성령이라고 말하는 것과 같습니다.

로마 가톨릭에서는 기름 붓는 것을 성례에서 중요한 요소로 봅니다. 그러나 기름 붓는 행위가 성례를 성례답게 하는 것이 아닙니다. 성례를 성례답게 하는 것은 하나님께서 제정하신 것이냐의 여부에 달려 있습니다. 그러므로 성례에는 하나님의 말씀에서 약속된 것이 선포되어야 합니다. 기름을 부으면서 신부는 성부 성자 성령의 이름으로 어떻게 되기를 바란다는 모호한 선언을 하는 정도가 아니라,

하나님의 구체적인 말씀을 제시하고 그 말씀대로 성령께서 역사하시기를 기도해야 합니다. 이것이 설교와 함께 성찬을 하고 성찬 때마다 성경을 읽는 이유입니다.

기름 부음이라는 용어는 성령 충만이라는 표현과 같은 의미입니다. 기름을 붓는다는 시각적 효과 때문에 기름 부음이라는 표현을 선호하는지는 모르지만, 그것이 상징하는 바는 성령 충만이라는 말에 잘 담겨 있습니다. 우리는 예수 그리스도 안에서 눈에 보이는 상징이 증거하는 실체를 보고 있습니다. 상징을 통해서 나타난 참된 실체 안에서 하나님을 섬기고 있습니다. 따라서 기름이 아니라 성령님의 다스리심과 내주하심을 구하면서 성령 충만을 간절히 바라는 것입니다.

우리에게는 기름을 발라 거룩하게 구별하고 봉헌 예물을 2주간에 걸쳐 드리는 일도 없습니다. 우리는 매 주일에 우리 자신을 구별하여 드리는 예배에 참여하고, 우리 삶이 주님의 것임을 인정하여 드리는 정한 예물인 감사와 십일조를 드립니다. 우리는 구약 백성처럼 특정 기간에만 의식을 행하는 것이 아니라, 또한 매 주일뿐만 아니라, 매일매일 우리 자신은 주님의 소유이고 거룩하게 구별된 삶으로 부름받은 성도임을 의식하며 살아갑니다. 구약보다 더 구체화되고, 더 일상화된 삶을 요구받고 있습니다.

하나님의 뜻은 이것이니 너희의 거룩함이라_살전 4:3

하나님께서 거룩한 삶을 살아가도록 우리를 부르셨습니다(살전 4:7). 부패와 죄에게 우리를 드리는 것이 아니라 거룩하신 하나님께 우리를 드리는 매일을 살아가십시오. 우리 힘이 약함을 아시기 때문에 하나님께서는 보혜사 성령을 우리에게 보내 주셨습니다(요 14:16, 26; 15:26).

성령 충만을 간구하는 이유는 거룩하고 구별된 삶을 살기 위함임을 기억하시고, 직장과 가정과 매일의 삶 속에서 주님과 더 가까이 친밀하게 교제하며 살아가십시오.[16]

---

16 세상을 본받지 말고 멀리하라는 말이 이웃과 단절하고 세상으로부터 고립되라는 뜻은 결코 아닙니다. 이런 거룩함을 가지고 이웃 사랑을 실천하며 세상 속에서 빛과 소금으로 사는 것임을 기억하십시오.

# 18 등불을 비추라

민 8:1-4

하나님께서 출애굽기와 레위기를 통해서 성막을 세우는 것과 거기에 필요한 것을 명령하신 것이 다 완성된 때에 하루에 한 지파씩 그 대표가 나와서 예물을 봉헌했습니다. 그리고 장막을 다 세운 후에 하나님께서 성소에 있는 등잔대 등불을 밝히라고 명령하십니다(1-2절). 등불을 등잔대 앞으로 비추게 함으로 금으로 된 등잔대는 더욱 빛나 보일 것입니다.

제사장이 성소 안에 들어가 할 일은 내부를 밝히는 등불을 계속 켜 두는 것과 떡을 진설하는 것입니다(레 24:1-8). 등불을 켜서 성소 내부의 어둠을 밝힙니다. 등불을 켜기 위해서는 "감람을 찧어 낸 순결한 기름"(레 24:2)이 필요합니다. 기름은 대개 성령님과 그분의 사역을 의미합니다. 헌물로 드리는 기름은 성령님의 은혜로 살아가는 열매입니다. 성령님의 도우심과 성령 충만한 삶을 통해서 얻어지는 열매인 순결한 기름으로 불을 밝히는 것입니다. 이렇게 해서 불을 밝혀 어둠을 몰아냅니다. 그리고 그 빛은 맞은편에 있는 떡 상을 비춥니다.

안식일마다 이 떡을 여호와 앞에 항상 진설할지니 이는 이스라엘 자손을 위한 것이요 영원한 언약이니라_레 24:8

떡은 이스라엘의 양식입니다. 농사를 통해 얻은 고운 가루로 만든 떡은 일상적인 식량인데, 그것을 항상 여호와 앞에 놓아야 하는 것은 이스라엘 자손을 위한 것이고 영원한 언약입니다. 이것은 이스라엘을 먹이신 하나님을 향한 감사를 의미하고, 더 나아가 이스라엘은 이 떡을 드림으로 우리 생명을 위한 양식은 하나님께로부터 나오고 우리의 모든 필요가 하나님으로부터 나옴을 고백합니다. 우리의 생명과 생명의 연장, 누림이 여호와 앞에 있으며, 하나님이 우리 생명의 근원이시라는 고백입니다.

우리의 생명을 상징하는 떡과 그 떡을 비추는 빛은 서로 연관되어 있습니다. 생명이 식어질 때 빛을 잃어 가는 비유를 생각하듯, 생명과 빛의 이미지는 서로 통합니다(요 1:4). 하나님으로부터 흘러나오는 빛이 우리의 생명을 비추고 계신다는 것은, 우리 생명을 그분께서 눈동자같이 살피시고 있음을 의미합니다. 우리의 삶 자체가 하나님 앞에 모두 드러나 있습니다.

주에게서는 흑암이 숨기지 못하며 밤이 낮과 같이 비추이나니 주에게는 흑암과 빛이 같음이니이다 주께서 내 내장을 지으시며 나의 모태에서 나를 만드셨나이다 내가 주께 감사하옴은 나를 지으심이 기묘하심이라 주께서 하시는 일이 기이함을 내 영혼이 잘 아나이다 내가 은밀한 데서 지음을 받고 땅의 깊은 곳에서 기이하게 지음을 받은 때에 나의 형체가 주의 앞에 숨겨지지 못하였나이다_시 139:12-15

이렇게 우리 생명, 삶이 그분 앞에 다 밝히 드러나는 것이 주는 유익을 이렇게 설명합니다.

하나님이여 주의 생각이 내게 어찌 그리 보배로우신지요 그 수가 어찌 그리 많은지요 내가 세려고 할지라도 그 수가 모래보다 많도소이다 내 가 깰 때에도 여전히 주와 함께 있나이다_시 139:17-18

나의 삶이 다 밝히 드러나는 것이 불편한 것은 죄 된 본성이 항상 숨거나 감추려고 하기 때문입니다. 그러나 반대로 그분 앞에 우리 삶이 다 드러난다고 하면, 우리가 믿음으로 살아 내는 모든 결단과 헌신과 눈물과 수고를 주께서 기억하실 것입니다. 그러므로 당장은 다 알 수 없지만, 그분의 많은 생각 속에 내가 있고, 그분의 지혜롭고 선하신 배려와 마음 쓰심으로 말미암아 내가 주 앞에서 살아간다는 것은 참으로 즐거운 일이 아닐 수 없습니다.

사도 요한은 이런 하나님의 속성을 이렇게 말합니다.

하나님은 빛이시라 그에게는 어두움이 조금도 없으시다는 것이니라_ 요일 1:5

하나님께서 알지 못하시는 상황이란 없습니다. 모호하거나 애매한 것도 없습니다. 우리가 보기에 꼬이고 막혀 있는 것 같아서 불확실하고 불확정적인 것으로 느껴질 뿐이지만, 하나님은 다 밝히 아십니다. 그분께서 당신을 감찰하고 계십니다. 우리 안에 있는 죄는 더 이상 설 곳이 없고 어둠 속에서 살려고 하면 할수록 불편하고 두려울 것입니다. 그러나 그 빛에 거하려고 다 드러내어 그분 앞에 내 마음을 아뢰고 내 속의 것을 다 토해 낸다면, 곧 빛이신 하나님께 가까이 가서 그분의 도움을 구하고 그분의 비추심 앞에 나를 맡기면 큰 위로와 격려를 받을 것입니다.

이스라엘의 삶 중심에 있는 장막에 켜진 등불은 이스라엘의 어두움을 밝히는 빛입니다. 그렇듯이 성도는 빛이신 하나님 앞에서 살아갑니다. 죄는 그분을 피하려 하지만 은혜는 그분께 가까이 나가도록 인도합니다. 이것이 하나님 중심의 삶입니다.

# 19 레위인을 선물로 주심
민 8:5-26

여호와께서 등잔 받침대 앞쪽으로 등을 비추라고 하신 후에 레위인을 데려오라고 명령하십니다. 하나님 앞에 와야 하니 정결은 필수입니다.

모세는 그들에게 속죄의 물을 뿌리고 그들의 전신을 삭도로 밀게 하고 의복을 빨게 하여 그들의 몸을 정결하게 해야 합니다. 또 그들에게 수송아지 한 마리를 번제물로, 기름 섞은 고운 가루를 그 소제물로 가져오게 하고, 모세는 수송아지 한 마리를 속죄제물로 가져와야 했습니다. 그리고 이스라엘 온 회중을 모이게 해서 이스라엘 자손으로 하여금 그들에게 안수하게 합니다. 그리고 아론이 레위인을 흔들어 바치는 제물로 여호와 앞에 드리게 했습니다(11절). 이것은 헌신의 몸짓입니다(레 7:30). 안수의 목적은 이스라엘을 위하여 여호와께 봉사하는 것을 대신하게 한다는 위임입니다(12절).

하나님께서는 레위인들을 성별하는 이유를 자세히 설명하십니다. "레위인을 구별하라 그리하면 그들이 내게 속할 것이라 네가 그들을 정결하게 하여 요제로 드린 후에 그들이 회막에 들어가서 봉사할 것이니"(14-15절). 레위인의 소유권은 하나님께 있습니다. "내게 온전히 드린 바 된 자"라고 말씀하시는 이유는 출애굽 때 장자의 죽음 재앙에서 이스라엘의 장자들을 대신한 사람들이 레위 사람들이기 때문입니다(16-17절).

하나님께서는 레위인을 아론과 그 아들들에게 선물로(as gifts) 주셨습니다(19절; 민 3:6, 8). 레위인들은 계급적 구조 속 낮은 위치에서 섬기는 자가 아니라 선물입니다.[17] 선물을 주신 목적에는 중요한 점이 두 가지 있습니다. 하나는 대신함이고, 다른 하나는 위함입니다.

첫째, 누구를 대신합니까? 이스라엘 자손을 대신하여 봉사합니다. 모두가 제사장일 수 없고, 모두가 레위인일 수 없습니다. 레위인이 대표해서 봉사하게 함으로 이스라엘 전체가 성막 가까이에서 섬길 수 있게 하신 것입니다. 그러므로 레위인들의 성실함이 이스라엘의 성실함입니다.

그러나 레위 지파의 부패함이 잘 드러나는 때가 사사기입니다. 유다 베들레헴에 사는 레위 소년이 우상을 섬기는 미가라는 사람의 개인 제사장이 되어 한 가족의 복을 빌어 주는 이상한 현상이 일어납니다(삿 17:7-13). 심지어 어떤 레위인은 첩을 두었는데, 자신의 첩이 불량배에게 능욕당하자 그녀의 시신을 12토막으로 베어서 이스라엘 각 지파에게 보냅니다(삿 19장). 그 일로 이스라엘 지파와 베냐민 지파 간에 전쟁이 나서 베냐민 용사 5만 명이 죽습니다(삿 20:44-46). 이

---

**17** 충성된 사자는 그를 보낸 이에게 마치 추수하는 날에 얼음 냉수 같아서 능히 그 주인의 마음을 시원하게 하느니라(잠 25:13).

제 베냐민에는 장정만 600명 정도밖에 남지 않았습니다. 그때에 이스라엘에는 왕이 없어서 모두가 자기 맘대로 행동했습니다(삿 21:25). 그만큼 레위 지파가 삶과 경건을 지킬 수 없는 무질서한 시대상을 고발하고 있습니다.

둘째, 누구를 위함입니까? 이스라엘 자손을 위하여 속죄한 것입니다. 이스라엘 자손이 성소 가까이 올 때 재앙이 이스라엘 자손들에게 미치지 않도록 하신 것입니다. 이스라엘 백성이 거룩하신 하나님께 갈 수 있는 이유는, 그들의 맏아들을 대신하여 하나님 가까이에서 섬기도록 허락받은 레위인 때문입니다.

제사장은 레위인들의 도움 없이 온전히 성막 봉사를 할 수 없습니다. 그러므로 제사장과 레위인들 상호 간의 협력은 필수입니다. 한마음을 가지고 봉사하는 것이 이스라엘 전체를 위해서 유익합니다. 이 협력이 깨어지거나 서로에게 선물로 주어진 관계를 주종 관계, 특권 의식과 우월과 열등으로 바꾸는 것은 세속화된 현상입니다. 목사나 직분자들에게 성도들은 선물이고, 성도들에게 목사와 직분자들이 선물이라면 교회는 잘 서 갈 것입니다. 그러나 이 관계의 불협화음으로 교회는 늘 곤경에 처해 있습니다. 말씀대로 이루어지지 않기 때문에 교회에 불화가 일어나는 것입니다. 서로를 향해 불평하는 것은 선물로 주신 하나님의 뜻을 제대로 알지 못하기 때문입니다.

이스라엘은 광야에서 성소를 밝히는 등불의 빛 가운데 살아가야 합니다. 그들의 삶이 항상 하나님을 섬기는 삶이 되기 위해서 레위인들이 필요했습니다. 그래서 그들로 하여금 이스라엘 자손을 대신해서 봉사하게 했습니다. 그러나 오늘 우리는 레위인의 봉사를 필요로 하지 않습니다. 우리가 직접 합니다. 우리가 빛이신 하나님 앞에 직접 나가 그분을 섬기도록 부름을 받았습니다. '너희 몸을 거룩한 산 제사로 드리라'는 명령은 모든 성도에게 주어진 것입니다(롬 12:1-2).

너희 몸은 너희가 하나님께로부터 받은바 너희 가운데 계신 성령의 전인 줄을 알지 못하느냐 너희는 너희 자신의 것이 아니라 값으로 산 것이 되었으니 그런즉 너희 몸으로 하나님께 영광을 돌리라_고전 6:19-20

우리는 몸으로 하나님께 영광을 돌리도록 부름받았습니다(벧전 2:9-12). 우리는 이스라엘처럼 '나그네와 이방인'같이 하나님 나라를 향해 가고 있습니다(벧전 1:1). 이 여행을 위해서 우리에게 주신 선물은 그리스도입니다. 그리스도와 그분의 말씀의 도움을 받아 '영혼을 거슬러 육체의 정욕을 제어'하는 영적 싸움에 임하십시오. 이것을 위해 성령님께서 늘 우리를 도우십니다. 능히 우리를 위해 기도하실 뿐 아니라 우리가 기도할 수 있도록 도우십니다. 기도를 통해 정욕을 제어하고 선을 위해 사는 삶을 살아 내야 합니다.

# 20 유월절을 지키라
민 9:1-14

성막 세우기를 끝내고 봉헌하고 레위인들을 구별한 후에, 하나님 께서는 출애굽 이후 두 번째 유월절을 지킬 것을 명령하셨습니다 (1-3절).

이스라엘 백성에게 1월은 출애굽을 한 달입니다. 이스라엘은 그 첫 달 14일에 유월절을 지켰습니다(출 12:1-11). 유월절에는 각 사람 이 흠 없는 일 년 된 수컷 어린양을 잡아서 피는 집의 문 좌우 설주 와 인방에 바르고, 고기는 삶거나 날로 먹어서는 안 되고 불에 구워 먹어야 하고 아침까지 남겨 두지 말고 남으면 태워야 합니다. 함께 먹을 음식은 누룩을 넣지 않은 빵과 쓴 나물이고, 허리에 띠를 띠고 신발을 신고 지팡이를 잡고 급히 먹어야 합니다.

유월절에 장자의 죽음 재앙을 피하기 위해서 양의 피를 바르 는데, 이 피가 있는 집은 여호와의 재앙이 임하지 않았습니다(출 12:12-14). 피를 보고 여호와께서 넘어가심으로 이스라엘의 처음 태 어난 모든 생명은 보존되었습니다. 그리고 유월절과 장자의 죽음 재 앙을 통해서 이스라엘은 출애굽 했습니다. 이 어린양은 곧 예수 그리스도입니다.

> 우리의 유월절 양 곧 그리스도께서 희생되셨느니라_고전 5:7

유월절은 장차 오실 예수 그리스도의 죽으심으로 말미암아 우리
가 생명을 얻었다는 구속의 의미를 예표해 주는 절기입니다. 이 절기
를 통해서 장차 예수 그리스도께서 십자가에서 피를 흘리심으로 우
리를 죽음에서 생명으로 옮기실 것을 미리 보여 주고 있습니다. 그러
므로 출애굽 2년째에 다시 유월절을 지키라는 명령에는 세 가지 의
미가 담겨 있습니다.

첫째로 이스라엘의 정체성을 확인하라는 것입니다. 출애굽 한 이
스라엘은 세상과 구별된, 하나님을 섬기는 하나님께 속한 백성입니
다. 이 정체성을 확인하는 자리가 유월절입니다. 그러므로 이스라엘
모든 남자들이 모여야 했습니다.

둘째로 우리에게 베푸신 값없는 은총에 감사하며 하나님을 경배
하라는 것입니다. 이스라엘도 애굽 사람과 같이 죽을 수밖에 없는
죄인이었지만, 이스라엘에게는 생명이 있었고 애굽 위에는 사망이
있었는데 이스라엘에게 그럴 만한 자격이나 이유가 있어서가 아닙니
다. 그들이 더 뛰어나거나 나아서가 아닙니다. 그것은 하나님께서 아
브라함과 맺은 언약 때문이고, 그 언약의 백성에게 베푸시는 무조건
적이고 값없는 하나님의 은총 때문입니다. 그렇다면 어떤 마음으로
절기를 지켜야 했을까요? 절기라는 의식은 우리의 믿음을 보여 주는
외적인 표현입니다. 의식이나 절차를 명령하시는 이유는 그 의식이
나 절차를 통해서 하나님께서 왜 그렇게 명령하시는지 그분의 마음

을 깨닫게 하려는 것입니다. 의식보다 중요한 것은 믿음입니다. 유월절에 나와 경배하는 것은 여전히 우리를 구원하시고 돌보시는 하나님의 은총을 믿음으로 감사하고 기뻐해야 할 영적 제사였던 것입니다.

셋째로 유월절이 지향하는 참된 은총을 소망하라는 것입니다. 유월절은 영원한 규례입니다. 유월절이라는 절기가 영원하기 때문은 아닙니다. 구약의 절기는 참된 것을 보여 주는 그림자와 예표이므로 그 실체가 오면 더 이상 필요하지 않습니다. 유월절의 실체이자 참된 것은 예수 그리스도의 속죄 제사입니다. 우리 죄를 온전히 대속하실 완전한 중보자이신 메시아의 오심을 소망하라는 것입니다. 그 은혜를 반복해서 기억함으로 하나님께서 베푸시려는 참된 복을 소망하라는 것입니다.[18]

유월절은 우리 자신의 정체성 확인과 우리에게 베푸신 구속의 은혜, 그리고 장래의 소망과 관련해서 아주 중요한 절기입니다. 경건한 자녀라면 이 명령 앞에서 진지하게 그 의미를 기억하려 했을 것입니다. 그렇지만 우리의 부패한 본성은 어제 주신 은혜도 계속 붙들지 못하는 연약함에 둘러싸여 있습니다. 1년 전까지만 해도 출애굽을 눈앞에 둔 상황이어서 유월절을 지키는 것이 죽음과 생명을 가르

---

[18] 유월절 어린양의 피 흘림은 우리를 구원하실 예수 그리스도의 구속의 피를 기념하고, 그 피에 참여하는 의식입니다. 오늘날도 구약 방식대로 유월절을 지키자고 주장하는 것은 어린양의 실체이신 예수 그리스도의 대속과 화목제사를 무효화시키는 행동입니다. 이런 주장들이 반복되는 이유는 예수 그리스도의 구속의 완전성뿐만 아니라 예수 그리스도께서 율법을 완성시키시고 당신 안에서 참된 구속을 이루어 가실 것이라는 사실을 인정하지 않기 때문입니다.

는 중요한 의식이었지만, 1년이 지난 지금은 상황이 바뀌었습니다. 1년이라는 시간은 사람들의 마음을 무디게 만들기에 충분합니다. 더군다나 먹고 마시는 것 때문에 생기는 불평이나 애굽과 비교되는 야영 생활이 주는 무료함과 불편함은 출애굽의 감격과 흥분을 꺼 버렸고, 대신 왜 이렇게 살아야 하는지 의문이 들게 했으며, 하나님의 인도하심 없이 자기 뜻대로 살려고 하는 욕망을 부추깁니다.

하나님께서 '이스라엘 자손이 정해진 때에 유월절을 지키게 하라'고 하신 명령은 '순종을 잘하려는 백성들에게 하는 부드러운 권면'이 아닙니다. 느슨해져 있고, 쉽게 잊어 먹고, 잊어 먹어도 별일 없다는 듯 하나님의 은혜에 무감각한 자들을 일깨우는 명령입니다. 영원한 규례로 지켜야 할 유월절은 다가오는데 아무 일 없는 듯 손 놓고 있는 백성들로 하여금 망각과 무관심과 열정 없는 무기력 때문에 죄를 범하지 않게 하시려는 은혜로운 말씀입니다. 하나님께서 정해 주신 기한인데도 자기 일에 여념 없는 자들에게 '하나님께서 정하신 것을 행하지 않는 것은 죄'임을 상기시켜 주는 엄중한 명령입니다.

하나님께서 영원한 규례로 정해 놓으셔도 우리의 변명은 우리 일이 바쁘다는 것입니다. 하나님께서 정하신 것조차 잊어버리고 살 정도로 말입니다. 지금 우리가 살 수 있는 생명을 얻게 된 중요한 날을 기억해서 감사해야 하는데, 생일이나 자신이 중요하게 생각하는 날들은 챙기면서 하나님께서 정하신 기한은 잊어버리는 것은 단순히 망각 차원을 넘어서서 죄 된 본성과 부패함에서 나오는 무감각입니다. 우리의 정체성이 하나님께 속한 백성이면 하나님의 말씀에 복종하는 증거를 보여야 하는데, 여전히 자기 일에 몰두해서 잊어버렸다는 변명은 궁색합니다. 자신의 주인이 누구인지 모른다는 말이고, 자신이 누구의 소유인지 기억하지 않는 것입니다. 우리는 하나님께 속한 백성이고 우리 주인은 하나님이십니다. 그분의 명령에 열심을 내고, 그분의 말씀에 헌신적이어야 합니다.

모세는 이스라엘 자손들을 준비시켰습니다(5절). 이것은 일종의 칭찬입니다. 하나님께서 명령하신 것에 덧붙이거나 편리대로 축소시키지 않고, 모두 다 행한 것을 격려하는 말씀입니다.

그런데 특별한 상황이 발생합니다. 사람의 시체를 만져서 부정하게 된 사람들이 유월절을 지키지 못하게 되자 모세와 아론을 찾아와 질문한 것입니다.

> 우리가 사람의 시체로 말미암아 부정하게 되었거니와 우리를 금지하
> 여 이스라엘 자손과 함께 정한 기일에 여호와께 헌물을 드리지 못하게
> 하심은 어찌함이니이까_7절

이 사람들이 유월절을 지키지 못한 이유는 시체를 만져 부정하게 되었기 때문입니다. 시체 접촉으로 부정하게 된 사람들은 진 밖으로 보내져 격리되어야 했습니다(민 5:2). 그런데도 유월절 참여를 항의(?)할 정도라면 그들의 영적인 자세는 본받을 만합니다.

그들이 유월절 참여를 희망한 것은 자신들의 부정함에도 불구하고 은혜를 간절히 바라는 태도입니다. 많은 사람이 자신들의 상황을 구실 삼아서 하나님께서 명령하신 예배에 소홀하려 합니다. 자신을 합리화할 이유는 무수히 많습니다. 일, 가정, 건강, 감정 등 다양한 이유로 영원히 명령하신 규례까지도 어쩔 수 없다고 말하려 듭니다.

그러나 이 사람들은 부정함에도 불구하고 하나님의 은혜를 열망했습니다. 불가피한 일이 있더라도 은혜를 바라는 마음이라면 자신에게 일어난 일을 당연하게 여겨서는 안 될 것입니다.[19]

질문을 받은 모세는 자신의 판단을 따라 해결하지 않았습니다. 율법을 받아든 모세 정도라면 스스로 판단할 수도 있었겠지만, 그는 하나님께 그 문제를 가지고 나아갔습니다(8절). 모세가 기다리라고 말한 것은 멈춰 서라는 뜻입니다.[20] 응답하실 때까지 자세를 유지하며 기다리고, 감당할 것 이상의 생각을 하지 않고 멈춰 서서 잠시 머무르라는 말입니다. 이것은 문제마다 하나님의 음성을 들어야 한다는 뜻이 아닙니다. 계시된 율법은 부정한 자는 거룩한 곳에 나갈 수 없다고 분명하게 가르칩니다. 하지만 모든 이스라엘이 참여해서 하나님의 구원을 감사하는 자리에 의도적이지 않게 부정함을 입은 사람이 나오려면 어떻게 해야 하는가에 대해서는 계시된 뜻이 없으므로 하나님께 듣겠다는 것입니다.[21]

---

19  주일에 불가피한 일이 생겼을 때 '예배는 쉬자' 이렇게 생각한 것이 아닙니다. 오히려 그런 일에도 불구하고 하나님께서 정하신 기일에 헌물을 드릴 수 없음을 항의한 것입니다. 이것이 경건한 열심입니다. 주일에 일을 일부러 만들어서 예배에 참석하지 않는 것을 마치 정당한 이유가 있는 것처럼 말하는 경우가 흔한데, 이 사람들은 부정하게 된 자신들이 '어떻게 하면 정한 기일에 유월절을 지킬 수 있는지'를 묻고 있습니다. 사실 '주일에 불가피한 일이 무엇인가?'라고 할 때, 생명을 구하는 일처럼 위급하고 공공의 유익을 위한 것이 아니면 불가피한 일이라 할 수 없습니다. 그리고 개인의 성취와 자기에게 속한 사사로운 일을 불가피하다고 할 수 없습니다.

20  히브리어로 '아마드'라는 단어에서 파생한 말인데, '아마드'는 '서 있다, 머무르다, 멈춰 서다'는 뜻을 기본으로 가지고 있습니다.

21  해석적 통찰을 위해 성령님의 도우심을 구하는 가운데 기도하며 뜻을 알려 주시기를 바라는 태도입니다.

여호와께서 모세에게 하신 대답은 첫째 달 14일은 지나갔으므로 둘째 달 14일 해 질 무렵에 그날을 지키라는 것입니다(11절). 특별 규정을 제시하셨습니다. 유월절 정한 절기를 한 달 뒤에 지킬 수 있게 하심으로 해결해 주셨습니다. 시체로 말미암아 부정하게 되든지 먼 여행 중에 있다 할지라도, 여호와 앞에 마땅히 헌물 드리기를 바라는 경건한 소원과 바람이 있다면 참여할 수 있게 하신 것입니다. 하나님께서는 실수로 부정하게 된 자라도 유월절 어린양의 피를 통해 베푸셨던 구원의 은혜를 모두가 누리기를 바라셨습니다.[22]

하지만 허락뿐 아니라 경고도 함께 주셨습니다(13-14절). 부정하지도 않고 여행을 떠나지도 않았는데도 유월절을 지키지 않는 사람에 대해서는 백성 가운데에서 끊어질 것을 경고하셨습니다. 부득이한 사정이나 때를 맞추지 못한 경우가 아니라, 자신의 잘못 때문에 유월절을 지키지 않는 사람들은 참 이스라엘이 아니라는 뜻입니다. 하나님의 구속의 은총에 대한 배은망덕한 태도는 하나님의 은혜를 값싸게 취급하는 일입니다. 하나님의 소유 된 백성임에도 하나님을 가까이하지 않고 고의적으로 다른 곳을 향하며 변명한다면, 그 죄에 대한 책임을 자기가 져야 합니다. 어떻게 책임집니까? 하나님에게서 끊어지는 것이고, 죄에 대한 무서운 정죄와 형벌을 져야 한다는 뜻

---

22 성찬을 행할 때, 교회는 반드시 한 주 전에 광고를 해야 합니다. 왜 그렇습니까? 자신을 부정에서 멀리하고, 회개에 힘쓰며, 하나님께서 베푸실 은혜를 사모하게 하기 위해서입니다. 그렇지 않으면 죄를 먹고 마시기 때문입니다. 물론 미리 준비시키기 위함도 있습니다. 허겁지겁 이 주일에 성찬이 있는지도 모른 채 나와서 의미 없이 먹는 것은 오히려 안 먹는 것만 못합니다. 부족해도 유월절에 참여시키는 것은 마치 성찬에 합당한 모습이 아니지만 그리스도의 은혜를 구하면서 참여시키는 것과 비슷합니다.

입니다.[23]

하나님께서 유월절을 지키라고 먼저 말씀하시듯, 하나님께서 먼저 우리에게 은혜 주시기를 원하십니다. 우리는 주님의 말씀에 순종하면 늘 은혜 안에 살게 됩니다. 그런데 자주 은혜를 바라는 열망이 식고 그 은혜를 잊어버리는 삶의 무게를 가지고 삽니다. 그럼에도 불구하고 우리는 하나님께 가까이 나갈 기회가 있을 때마다 나가야 합니다.[24]

우리는 유월절이라는 절기가 아니라, 유월절 어린양이신 예수 그리스도 안에서 하나님께 가까이 나갈 수 있는 은혜를 소유했습니다 (계7:15). 이 은혜 안에서 부정한 삶을 떠나 순전하고 진실하게 살아가기를 힘쓰면서 경건에 힘써야 합니다(딤후 2:15).

---

23  정결하지 않는 상태나 여행 중이라는 두 가지를 들어서 죄 가운데 있음에도 핑계를 삼거나, 여행은 공적인 것과 관련된 것일 텐데 개인의 바람과 추구(쉼, 힐링 등. 참된 쉼과 힐링은 그리스도가 아닌가!)를 위한 여행을 이유로 공적 모임에 참여하지 않는 것을 정당화한다면, 정말 은혜를 사모하는 영적 자세에서 어긋나는 것이라 여겨야 할 것입니다. 물론 서로를 정죄하는 것이어서는 안 되겠지만, 늘 자신이 주님 안에 있는지를 점검하라는 말씀을 더 깊이 새겨야 할 것입니다.

24  부족하고 어려워도 하나님의 백성으로서의 명예와 품위를 지켜야 합니다. 우리가 그런 것을 가지고 있어서가 아니라 우리를 받아 주시는 하나님의 은혜와 자비의 크심에 자신을 맡기는 것입니다. 명예와 품위를 지켜 주시는 하나님께 자신을 의탁해야 합니다. 그리고 이 명예와 품위를 기억한다면 더욱 거룩의 삶을 향해 전진해야 합니다(롬 6:11-14).

# 21 하나님의 심부름꾼

민 9:15–23

이스라엘은 시내산에 머물면서 율법을 받고 성막을 다 완공합니다. 그리고 유월절을 지내면서 하나님의 구원의 은총을 감사하고, 하나님께 속한 백성으로서의 정체성을 재확인했습니다. 우리를 구속하신 이유가 하나님을 섬기기 위해 부르셔서 왕 같은 족속이요 제사장 나라요 거룩한 하나님의 백성이 되게 하시려는 것이었습니다. 시내 광야를 떠나 하나님께서 지시하신 땅으로 나아가기 위해서 그들의 택하심과 부르심을 재확인하는 것은 필수적입니다. 우리의 소속과 신분과 사명의 재확인 없이 성장이나 진보나 한 걸음 더 나아가는 발전은 어렵기 때문입니다.

가나안 땅을 향해 가기 위한 준비(진 배치, 이동 순서, 장막을 운반하는 역할 분배 등)를 다 마치고, 하나님께서 어떻게 인도하실 것인지를 알려 주셨습니다. 하나님께서 약속의 땅으로 가라고 명령하실 뿐 아니라 어떻게 인도해 주실지를 가르치시는 것을 통해 우리는 우리를 구원에 이르도록 선택하실 뿐 아니라 우리의 구원의 길도 정하셔서 우리가 믿고 의롭다 함을 받아 영화에 이르게 하시리라는 하나님의 선하심을 보게 됩니다(롬 8:30).

본문에는 이스라엘의 이동을 알려 주는 도구들이 등장합니다. 먼저는 구름입니다. 하나님께서는 구름뿐 아니라 물과 바람도 하나님의 명령을 전달하는 수단으로 사용하십니다.[25]

> 물에 자기 누각의 들보를 얹으시며 구름으로 자기 수레를 삼으시고 바람 날개로 다니시며 바람을 자기 사신으로 삼으시고 불꽃으로 자기 사역자를 삼으시며_시 104:3-4

물, 구름, 바람 등은 하나님의 심부름꾼입니다. 우리 눈에는 평범하게 보이고 이리저리 불규칙적으로 움직이는 것에 불과하지만, 하나님께서는 당신의 기쁘신 뜻을 따라 이것을 당신의 일꾼으로 사용하시기도 합니다. 그러므로 그분의 섭리 아래 있다는 점을 놓쳐서는 안 됩니다. 우리에게 유익한 기상 변화뿐 아니라 우리에게 불리한 것들에도 하나님의 선하신 뜻이 있음을 생각해야 합니다.

광야에서는 구름을 당신의 심부름꾼으로 사용하시는데, 이스라엘은 구름이 성막 위에 머무는 동안에는 진영에 머물렀고(18절), 머무는 날이 오랠 때에는 행진하지 않았습니다(19절). 구름이 저녁부터

---

25   구름이 이스라엘의 인도자 역할을 한 것은 출애굽 때부터입니다. 하나님께서 지시하신 땅으로 가게 하실 때, 가까운 길(블레셋 사람의 땅의 길) 대신 홍해의 광야 길로 인도하신 것은 전쟁을 하게 되면 이스라엘이 마음을 돌이켜 애굽으로 돌아가려 할 것이기 때문입니다. 그래서 그들을 생소한 홍해 광야 길로 인도하실 때, 낮에는 구름 기둥으로 인도하시고 밤에는 불기둥으로 그들을 비추셔서 걷게 하셨습니다(출 13:17-22). 이 구름 기둥은 홍해를 건널 때도, 애굽 군대와 이스라엘의 경계를 지키고 있어서 애굽 군대를 어지럽게 하여 추격을 늦추게 했습니다(출 14:19-24).

아침까지 있다가 아침에 구름이 떠오르면 그들은 행진해야 했고, 구름이 밤이나 낮이나 떠오르면 그들은 행진해야 했습니다(21절). 머무는 날이 하루가 될지 한 달이 될지 더 긴 기간이 될지 모르는 상황입니다(22절).

이 구름은 성막을 세운 날에 성막을 덮었던 것으로 하나님의 영광스러운 임재를 상징합니다. 성막 위에 임한다는 것은 하나님의 충만한 영광을 보여 줍니다. 이것은 이스라엘의 인도자가 얼마나 영광스럽고 거룩한 분인지를 보여 주는 상징이기도 합니다. 이스라엘은 거룩하고 영광스러운 하나님의 인도하심을 받는 백성인 것입니다. 이스라엘은 매일 하나님의 영광을 목격하고, 그 영광스러운 인도자이신 하나님께서 얼마나 그들 곁에 가까이 계신지를 밤낮으로 경험하며 체험하는 특별한 사람들이었습니다(시 135:4). '항상 그러하여'라는 말과 함께 '낮에는' 그리고 '밤이면'이란 표현은 당신의 백성 가운데 머물러 계시는 하나님의 임재는 한 번도 떠난 적이 없음을 보여 줍니다(16절). 우리가 떠나면 떠났지, 하나님께서는 졸지도 주무시지도 않습니다(시 121:4).

이스라엘은 구름을 따라가는 것이고 구름의 이동을 주관하시는 분은 하나님이십니다. 진을 치고 머무르는 기간이 얼마가 되든지 (그곳에 먹을 것이 있든 없든, 얼마나 오래 머물러야 하는지 몰라도) 구름이 멈추면 머물러야 합니다. 머무는 지역이 좋아서 떠나기 싫어한다든지 행진하는 힘이 넘쳐서 더 가려고 한다든지 결정하는 것은 우리가 아니라 하나님이십니다.

언제 구름이 떠오를지 모르니, 그들의 시선은 성막 위에 있는 구름을 향해야 합니다. 이것은 이스라엘이 철저히 하나님의 신호 주심에 따라 움직여야 한다는 뜻입니다. 개인의 삶이 있지만 하나님의 명령을 중심으로 살아가도록 삶의 방식을 바꾸는 것이고, 시간 사용이나 개인의 모든 대소사에서 하나님의 신호가 우선이 되는 삶을 살아가는 것입니다. 이것은 하나님 나라 백성의 삶의 모습입니다. 개인의 삶을 살지만 하나님의 백성으로서의 의식이 철저하지 못하다면 살아가기 어려운 구조입니다.

하나님의 백성으로서 헌신된 사람이라면, 자신의 일을 그분의 명령에 모두 상대화시킬 수 있습니다. 하나님께서 우리의 구원을 위하시고 우리를 거룩하게 하시도록 일하시는 분이시므로 그분의 일하심에 불평하기보다 복종함이 아름답습니다. 조급함, 무관심 등을 경계하고, 그분의 인도하심을 온전히 따라가는 것이 믿음이고 신뢰의 표시이고 의지한다는 의미입니다.

이스라엘이 출애굽 할 때 하나님의 군대라는 칭호를 받았는데, 군사로 복무하는 사람은 자기 생활에 얽매여서는 안 되고 군사로 모집한 상관을 기쁘게 하고 그에게 충성하는 것이 당연합니다(딤후 2:4). 주님을 섬기도록 구별하셨음에도 임금의 잔치 초대를 거절한 채 자기 일 때문에 못 가겠다고 한 사람들처럼 반응한다면 주님의 거룩하심에 참여하지 못할 것입니다(눅 14:23). 우리의 시선을 주님께 고정하고, 그분의 명령에 신속하게 반응하도록 준비하는 것이 몸과 마음과 목숨을 다하는 자세입니다. 이스라엘 자손은 이 모든 일에 칭찬을 받았습니다. '여호와의 명령을 지켰다'는 표현이 7번 나옵니다(18, 20, 23절). '모세를 통하여'라는 말은 '모세의 통치와 책임 아래'

이 모든 일들을 수행했음을 보여 줍니다.

우리의 시선을 항상 하나님께 고정하시기 바랍니다. 그분의 인도하심을 보거든 지체 없이 순종하시고, 그분의 뜻에 순종하십시오.

# 22 하나님께서 기억하게 하심
민 10:1-10

구름이 떠올랐을 때 이스라엘에게 이동하라는 것을 알리는 도구가 나팔입니다. 구름이 떠오르면 나팔을 붑니다. '은 나팔 둘'을 만들어 사용했는데, 나팔의 용도는 세 가지입니다.

첫 번째로 회중을 소집해서 진영을 진행시킬 때입니다(민 10:2). 나팔 두 개를 불면 온 회중이 회막 앞에 모이고, 하나를 불면 천부장된 지휘관들이 모입니다. 그리고 크게 불면 동쪽 진영이 행진하고, 두 번째로 크게 불면 남쪽 진영이 행진합니다(3-6절).

회중을 모을 때에도 나팔을 붑니다. '소리를 크게 내지 말라'는 것은 비상시에 부르는 나팔, 즉 전쟁, 행진 등의 경우처럼 짧게 불지 말라는 뜻입니다(6, 9절). 그리고 나팔은 제사장들이 불어야 합니다. 지휘관이 해야 할 일 같지만, 하나님의 명령을 받아서 나팔을 부는 일이기 때문에 중보자 역할을 하는 제사장의 임무로 정해 놓고, 영원한 규례로 삼으셨습니다(7-8절).

두 번째로 대적을 치러 나갈 때입니다(9절). 이 나팔은 하나님 여호와께서 들어주시기를 바라며 부는 것입니다. 즉, 하나님께서 이스라엘을 기억해 주시도록 부르는 나팔입니다. 우리가 원수들을 맞이해서 전쟁하러 나가니 하나님께서 우리를 돌보시고 우리를 위해 싸워 달라는 나팔 소리입니다. 일반적인 전쟁에서는 군사력과 칼을 믿지만, 이스라엘의 전쟁은 하나님께 달려 있습니다. 그래서 하나님께 대적과 싸워 이길 힘을 구하고 대적의 손에서 구원해 주시기를 바라는 믿음으로 나팔을 붑니다. 그러나 나팔만 분다고 전쟁에서 저절로 이기는 것이 아닙니다. 나팔을 불면서 용기를 내 대적과 맞서 싸워야 하고, 승리를 갈망하며 하나님의 도우심을 바라고 의지하는 믿음으로 적극적으로 싸워야 합니다.

> 어떤 사람은 병거, 어떤 사람은 말을 의지하나 우리는 여호와 우리 하나님의 이름을 자랑하리로다_시 20:7

> 많은 군대로 구원 얻은 왕이 없으며 용사가 힘이 세어도 스스로 구원하지 못하는도다 구원하는 데에 군마는 헛되며 군대가 많다 하여도 능히 구하지 못하는도다 여호와는 그를 경외하는 자 곧 그의 인자하심을 바라는 자를 살피사 그들의 영혼을 사망에서 건지시며 그들이 굶주릴 때에 그들을 살리시는도다 우리 영혼이 여호와를 바람이여 그는 우리의 도움과 방패시로다_시 33:16-20

세 번째로 제사와 절기를 지킬 때입니다(10절). 희락의 날, 정한 절기와 번제와 화목제를 드리며 나팔을 불어야 합니다. 백성들에게 알리는 나팔입니다. 하나님께서 정하신 대로 순종할 것을 알리고 주위를 환기시키는 나팔 소리입니다. 나팔을 불지 않고 행하는 절기와 제사는 무효입니다. 제사장이 나팔을 불어야 드릴 수 있다는 말은 백성들이 임의로 할 수 없다는 의미입니다. 사람들은 자기들의 편의에 따라서, 자신들의 입맛에 따라서 정한 것조차 바꾸는 것을 아무렇지 않게 생각할 수 있습니다. 더구나 환경이나 여러 이유를 대면서 정한 대로 하지 않는 습성이 있습니다.

하나님께서 제사장을 통해서 나팔을 불게 하신 것은 하나님께서 정하신 날에 예배해야 한다는 것을 알리시기 위함입니다. 하나님께서 당신 중심의 삶을 살도록 기억시켜 주신 것이고, 그들의 의무가 무엇인지를 떠올리게 하신 것입니다. 제사와 절기를 드리는 그들을 하나님께서 기억하시고, 내려다보시고, 그들에게 은혜와 긍휼을 베푸십니다. 기독교의 안식일인 주일 성수를 강조하는 이유도 마찬가지입니다. 내 뜻을 따라 그날을 지키기로 다짐한다고 그날이 존속되는 것이 아닙니다. 하나님께서 한 날을 정하심으로 그날을 복되게 하셨기 때문에 존속됩니다. 그래서 우리는 그날에 참여하여 위로부터 주시는 은혜를 받으면 됩니다. 그러므로 주님의 백성이라면 마땅히 하나님께서 정하시고 명하신 대로 그날에 하나님 앞에 얼굴을 보여야 하는 것입니다.[26]

---

26  교회가 많이 있으니, 주일날 아무 곳에 가서도 드릴 수 있지 않습니까? 그러나 본 교회에서 드려야 하는 이유는 말씀과 그 말씀에 따른 치리를 받기 위해서입니다. 그리고 회원이기 때문입니다. 한편, 하나님의 주권을 강조하는 가르침을 떠나 인간 협력을 강조하는 가르침을 전하는 교회에서 참으로 예배하기란 어렵습니다. 왜곡된 은사를 강조하는 교회나 예배를 쇼나 이벤트 정도로 하는 교회에서 한 번 경험 차원으로 생각하는 것도 마찬가지입니다. 그렇다고 하면, 굳이 내가 출석하는 교회를 고집하고 다닐 이유가 무엇입니까? 말씀의 치리가 이유가 아니라면, 교제와 인간적 관계 같은 것에서 찾지 않겠습니까? 불신 남편이나 아내를 배려하기 위해서 종종 허락될 수 있지만, 믿는 부부가 자주 본 교회 예배를 빠진다면

이스라엘의 삶은 하나님을 섬기는 삶이고, 그 삶은 하나님 중심의 삶입니다. 이동할 때, 멈춰 설 때, 그리고 모여서 전쟁이나 예배할 때에도 모든 일에 하나님의 신호와 명령을 따라가야 합니다. 개인의 삶, 개인의 자유, 개인의 선택이 있지만, 그 자유와 선택도 하나님의 명령 안에서, 그리고 사명과 섬기는 자라는 정체성 안에서 가능합니다. 이것을 벗어나 있는 자유와 선택은 방종으로 흐르거나 그 반대로 게으름과 무관심으로 치우칠 수 있습니다.

하나님의 다스림이 복됩니까? 공의로우시고 사랑과 은혜가 많으신 하나님께서 우리에게 요구하시는 것은 무겁지 않습니다. 우리의 구원을 위한 것이고, 참 자유와 복을 위한 것입니다. 주님께서 명령하신 대로 순종함이 지혜요, 그것이 아름다운 향기입니다.

신약 성도들에게 보이는 구름은 없습니다. 대신 하나님께서는 그리스도 안에서, 그리스도와 함께 우리와 함께하십니다(마 1:23). 그리고 성령님께서 주님의 뜻 안에서 살아갈 수 있도록 말씀을 생각나게 하셔서 지혜와 지식을 공급하시고, 죄를 미워하고 싫어하는 삶을 살도록 거룩으로 인도하시며, 생명으로 나가도록 우리 마음에 힘과 의지를 일으켜 주십니다. 우리 마음의 시선은 말씀으로 역사하시는 성령님께 향해야 합니다. 진리이신 하나님께 가까이 가도록, 진리의 말씀 안에서 인도해 주시도록 우리는 늘 성령 충만을 기도해야 합니다. 그분께서 내 안에서 활활 타오르는 불처럼 일하시도록 그분의 도우심을 힘 있게 구해야 합니다.

---

그들에게 정중하게 권면해야 합니다. 주일의 봉사도 있는 상황에서 다른 회원들에게 짐을 지우고 가는 것은 말할 것도 없습니다.

# 23 우리와 동행하면 선대하리라

민 10:11-32

이스라엘은 진을 치고 머물 때는 물론이고, 이동할 때나 전쟁할 때, 그리고 예배할 때 등 모든 때에 하나님의 신호와 명령을 따라 살아야 합니다. 개인의 삶, 개인의 자유, 개인의 선택이 있지만 그 자유와 선택도 하나님의 백성이라는 정체성 안에서의 자유와 선택입니다. 이 모든 질서를 확인한 후에 출애굽 2년 2월 20일에 시내 광야를 떠납니다(11-12절).

유다 지파가 앞장서고 레위 자손이 성막을 메고 따릅니다. 12지파는 3지파씩 동남서북의 순서로 진행합니다(14-28절). 각 지파를 군대로 부르는데, 하나님의 거룩을 위해 싸우는 역할을 의미합니다.

이스라엘이 도착한 바란 광야(뜻: 빛나는 땅)는 가나안 정탐꾼을 보낸 장소로 유명합니다. 시내 광야에서 바란 광야까지는 3~4일 거리 정도입니다. "이스라엘이 시내 광야에서 출발하여 자기 길을 가더니"(12절)라는 표현은 이 여정이 그들 자신의 것임을 의미합니다. 하나님께서 인도하시는 길이라 해서 수동적으로 따라가는 것처럼 보이지만, 그 길은 이스라엘 자신들이 걸어야 할 그들 자신의 길입니다. 내가 걷는 길을 다른 사람이 대신 걸어 줄 수 없습니다. 그러나 두려워하거나 걱정하지 말아야 합니다.

> 너희보다 먼저 가시는 너희의 하나님 여호와께서 … 그는 너희보다 먼저 그 길을 가시며 장막 칠 곳을 찾으시고 밤에는 불로, 낮에는 구름으로 너희가 갈 길을 지시하신 자이시니라_신 1:30-33

하나님께서 앞서가시며 미리 확인해 보시고 점검해 놓으신 길을 걷기 때문에 우리는 믿음으로 순종하면서 걸어가면 됩니다.

우리 예상과 다르다 하더라도, 어떤 어려움이 있더라도 하나님께서 예측하시지 못했거나 모르시는 길이 아니라 그분의 섭리 아래 있는 길입니다. 여행 가이드를 믿고 따라가듯이 우리는 하나님의 인도하심이 확실함을 믿고 가는데, 그 길을 'My way'라고 부르는 것입니다. 가야 하니까 가고 해야 하니까 하는 식으로 말하지 않고, 나의 길이라고 말하는 것은 의미심장합니다. 하나님의 인도하심 안에 있는 'My way'입니다. 하나님과 상관없는 길이 아닌 그분께서 인도하시는 나의 길을 가는 것입니다. 이스라엘은 군대로서 전쟁을 수행하고, 레위 지파는 성막을 어깨에 메야 하고, 각 지파는 정한 순서대로 가지만, 그들은 하나님께서 명하신 그 모든 것을 자신의 일로 여겼습니다. 하나님께서 주신 사명을 내가 마땅히 해야 할 나의 것으로 받는 것이 믿음입니다.[27]

---

27  베드로는 목회를 섬기는 목사 장로들에게, "하나님의 양 무리를 치되 억지로 하지 말고 하나님의 뜻을 따라 자원함으로 하며 더러운 이득을 위하여 하지 말고 기꺼이 하"라고 권면합니다(벧전 5:2). 억지로 한다는 것은 마지못해 하거나 어쩔 수 없어서 하는 것으로, 자기 감

하나님 안에서의 우리 자신의 길이라는 의미는 행진 과정에서 모세가 미디안 사람 르우엘의 아들 호밥에게 동행할 것을 부탁하는 데서 더 분명히 나타납니다(29-30절). 호밥의 아버지 르우엘은 모세의 장인이고 미디안 사람인 이드로의 다른 이름입니다(출 2:18에서 르우엘이 모세에게 자기 딸 십보라를 주는 내용이 나옵니다. 참고, 삿 4:11). 이드로는 모세에게 조언하여 오십 부장, 백부장을 세움으로 효과적인 조직 체계를 만들게 했습니다. 그 이후 출애굽 과정에서 모세와 동행했을 것이고, 그의 아들 호밥도 함께했던 것으로 보입니다. 그 후 이드로는 나이가 들어 돌아갔고, 호밥이 함께 머물렀을 것인데, 1년 동안의 시내산 생활을 마치고 가나안을 향해 가려고 하는 시점에서 호밥이 자기 고향으로 돌아가려 했던 것 같습니다.

하나님께서 주리라 하신 땅은 가나안이고, 이것은 언약의 축복에 있는 내용입니다. '하나님께서 너희 하나님이 되고 너희는 내 백성이 되리라'는 언약의 본질을 따라 이스라엘을 특별히 구별하신 하나님의 은혜는 성막을 통해서, 만나와 메추라기로 먹이심을 통해 나타났습니다. 하나님께서는 그들의 보호자와 인도자가 되셨습니다. 그런데 호밥이 다시 고향으로 가려고 하는 이유는 무엇일까요?

하나님께서 이스라엘에게 베푸신 복들을 보았다면, 그리고 그 복

---

정과 의지를 담지 않고 손을 놀리는 것을 말합니다. 억지로 하게 할 때, 돈을 줘 가면서 하게 할 수 있습니다. 이익이 발생하고 나에게 돈이 생기는 일에 반응하기 때문입니다. 더러운 이득이라는 말은 더럽고 추한 일이지만 돈 때문에 한다는 말입니다. 봉사를 생각할 때 돈을 받고 하는 것이면 더 잘할 것 같지만 그렇지 않습니다. 일하는 자들의 자원함과 기꺼이 하는 마음이 아름답습니다. 이스라엘이 행진하는 것을 자기 길을 간다고 말한 것처럼 우리의 섬김과 봉사도 내가 기꺼이 할 일을 하는 것으로 여기며 해야 합니다.

된 것이 세상의 것보다 더 가치 있고 귀한 것을 알았다면 돌아가려 하지 않았을 것입니다. 어쩌면 하나님의 축복에도 불구하고 이스라엘이 그 복된 것을 드러내지 못해서 돌아가려 했는지도 모릅니다. 교회도 좋고 하나님을 믿는 것도 좋은데 교회에 다니는 사람들 때문에 다니기 싫다는 말도 간간히 들리니 말입니다. 여하튼 호밥은 하나님께서 이스라엘과 함께하시는 복됨보다 고향 친척에게 가는 것을 택했습니다. 모세는 두 가지를 제시하면서 붙잡습니다.

첫째, 우리와 동행하면 선대하리라는 것입니다. 이것은 물질적인 보상과 지위를 약속하는 말이 아닙니다. 뒤에 "여호와께서 이스라엘에게 복을 내리리라 하셨느니라"(29절)라는 말 때문입니다. 물론 이스라엘 백성들도 그를 잘 대우해 주겠지만, 더 근본적으로는 여호와께서 이스라엘에게 주시는 복에 그가 참여하는 것을 의미합니다. 여호와께서 주시는 축복에 당신도 참여할 수 있다는 말입니다. 하나님께서 이스라엘에게 베푸시는 영적이고 하늘에 속한 신령한 복을 그도 얻을 수 있다는 것입니다.

둘째, 더 실제적인 요청을 합니다. 우리의 눈이 되어 달라는 것입니다(31-32절). '당신이 이스라엘의 안내자(guide)가 되는 한에는 떠나지 말 것'을 요구했습니다. 출애굽 이후에 장인 이드로가 그 역할을 해서 시내 광야를 지나왔다면, 이제는 호밥이 그 역할을 계속해서 바란 광야로 가이드 해 줄 것을 요청한 것입니다. 그리고 역시 이에 대한 보상으로 여호와께서 이스라엘에게 베푸시는 복에 참여하게 될 것을 약속합니다. 그런데 호밥이 그들의 눈이 되는 것과 하나님의 인도하심이 중복되는 것 아닙니까? 하나님께서는 미리 가서서 장막 칠 곳을 찾으시는 전능하신 인도자라고 했는데, 왜 모세는 호밥에게 우리 눈이 되어 달라고 했을까요? 모세가 하나님께 직접 묻고 기도하면 응답받을 텐데 굳이 호밥이 필요했을까요? '믿음이 없다'거나 '하나님의 도움이 있어도 사람의 도움도 필요하다'는 표현들보다 더 적절한 표현들로 대답할 필요가 있습니다.

하나님께서는 모든 일을 주관하십니다. 하나님께서는 당신의 작정을 따라 모든 일을 이루어 가시는데, 우리의 결정과 선택을 기계적으로 묶어 놓으시는 것이 아니라 자유롭게 존중하는 방식으로 이루어 가십니다. 그러므로 하나님의 인도하심을 믿는 가운데 우리는 그분께서 원하시는 최선의 삶을 살기 위해 구름이 떠오르면 어떤 루트를 통해서 갈지를 결정해야 합니다. 구름이 멈춰 서면 바위 옆에 텐트를 칠지, 아니면 평지에 텐트를 칠지 결정해야 합니다.

하나님의 인도하심을 간구한다는 것이 주위의 조언과 판단을 모두 무시하라는 뜻은 아닙니다. 우리는 하나님과 직통 관계에 있지 않습니다. 그분께서는 말씀과 성령으로 교회를 다스리십니다. 즉, 성령님께서 말씀의 교훈을 통해서, 그리고 말씀을 생각나게 하시고 깨닫게 하심으로 우리를 인도하십니다. 그러므로 호밥에게 우리의 눈이 되어 달라는 것은 하나님의 인도하심 아래 우리의 최선을 다한다는 뜻입니다.

모세가 제시한 보상의 내용을 주목할 필요가 있습니다. 호밥이 필요했다면 돈으로 그를 붙잡을 수도 있었을 것입니다. 그러나 모세는 여호와의 복을 약속합니다(32절). 우리가 복음을 통해 구원의 은혜를 말하면 사람들이 잘 받아들입니까? 영적인 것을 알지 못하기 때문에, 또는 세상에 깊숙이 발을 들여놓고 살기 때문에 하나님께서 주시는 복에는 매력을 느끼지 못합니다.

'선대하시리라'는 말씀이나 '복을 내리시는 대로'라는 말씀이 어떻게 성취될지 우리는 모릅니다. "여호와께서 우리에게 복을 내리시는 대로"라는 말에는 '하나님께서 우리를 기뻐하시면'이라는 하나님의 주권이 담겨 있습니다. 하나님의 때와 방법이 있음을 가르칩니다. 그렇다고 하나님께서 내게 빚을 졌다거나 내가 복을 요구하는 권리는 당연하다는 것이 아닙니다. 하나님의 약속은 당신의 때에 당신께서 기뻐하시는 방법을 따라 적절하게 이루어질 것이기에 우리는 빚 독촉하듯 주장하지 말고 겸손히 그분의 은혜를 바라야 합니다.

이 은혜는 미래적이고 영적이고 신령한 은혜입니다. 그런 복을 약속하면 일반적으로 이해하기 쉽지 않습니다. 그런데도 모세는 하나님께서 복 주심을 호밥에게 약속하면서 요청합니다. 성전 미문에 앉아서 구걸하는 사람에게 베드로와 요한은 자기에게 없는 은과 금을 준 것이 아니라 자신들에게 있는 것을 주었습니다. 바로 "예수 그리스도의 이름으로 일어나 걸으라"는 것이었습니다(행 3:6).

우리에게 있는 것 가운데 가장 가치 있는 것은 물질이나 규모나 세력이 아닙니다. 교회와 하나님의 백성이 소유하고 있는 가치의 핵심은 하나님께서 베푸시는 복입니다. 사도들에게는 예수 그리스도의 이름이었습니다. 무엇으로 세상을 섬기고, 무엇으로 세상 앞에서 우리의 가치와 아름다움과 명예를 내놓을 것입니까? 하나님께서 우리 하나님이시고, 우리는 그분의 자녀라는 것입니다. 하나님께서 우리에게 주시는 구원, 영생, 천국의 약속입니다. 우리에게 없는 것에 마음을 쓰기보다 우리에게 있는 것을 명예롭고 가치 있게 사용해야 합니다.

이 요청에 호밥은 어떻게 했습니까? 동행하겠다고 나섭니다. 고향에 대한 애착과 집을 향한 그리움들을 계속 뒤로하고, 이스라엘과 함께하기로 했습니다. 그것은 일종의 자기 부인입니다. 더 나은 복을 위해 뒤의 것을 포기한 것입니다. 십자가를 지기 위해 자기를 부인하는 것이 필요한 것과 같습니다(눅 18:29-30).

하나님께서 주시는 복의 의미와 가치를 아는 것이 하나님의 은혜입니다. 바울은 "데마는 이 세상을 사랑하여 나를 버리고 데살로니가로 갔고 그레스게는 갈라디아로, 디도는 달마디아로 갔고 누가만 나와 함께 있느니라"라는 편지를 씁니다(딤후 4:10). 그들이 끝까지 함께해 주기를 바랐을 텐데, 그들이 하나둘 떠나면서 바울의 마음은 쓸쓸하고 허전해 보입니다. 특히 세상을 사랑하여 떠난 데마에 대해서는 마음 한쪽이 아련했을 것입니다. 영원한 것을 잡겠노라고 따라왔지만, 결국 세상으로 돌아가 버린 데마는 호밥과 비교됩니다.

어디 데마뿐이겠습니까? 진리를 배워 보겠노라고 교회에 나왔지만 교회를 떠난 사람들이 많습니다. 구원의 말씀으로 잠깐 마음에 기쁨을 얻다가 근심과 유혹 앞에서 말씀이 가르치는 바와 정반대로 걸어가는 사람들을 자주 목격합니다. 늘 주변을 서성이지만 깊숙이 들어오지 못한 채 세상과 더불어 살아가는 자들을 보는 것은 어렵지 않습니다.

참으로 하나님의 은혜가 아니면, 하나님께서 베푸시는 복을 세상에서 얻는 만족과 즐거움보다 크게 여기는 마음이 생겨날 수 없습니다. 그리스도의 구속의 은혜가 그 마음의 어둠을 몰아내고 죄를 씻어 내지 않고서는 세상에 대한 집착과 애착을 버릴 수가 없는 것입니다. 성령님께서 우리 마음을 거룩하게 만들어 가시는 은혜가 아니고서는 참으로 세상에 깊숙이 담겨 있는 발을 뺄 수가 없는 것입니다.

우리에게 있는 것은 하나님께서 복을 주시겠다는 약속입니다. 그 약속은 더딜지라도 반드시 'Yes'가 되는 효력 있는 약속입니다. 이 약속의 성취를 기다리며 믿음으로 인내하는 모습은 참으로 아름답습니다. 중간에 포기함으로 지금까지 수고하고 애써 온 것을 무로 돌리지 말고, 아무 보상이 없다고 불평하지 않아야 합니다. 세상 것이 좋아 보이고 커 보이고 유익해 보여도, 그리스도를 위해 모든 것을 해로 여기고 배설물로 여기고 믿음을 지키는 자를 향한 하나님의 보상은 이 세상에서 얻을 수 없는 영원하고 신령한 것임을 기억해야 합니다.

'우리와 동행하면 선대하리라'는 약속을 끝까지 붙드십시오(29절). 그리고 여호와께서 복을 내리시는 대로 우리는 복을 받아 누릴 것을 확신하십시오.

# 24 떠날 때와 쉴 때의 기도

민 10:33-36

시내산에서 바란 광야까지는 삼 일 길[28]이지만, 그곳을 '크고 두려운 광야'라고 부른 것을 보면 힘겹고 어려운 여정임을 짐작할 수 있습니다(신 1:19). 바란은 굴이 많은 곳이어서 다윗도 사울왕의 추격을 피해 이곳으로 몸을 숨겼습니다(삼상 25:1).

하나님의 인도하심이 거칠고 두려운 길을 걷게 하는 것이라면 어떤 마음이 들까요? 모세를 따라온 것에 대한 후회, 노예 생활이지만 먹고 마시는 것이 상대적으로 편했던 애굽에 대한 미련, 기본적인 욕구를 충족시키려는 욕망, 그리고 광야라는 곳에서의 생존 자체에 대한 두려움 등이 있을 것입니다. 특히 먹고 마시는 기본적인 욕망이 채워지지 않을 때는 하나님의 부르심과 사명이나 그분의 명령을 기억하고 순종하려는 마음의 자세는 쉽게 포기되거나 뒷전일 수밖에 없을 것입니다.

---

28  보통 1시간 평균 거리가 3~5Km인데, 이스라엘이라는 커다란 무리가 이렇게 걸어서만 갔을까 생각한다면 3일 길은 4~5일 걸릴 수도 있습니다. 그래서 가데스 바네아까지는 11일 거리라고 한 것입니다.

이런 환경에서 연약하고 부족하지만, 이스라엘 백성이 주님의 인도하심을 따라가고 어려운 환경을 극복해 갈 수 있게 하는 두 요소가 있습니다. 하나는 하나님의 열심이고 둘째는 기도입니다.

첫 번째, 하나님의 열심이란 하나님께서 친히 이끄신다는 뜻입니다. 이스라엘 선두에 언약궤가 앞장섰습니다. 하나님께서는 쉴 곳을 찾으셨고 낮에는 구름이 그들을 덮어 주었습니다. 하나님께서 당신 백성의 길을 아십니다. 편한 길, 험난한 길, 쉬운 길, 어려운 길을 모두 아십니다. 하나님께서 앞서 행하시고 쉴 곳을 찾으시고 구름으로 그들을 덮으시는 것은 하나님의 자비와 긍휼이 항상 함께한다는 뜻입니다. 우리가 어떤 길을 가더라도 혼자 가는 것이 아닙니다. 주님께서 함께하십니다.

두 번째, 험난한 길을 헤쳐 나가도록 하나님께서는 기도할 것을 명령하셨습니다. 언약궤가 떠날 때, 그리고 쉴 때 그들은 기도했습니다. 떠날 때 이스라엘 백성은 "여호와여 일어나사 주의 대적들을 흩으시고 주를 미워하는 자가 주 앞에서 도망하게 하소서"라고 기도했고(35절), 쉴 때는 "여호와여 이스라엘 종족들에게로 돌아오소서"라고 기도했습니다(36절).

출발 기도에서 '여호와여 일어나사'라는 표현은 실제로 여호와께서 앉아 있다가(쉬시다가) 일어나신다는 뜻이 아닙니다. 그분은 쉬지도 졸지도 않으십니다. 일어나심은 우리가 이해할 수 있는 언어로 표현한 것뿐입니다. '일어나소서'라고 기도하는 이유는 주의 대적들을 흩으시고 주를 미워하는 자가 도망가게 하기 위함입니다. 하나님의 보호를 요청하는 간구입니다. 군대 조직을 갖췄지만 교회는 칼과 힘으로 하는 싸움을 하지 않고 하나님께서 함께하심을 믿는 믿음의 싸움이자 대적들의 공격을 무너뜨려 주시고 거룩과 경건을 멸시하는 자들을 물리쳐 달라는 기도의 싸움을 합니다.

특이한 것은 이스라엘의 대적자들을 '우리의 대적', '우리를 미워하는 자'라고 표현하지 않고, '주의 대적들', '주를 미워하는 자'라고 한 점입니다(35절). 이스라엘의 원수는 이스라엘을 선택하신 하나님의 원수요, 교회를 미워하는 것은 교회의 머리이신 주님을 미워하는 것이라는 뜻입니다. 이스라엘 가운데 여호와의 궤가 있으므로 이스라엘에 대한 전쟁은 곧 하나님과 싸우는 것입니다.

사울이 교회를 핍박하고 스데반을 죽인 후에 다메섹에서 그리스도를 만났을 때, 그리스도께서는 "사울아 사울아 네가 어찌하여 나를 박해하느냐"(행 9:4)라고 말씀하시지 않았습니까? 교회를 향한 핍박에 대해 예수님께서는 자신에 대한 핍박으로 말씀하신 것입니다. 교회는 그리스도의 몸의 지체들이기 때문입니다. 그리스도와 연합하여 세례를 받은 교회이므로 성도에 대한 핍박을 그리스도께서는 자신에 대한 핍박이라 하신 것입니다(요 15:18).

이것은 믿음을 지키며 살아가는 성도에게 큰 위로입니다. 내가 고난받을 때 주님께서 함께 아파해 주신다는 확신은 끝까지 주님을 따르려는 성도를 지탱하게 만듭니다. 이 확신과 믿음이 고난 중에 있는 교회가 대처하는 방법이 아닐까요? 물론 강한 확신, 견고한 믿음이면 좋겠지만, 극심한 고난 앞에서 연약한 우리는 확신이 희미해지기도 하고 정말 그럴까라는 의구심에 흔들릴 수도 있습니다. 그러나 주님께서 당신의 자녀를 아시므로 연약하더라도 나를 붙드신다는 믿음을 가진다면, 견딜 수 있는 힘과 은혜가 있는 것입니다. 하나님께서는 연약한 우리를 보호하실 뿐 아니라 당신을 핍박하는 자들의 심판주로서 반드시 그들을 흩으시고 종국에는 멸망시키실 것입니다.

이스라엘은 군대 조직을 가졌지만 실제로는 오합지졸이나 다름없어서 크고 두려운 사막을 지날 때 하나님께 도움을 요청하면서 첫 발자국을 뗐습니다. 그리고 이스라엘은 멈출 때도 기도했습니다. "여호와여 이스라엘 종족들에게로 돌아오소서"입니다. 이 표현을 직역하면, '이스라엘 천만인에게(to the ten thousand thousand) 돌아오소서'입니다. 하나님께서는 늘 이스라엘과 함께하시기 때문에 자신들 가운데 계속 머물러 달라는 간구입니다.

하나님의 백성의 참된 안식은 여호와의 임재로부터 옵니다. 하나님께서 임재해 계실 때 참된 평화가 있고, 그곳에 참된 쉼이 있습니다. 따라서 쉴 때에도 하나님 아버지의 관심과 돌보심이 풍성하도록 간구하는 것입니다. 그러나 악한 자들에게는 하나님의 임재가 귀찮고 심지어 그들은 함께할 필요성을 못 느낍니다. 거기에는 거짓 평강이 있을 뿐입니다.

다윗은 이 기도가 어떻게 성취되었는지를 시편 68편을 통해 교훈합니다. 이 시편에서 여호와 하나님은 '광야에 행하시던 자'입니다(시 68:4). 여호와께서 광야를 행진하셨을 때의 상황을 이렇게 표현합니다.

땅이 진동하며 하늘이 하나님 앞에서 떨어지며 저 시내산도 하나님

곧 이스라엘의 하나님 앞에서 진동하였나이다 하나님이여 흡족한 비
를 보내사 주의 기업이 곤핍할 때에 주께서 그것을 견고하게 하셨고
주의 회중을 그 가운데에 살게 하셨나이다 하나님이여 주께서 가난한
자를 위하여 주의 은택을 준비하셨나이다_시 68:8-10

땅과 하늘 아래 모두를 진동시키셔서 당신 앞에서 낮추시고, 당
신의 백성이 넉넉히 광야를 지나가도록 은택을 주셨다고 말씀합니
다. 우리는 고난을 통과하는 과정에서 힘들다는 생각만 하고 어떻
게 지나갔는지도 모르지만, 하나님께서 그 과정을 통과하게 하시기
위해 여러 가지 좋은 수단과 길을 인도하셨기 때문에 우리는 고난을
통과한 것입니다. 대적들과 원수들을 '높은 산들'로 비유하고 있는데
(시 68:16), 하나님께서 당신의 백성을 향한 시기와 질투를 막아 주셨
습니다. 광야를 지나가기에 우리는 힘들다고 생각하지만, 실제로는
하나님께서 날마다 우리 짐을 지셨다고 고백합니다. 그러므로 우리
는 날마다 주님을 찬양해야 합니다. 하나님께서 매일 우리 짐을 대
신해서 지시고 우리를 구원으로 인도하시기 때문입니다(시 68:19). 그
은혜로 당신이 시험에 넘어지거나 죄의 유혹에 빠져 주저앉지 않는
것입니다.

이스라엘의 하나님은 그의 백성에게 힘과 능을 주시나니 하나님을 찬
송할지어다_시 68:35

믿음으로 산다는 것은 자기 힘으로 사는 것이 아니라 하나님의
힘으로 사는 것입니다. 그러므로 매일매일 하나님의 도움을 확인하

면서 하루를 열고 닫아야 합니다. 우리는 아무런 대책 없이 세상에 첫발을 내딛습니다. 그러나 우리도 첫발을 내딛을 때 '여호와여 우리를 도우소서'라고 요청해야 합니다. 그 시간이 새벽이 되든지, 잠자리에서 일어난 첫 순간이 되든지, 식사 시간에 온 가족이 둘러앉아 가장이 기도할 때든지, 짧게 기도하든지 작은 소리로 하더라도 우리는 주님의 보호를 요청해야 합니다. 학교에 가는 자녀를 향해서 어머니는 축복의 기도를 해야 하고 하나님의 보호를 요청해야 합니다. 직장에 나가는 남편을 향해서 주님의 거룩한 인도를 부탁해야 하는 것입니다. 당신 자신도 습관적이고 지루한 일상의 노예가 되어 불평에 빠져 있거나 반대로 쾌락에 젖지 않도록 주님께 하루를 부탁해야 합니다(참고, 마 10:16).

날마다 우리 짐을 지시고 앞서 행하시는 하나님께 기도하십시오. 주님께서 매일 힘과 능력을 주시기에 우리가 오늘도 하루를 지내고 내일을 기약할 수 있습니다. 이 모든 것이 하나님의 돌보심 안에 있습니다. 그 돌보심을 인정하고 확신하는 수단이 기도입니다. 하나님께서 힘과 능력을 주심을 믿는다는 표현이 기도입니다. 기도하는 사람은 하나님의 힘과 능력을 확신하고, 하나님께서 우리 짐을 져 주심을 믿습니다. 그것이 광야를 지나는 성도의 모습입니다.

# 25 여호와의 불

민 11:1-3

이스라엘 백성들은 출발할 때 하나님의 보호와 돌보심을 요청하는 기도를 드렸고, 멈출 때에도 하나님께서 자신들 가운데 임재해 계시는 것이 진정한 쉼이요 안식임을 고백하며 감사 기도를 드렸습니다. 이스라엘은 이렇게 바란 광야를 향해 걸어갔습니다.

본문은 그 과정에서 일어난 일련의 사건들을 언급합니다. 다베라 사건입니다.

> 여호와께서 들으시기에 백성이 악한 말로 원망하매 여호와께서 들으시고 진노하사 여호와의 불로 그들 중에 붙여서 진영 끝을 사르게 하시매 백성이 모세에게 부르짖으므로 모세가 여호와께 기도하니 불이 꺼졌더라_민 11:1-2

'악한 원망 또는 불평의 말'이 여호와의 귀에 들렸는데, 구체적으로 어떤 내용인지는 모릅니다. 다만 이 악한 말에 하나님의 불이 진영 끝을 불살라 태웠다고 말한 것을 볼 때, 이 악한 말은 하나님을 향한 원망이나 불평이었음이 분명합니다. 광야 길을 걸어가는 가운데 삶의 기본적인 욕구들, 즉 물을 마시고, 그늘이 필요하고, 휴식과 같은 것들이 불평의 이유가 될 것이라는 추측은 쉽게 할 수 있습니다. 그런데 의식주에 대한 불평이 심각하고 도를 넘어서 그것의 성격을 악하다고 할 정도의 불평과 원망이라면, 그것은 하나님의 통치에 대한 반역입니다.

너희가 다베라와 맛사와 기브롯 핫다아와에서도 여호와를 격노하게 하였느니라 여호와께서 너희를 가데스 바네아에서 떠나게 하실 때에_ 신 9:22-23

맛사는 출애굽 직후의 사건입니다. 다베라, 기브롯 핫다아와, 가데스 바네아가 바란 광야에서 이스라엘이 하나님 앞에서 저지른 죄에 관한 이야기들입니다. 출애굽 이후에, 곧 하나님의 크신 은혜를 경험한 이스라엘이 광야에서 어떤 태도를 가졌는지를 보여 줍니다.

그러므로 네가 알 것은 네 하나님 여호와께서 네게 이 아름다운 땅을 기업으로 주신 것이 네 공의로움을 말미암음이 아니니라 너는 목이 곧은 백성이니라 너는 광야에서 네 하나님 여호와를 격노하게 하던 일을 잊지 말고 기억하라 네가 애굽 땅에서 나오던 날부터 이곳에 이르기까지 늘 여호와를 거역하였으되_신 9:6-7

이스라엘의 영적 실체를 폭로하는 말이 '목이 곧은 백성'입니다. 목이 뻣뻣해서 순종할 줄 모르고, 감사할 줄 모르는 배은망덕한 백성이라는 뜻입니다. 하나님의 은혜가 굴복시키지 못할 사람도 있는지 의아해하겠지만 은혜를 원수로 갚는 일이 우리 주변에도 흔합니다. 선을 베풀었더니 뒤통수치는 세상이지 않습니까? 죄가 은혜보다 강력해서도 아니고, 은혜가 죄를 해결하지 못해서도 아니고, 죄된 본성은 이렇게 끈질기게 하나님을 거스르고 반역하는 속성을 지녔다는 말입니다. 이런 돌 같은 마음을 부드럽게 해서 하나님의 말씀을 따라가는 순종은 그 자체로 대단한 은혜요, 하나님께서 하신 역사요, 하나님의 주권적인 개입에 따라서 나오는 믿음의 열매입니다. 그러나 이스라엘은 하나님을 항상("늘") 거역했습니다.

> 그가 그곳 이름을 맛사 또는 므리바라 불렀으니 이는 이스라엘 자손이 다투었음이요 또는 그들이 여호와를 시험하여 이르기를 여호와께서 우리 중에 계신가 안 계신가 하였음이더라 _출 17:7

이스라엘이 원망한 이유는 물이 없는 것 때문이었습니다. 그러나 '왜 우리를 애굽에서 데리고 나와서 광야에서 죽게 하느냐'는 말은 모세를 향한 말이 아니라 모세와 이스라엘을 구원해 내신 하나님의 구원에 대한 심각한 의심과 반박을 뜻합니다. 하나님께서 참 자유를 주시고 생명을 주시려고 구원해 내셨는데, 목마름 때문에 하나님을 자신들을 죽이는 신으로 뒤틀고 왜곡시켜 버린 이것은 작심하고 하나님께 따지고 싸우려는 것입니다. 따라서 그 시험의 본질은 물이 아니라 하나님께서 우리 가운데 계시냐는 것입니다.

자주 고난 앞에서 우리도 하나님께서 우리와 함께 계시는지를 묻습니다. 내 기도를 들으시는지, 나와 함께하시는지, 내가 은혜를 받고 사는지를 묻습니다. 함께하신다면 이런 일이 일어나지 않아야 한다고 미리 속단합니다. 하나님께서 함께하셔도 마실 물이 없을 수 있고, 고난이 계속 이어질 수 있고, 메마른 광야를 계속 걸어야 하는 반복된 삶을 살 수도 있습니다. 이스라엘은 그런 척박한 환경 때문에 하나님께서 함께 계시는지 안 계시는지를 따졌습니다. 그런 환경에서 하나님을 의지하고 그분께 모든 것을 의탁하는 믿음으로 살아야 함을 망각한 것입니다.

이후에도 이스라엘은 고기가 없다고 불평했고, 금송아지를 만들어 놓고 자신들을 인도하는 신이라며 우상 숭배에 빠졌습니다. 출애굽 후 1년 동안 굵직한 불평과 불미스러운 사건이 끊이지 않았습니다. 하나님께서 바란 광야로 인도하시는 출발 시점에서도 삐걱거렸는데 그것이 다베라 사건입니다.

악한 말로 원망하는 소리가 하나님의 귀에 들렸습니다. 이에 대해 하나님의 불이 내려와 진영을 태웠습니다. 악한 불평과 원망에 대한 심판으로서 불이 내려와 태운 것입니다. 다시 말해 하나님께서 불로써 태우시지 않는 한 우리 마음에 악한 불평과 원망을 만들어 내는 감정은 해결되지 않는다는 점입니다.

악한 원망은 악한 감정에서 나온 것인데, 왜 마음이 그토록 상하고 감정적으로 분노하게 되었을까요? 그것은 그들이 광야를 지나기 때문입니다. 왜 광야를 걷게 하시는가? 광야를 지나야 하는가? 이 말을 다르게 표현하면 왜 고난을 겪게 하시는가? 고난이 없으면 안 될까? 하나님은 그런 능력이 없으신가? 나에게만 이렇게 고난을 주시는가? 이런 마음이 감정을 조금씩 상하게 하다가, 누군가가 비슷한 불만을 터트리면 용기를 내서 함께 불만의 목소리를 높입니다. 불만은 동조해 주지 않으면 잠잠해지는데, 불만의 소리가 쌓이면서 감당할 수 없는 주장까지 쏟아집니다. 마치 물이 없는 것을 불평하다가 하나님께서 우리와 함께하시지 않는다거나 하나님께서 우리를 죽게 하시려고 구원하셨다고 주장한 것과 같습니다. 물이 없으면 달라 하면 될 것을, 광야를 걷다가 휴식이 필요하면 휴식을 간구하거나 고난을 당할 때 힘들면 피할 길을 달라고 하면 될 것을, 하나님을 의심하고 그분께서 하시는 일을 악하게 보고, 하나님보다 더 지혜로운 척 하나님을 판단하고 재단해 버리는 강퍅한 마음에 도달하는 것입니다. 악하다는 것은 하나님께서 원하시는 길을 비껴가는 것을 말합니다.

이들의 악한 감정, 억지 주장, 왜곡된 생각, 의심 등을 해결하기 위해서 하나님께서는 여호와의 불로 태우셨습니다. 왜 불일까요? 불은 모든 것을 태워 소멸시킵니다. 또한 불은 정화를 의미합니다. 높은 온도에 들어갈수록 금의 순도는 높아집니다. 여호와의 불은 우리의 죄를 태워 소멸시킬 뿐 아니라, 우리를 정화시켜 하나님 앞에 세웁니다.

제사에서 제물의 내장과 기름은 다 태우라고 하신 이유는 마음의 이기적인 욕망, 내적인 부패를 모두 제거하게 하시기 위함입니다. 이처럼 우리 마음에 일어나는 의심의 감정, 하나님을 향한 신뢰를 깨뜨리는 거짓 감정들을 태워 없애야 합니다.

여호와의 불이 진영 끝을 태울 때 백성들이 하나님께 나가지 않고 모세에게 나간 이유는 무엇일까요? 본래 자기 죄를 하나님께 먼저 가져가기보다 사람에게 가지고 나가는 인간의 습성 때문일까요? 하나님이 두려워서일까요? 불이 하나님의 진노를 대변하므로 두려움 때문에 나가지 못했을 것입니다. 그래서 대신 모세에게 우회적으로 요청한 것입니다. 자기 죄에 대해 자신들이 하나님 앞에 나가 회개해야 함에도 여전히 모세의 뒤에 숨어 있습니다. 회개할 용기도 없이, 모세에게 기도해 달라고 하면서 자신들의 죄를 작게 여긴 것은 아닌가 의심스럽습니다. 왜냐하면 그들의 불평은 이제 시작이기 때문입니다. 이 두렵고 큰 하나님의 진노를 경험했다면, 다시는 이런 악한 불평, 원망은 하지 않도록 힘써야 함에도 이후에 기브롯 핫다아와에서, 가데스 바네아에서 불평과 원망을 반복합니다. 그들은 모세로 하여금 하나님께 기도하게 하고서는 자신들의 죄를 향한 하나님의 진노를 크게 생각하지 않았던 것 같습니다.

우리는 먼저 악한 말로 하는 원망, 불평이 반복되지 않도록 조심해야 합니다. 그렇게 하기 위해서는 우리 마음에 하나님의 법을 새겨야 합니다. 성령님께서 하시는 일이 주님의 말씀으로 우리 마음과 생각을 주장하는 것입니다.

하나님의 말씀은 살아 있고 활력이 있어 좌우에 날선 어떤 검보다도 예리하여 혼과 영과 및 관절과 골수를 찔러 쪼개기까지 하며 또 마음의 생각과 뜻을 판단하나니_히 4:12

판단한다는 것은 밝혀낸다, 드러낸다는 것입니다. 하나님의 말씀은 우리 마음의 생각과 의도, 속셈을 다 밝히고 드러냅니다. 그러므로 성령님께서 우리 안에 계셔서 말씀으로 우리 마음의 생각과 뜻이 그분을 거스르지 않도록 도우시는 것입니다. 우리는 성령님을 부를 때, 우리 마음의 생각과 뜻을 다 드러내어 하나님의 뜻과 생각대로 자신을 복종시켜 갈 수 있도록 요청해야 합니다.

시편 기자는 '주의 종이 말씀으로 경계를 받고 이를 지킴으로 상이 크다'고 고백합니다(시 19:11). 스스로 자신의 숨은 허물을 깨달을 수 없기에 오직 말씀으로 자신의 숨겨진 의도와 생각을 밝혀 비춰야 합니다. 또한 하나님의 불이 우리의 악한 마음을 소멸시킬 수 있다고 하면, 스스로 감정을 제어할 수 있다고 생각하지 말고 겸손히 하나님께 자신의 마음을 맡겨야 합니다.

교회 안에서 서로 같은 마음을 가지는 것이 참으로 어렵습니다. 악한 마음을 쏟아 내는 사람과 충돌하기 싫어서 입을 닫는 경우가 많습니다. 대개 선한 마음으로 말하는 사람은 침묵합니다. 그러면 악한 마음을 쏟아 내는 사람은 자기가 옳은 줄 알고 더 말하려 듭니다. 이런 상황에서 한마음을 품는 것은 참으로 은혜 없이는 불가능합니다. 같은 마음을 품기 위해서, 서로 협력하고 돕기 위해서 너그러움으로 대하는 것은, 주님의 도우심이 없다면, 이내 상처받고 괴로운 마음과 생각에 흔들릴 것입니다.

> 너희 관용을 모든 사람에게 알게 하라 주께서 가까우시니라 아무것도 염려하지 말고 다만 모든 일에 기도와 간구로, 너희 구할 것을 감사함으로 하나님께 아뢰라 그리하면 모든 지각에 뛰어난 하나님의 평강이 그리스도 예수 안에서 너희 마음과 생각을 지키시리라_빌 4:5-7

바울은 같은 마음을 품도록 권면하고, 협력하고 돕는 일을 위해서 하나님께 기도하라고 명령합니다. 너그러움을 표현하는 것은 우리의 감정과 자주 충돌하므로, 관용을 베푸는 일에 주님의 도우심을 구하지 않으면 안 됩니다. 악한 불평을 이기기 위해서, 선한 생각과 마음을 지켜 가기 위해서 주님의 도우심을 날마다 구하십시오.

# 26 은혜를 질식시키는 탐욕
민 11:4-15

시편 기자는 이스라엘이 "광야에서 그(하나님)에게 반항하며 사막에서 그를 슬프시게 함이 몇 번인가"라며 탄식했습니다(시 78:40). 바로 민수기 11-20장은 그 이스라엘의 불평, 불만, 반역, 불순종의 기록들을 모아놓았습니다. 이 기록들은 하나님 나라를 향해 걸어갈 때 성도의 발목을 붙잡는 암초들입니다. 우리는 그들과 다르다고 여길 것이 아닙니다. 우리도 하나님 나라를 향해 가는 길에 만날 수 있는 시험들임을 생각하며 이것을 반면교사로 삼아야 합니다(고전 10:6).

이스라엘 백성들이 악한 말로 불평했을 때, 여호와의 불이 진영 끝을 불살랐고 모세가 기도하자 불이 꺼졌습니다(민 11:1-3). 본문이 연달아 발생한 사건인지는 모르지만 연결시켜 본다면, 연기가 미처 사라지기도 전에 또다시 불평이 쏟아져 나온 것입니다.

이스라엘 중에 섞여 사는 무리들이 탐욕을 품었습니다. 이 사람들은 출애굽 때에 함께 따라 나온 혼합 민족들로 영어 번역에서는 어중이떠중이나 폭도들(rabble) 같은 전혀 이질적인 사람들이라고 말합니다(NASB). 그들의 탐욕 때문에 이스라엘 자손들도 울면서 "누가 우리에게 고기를 주어 먹게 하랴 우리가 애굽에 있을 때에는 값없이 생선과 오이와 참외와 부추와 파와 마늘들을 먹은 것이 생각나거늘 이제는 우리 기력이 다하여 이 만나 외에는 보이는 것이 아무것도 없도다"라고 불평했습니다(4-6절).

어중이떠중이들의 탐욕 때문에 이스라엘까지 불평한 것을 보면 그들의 말이 얼마나 교묘한 것이었는지, 반대로 이스라엘이 얼마나 분별력이 없었는지를 알 수 있습니다(참고, 골 2:4). 이스라엘은 이런 탐욕스러운 사람들에게 영향을 받아 덩달아 자신들의 상황과 처지를 한탄하면서 울기 시작했고, 한탄은 이제 불평과 불만으로 터져 나온 것입니다.

탐욕은 사람들의 부패한 욕망을 부추기고 자극해서 하나님께서 베푸신 은혜와 사랑을 잊어버리게 만들고 부패한 욕망을 분출시키는 촉진제로 사용되고 있습니다. 이스라엘이 울면서 고기 타령을 하고 애굽을 그리워하는 모습은 하나님께서 행하신 큰 구원을 정면으로 부정하는 행동입니다.

탐욕의 원인은 '마음에 하나님 두기를 싫어하기 때문'입니다. 하나님을 버린 것에 대한 조치로서 하나님께서는 그들 '마음의 정욕'을 방치하시고, 그들 자신의 '부끄러운 욕심'에 이끌려 다니도록 내버려 두십니다. 그 결과 탐욕은 마치 정상인 것처럼 활개를 칩니다만, 사실 탐욕은 타락하고 부패한 죄가 만들어 낸 헛된 욕망입니다(롬 1:24, 26, 28). 하나님을 두기 싫어하는 마음에서 나오는 것들이 분쟁, 수군거림, 하나님을 싫어하는 마음, 건방지고 교만하고 악한 일을 궁리해 내는 불의한 것들입니다(롬 1:29).

하나님의 성막을 중심에 모시고 살아가는 이스라엘 백성은 그릇된 욕망의 노예가 된 이방인들의 불평에 유혹되었습니다. 유혹이 다가오자 잘못된 판단을 하기 시작합니다. 먼저 하나님께서 주신 것과 애굽에서 먹은 음식들을 비교합니다(5절). 세상이 좋다고 하는 것과 하나님께서 좋다고 하시는 것을 비교합니다. 죄인은 영적인 것에 미련하기 때문에 세상이 좋다고 하는 쪽으로 마음이 기울기 마련입니다.

이스라엘이 애굽에서 먹은 것은 산해진미도 아니었습니다. 풍부한 어장이었던 나일강에서 낚시질을 통해 얻은 생선, 그리고 오이, 참외, 부추, 파, 마늘 등을 먹었습니다. 그러나 애굽 역사를 연구하던 학자의 말에 따르면, 채소, 무, 파, 마늘 같은 것은 노동자에게 배급된 주식이었고, 일종의 급료의 성격을 가지고 있다고 합니다. 즉, 그들은 노예였고 노예로서 먹은 것들입니다. 그런데도 '값없이' 먹었다고 말합니다.

자신들의 피땀으로 얻은 급료에 해당하는 것을 돈을 내지 않았다고 해서 값없이, 무상으로 먹었다고 하는 것은 미련한 것입니다. 진짜 은혜는 매일 아침마다 주시는 만나인데 말입니다. 진짜 은혜를 받고서도 자기 손으로 얻은 것을 은혜요 값없이 받은 것이라고 말하는 것은, 자기 행위와 공로로 은혜를 사려고 하는 악한 자세가 아니겠습니까? 탐욕은 그렇게 하나님께서 주신 참된 은혜에 눈이 멀게 해서 가짜를 진짜처럼 구걸하게 만들어 버렸습니다.

더 나아가 그들은 하나님께서 만나를 통해 베푸신 은혜를 축소시키고 왜곡시켰습니다. 그들은 자신들에게 만나밖에 없다고 불평했습니다. 이전에는 '감사합니다'라며 받았을 만나라는 양식을 못마땅하게 여긴 것입니다. 이렇게 탐욕은 정상을 비정상으로 보게 하고, 은혜를 더 이상 은혜로 여길 수 없도록 눈을 가려 버립니다.

사실 만나는 이스라엘의 생활에 최적화된 양식입니다. 만나의 모양은 진주와 같이 매력이 있었고, 맷돌에 갈기도 하고 절구에 찧기도 하고 가마에 삶아서 먹을 수도 있는 전천후 음식입니다(7-9절). 광야라는 척박한 환경에서 간단한 조리법으로 요리를 할 수 있고, 간편하게 조리를 한다 해도 언제나 '그 맛이 기름 섞은 과자 맛'처럼 달고 입맛을 사로잡는 최고의 재료였습니다. 하나님의 은혜는 넉넉했고, 이스라엘을 먹이시고 입히시는 축복은 매일 아침마다 새롭게 그들 위에 내려왔습니다. 그런데 탐욕이 마음에 스며들자 감사하는 마음에 균열을 일으키더니 결국 은혜를 질식시켜 버렸습니다.

이스라엘은 왜 은혜를 잊어버렸을까요? 신자가 은혜를 상실하는 이유는 무엇입니까? 죄를 향한 소원이 마음을 점령해 버렸기 때문입니다. 탐욕에 마음을 내주었기 때문입니다. 그 빈틈을 파고든 탐욕은 은혜의 씨를 삼켜 버렸습니다. 하나님의 은혜를 축소시키고 그 은혜에 만족하지 않도록 만들어 버린 것입니다. 이스라엘은 약속의 땅으로 가야 하는데, 탐욕에 점령당한 순간 더 이상 한 발자국도 나갈 수 없었습니다. 사명을 위한 걸음은 멈춰졌고, 헌신은 힘겹게 느껴지고, 희생은 대가를 요구하는 공로가 되는 순간입니다.

하나님의 은혜를 기뻐하는 마음이 사라지자 "누가 우리에게 고기를 주어 먹게 하랴?"고 외쳤습니다(4절). 누가 우리에게 양식을 주셨습니까? 하나님이십니다. 그러므로 "누가 우리에게 고기를 주어 먹게 하랴"는 말은 만나를 주신 분인 하나님께 들으라고 하는 것입니다. 마치 허공을 향해 '하나님 당신이 먹게 할 수 있느냐?'라고 말하면서 자신의 본심을 여과 없이 드러내고 있습니다. 하나님께 나아가 간절히 구하면 그분께서 분명히 들으실 텐데도 그분을 향해서 '귀가 있으면 들으실 것이 아니냐'는 못된 자세로 말하고 있습니다. 하나님께서 인색하신 분인 것처럼, 달라고 해도 주시지 않는 분처럼 말하는 것입니다. 당신의 자녀를 사랑하셔서 아들을 보내시기까지 하셨는데, 왜 그들은 오만상을 쓰고 안 줄 것처럼 생각하며 외치고 있는 것일까요? 그것이 탐욕에 눈이 멀고 은혜를 상실한 사람의 모습입니다.

그들은 왜 울고 있을까요? 갓난아기는 우는 것을 통해서 배고픔이나 여러 감정을 표현한다고 하는데, 이스라엘이 갓난아기처럼 못 먹어서 우는 것입니까? 기근이 들어서 먹을 것이 없거나 나무껍질이나 쓴 풀을 죽으로 써서 먹게 되어서 울고 있습니까? 아닙니다. 그들에게는 매일의 은혜가 있고, 그들의 입을 즐겁게 할 것이 있음에도 그것에 만족하지 못했기 때문입니다. 주신 은혜에도 불구하고 무엇을 더 달라고 하는 욕심 때문에 우는 것입니다. 탐욕은 우는 것을 정상이라고 부추기고, 자신의 잘못된 욕망이 옳은 것이라고 지지해줍니다. 그러나 그 울음소리는 모세뿐 아니라 하나님을 슬프시게 만드는 듣기 싫은 소리였습니다.

이런 상황에서 모세조차 믿음이 약해졌습니다(10-11절). 모세도 마음이 상해서 하나님께 불평하고 있습니다. 그래서인지 그의 판단이 어두워졌습니다. 그는 먼저 '왜 종을 괴롭게 하시느냐?'고 따집니다. '은혜를 입게 하셨으면 이런 상황을 애초에 피하게 해 주셔야 은혜가 아닙니까?'라고 말합니다. 하나님의 은혜를 얻은 상태라면 짐을 지는 일은 없어야 하는 것이 아니냐고 따지고 있습니다. 백성들의 지도자로 세우셨으면 기왕 멋지게 보이도록 해 주시든지 아니면 이런 상황이 생기지 않도록 애초부터 하나님께서 알아서 예방해 주셨어야지, 왜 이런 근심과 고난의 무거운 짐을 지우시냐라고 말하고 있습니다. 그러나 하나님께서는 괴롭게 하시는 분이 아닙니다. 그런데 모세는 왜 괴롭다고 표현했을까요? 자기가 짐을 지려니까 그렇습니다.

하나님께서는 모세를 인도자로 세우셔서 출애굽을 하게 하셨지만, 애초에 모세를 지도자로 부르실 때 '내가 함께 가겠다'거나 '내가 너 앞서 인도자가 되겠다'고 말씀하셨습니다. 또한 하나님께서는 모세에게 백성들이 믿을 만한 표징을 주셨으며, 그가 무슨 말을 할지 알려 주시는 등 모세를 도우시는 분으로 완전하게 일해 오셨습니다. 하나님께서 짐을 지우시는 것이 아니라, 모세 스스로가 짐을 져야 한다고 오해한 것입니다. 모세는 백성들을 하나님 앞으로 데려가는 역할을 해야 했는데, 자신이 짐을 지려니 모든 것이 괴로움으로 바뀐 것입니다.

즉시 나를 죽여 내가 고난 당함을 내가 보지 않게 하옵소서_15절

모세도 불평에 전염될 것일까요? '내가 이 백성을 낳았습니까? 주님께서 젖 먹는 아이를 품듯 그들을 품에 품고 약속의 땅으로 가라고 하셨는데, 이게 뭡니까?'라고 항변합니다. 잉태, 양육이라는 말은

부모가 자녀를 낳아 기르는 과정을 표현하는 말인데, 왜 모세는 이스라엘에 대해 이런 생각을 표현하고 있을까요? 아무리 인도자라 하더라도, 하나님께서 이스라엘을 독수리 날개로 업어 인도하셨다는 점을 생각하면 하나님께서 품고 가신다고 생각해야 하지 않을까요?

모세는 자신이 이스라엘을 낳고 기르고 인도하고 있다고 주장합니다. 그러나 그에게 책임을 맡기시더라도 하나님께서는 당신의 손을 거두시고 모세에게 모든 것을 책임지라 하시지 않았습니다. 우리가 일을 하는 것 같지만 하나님께서 하시기 때문입니다. 하나님의 도우심으로 하는 것인데도 모세는 이 불평으로 말미암아 자신이 모든 것을 짊어지는 것 같은 시험에 빠진 것입니다. '내가 어디에서 고기를 사다 먹이겠습니까?'라는 말은 그가 겪는 혼란과 고민을 잘 표현하고 있습니다. 백성들이 모세를 향하여 울면서 고기를 먹게 해 달라고 하지만, 실상 그 말은 하나님을 향한 것이었습니다. 모세는 자신이 감당할 수 없어서 죽여 달라고 말할 때, 불평의 종류가 다를 뿐 그 자신도 시험에 걸려 불평하고 있는 것입니다.

하나님께서는 모세를 부르실 때부터 그를 만나시고 도우셨습니다. 10가지 재앙은 모세가 든 지팡이를 통해서 나타났고, 홍해는 모세가 지팡이를 들 때 갈라졌습니다. 마라에서 물이 쓸 때 모세가 한 나무를 던지자 물이 달아졌습니다. 하나님께서는 율법도 주셨습니다. 그런데도 모세는 혼자서 이 모든 책임을 다 맡아야 하는 것처럼 하나님께 항변하고 있습니다. 지금까지 경험한 사건들을 통해서 하나님께서 함께하시고 도우셨음을 여러 차례 맛보았음에도 불구하고 탐욕과 불평의 포로가 된 백성에게 둘러싸여 모세도 상심한 것입니다.

모세의 이런 모습은 모든 지도자들이 겪는 시험일 것입니다. 한 교회를 담임하는 목사나 한 가정을 돌보는 가장의 고백일 수 있습니다. 믿음으로 섬겨 보려는 자들이 겪는 시험인 것입니다. 우리는 맡은 자리에서 하나님의 도우심과 하나님의 능력으로 섬기도록 부름받았다는 점을 잊어서는 안 됩니다. 우리 실력과 힘으로 하는 것이 아니라, 그 유혹을 마주하는 순간 우리와 함께하신 하나님을 의뢰해야 합니다.

어떻게 하면 은혜로부터 멀어집니까? 탐욕은 우리의 부패한 본성을 자극해서 불평하게 만들고, 불평으로 완고해진 마음은 하나님께서 베푸신 은혜를 밀쳐 내 버렸습니다. 하나님의 은혜는 부패한 욕망으로 말미암아 질식당하는 것입니다. 한편으로 교회에 헌신된 성도들이 왜 시험에 넘어집니까? 자기 힘으로 하려고 하기 때문입니다.

은혜로 회복되는 길은 무엇일까요? 탐욕에 눈이 먼 사람들로부터 벗어나는 것입니다. 탐욕이 쏟아지는 환경에서 벗어나고, 불평에 맞서 자신에게 주신 은혜가 크다고 감사해야 할 것입니다. 자신이 받지 못한 것을 불평하는 사람들의 말에 흔들리지 말고, 자신에게 베푸신 은혜에 어떻게 보답할까 하는 마음을 가지십시오(시 116:12). 또한 헌신된 자들은 부름받은 자리에서 하나님의 은혜를 더욱 의지하고 붙들어야 합니다. 익숙하다고 해서 또는 잘해 왔다고 해서 자기 경험과 힘을 의지하기보다 더 기도하는 사람이 되어야 합니다.

내가 궁핍하므로 말하는 것이 아니니라 어떠한 형편에든지 나는 자족
하기를 배웠노니 나는 비천에 처할 줄도 알고 풍부에 처할 줄도 알아
모든 일 곧 배부름과 배고픔과 풍부와 궁핍에도 처할 줄 아는 일체의
비결을 배웠노라 내게 능력 주시는 자 안에서 내가 모든 것을 할 수 있
느니라_빌 4:11-13

내게 능력 주시는 자가 있다면, 비천에 처할 때나 풍부에 처할
때, 그 어떤 때에도 하나님을 섬기며 신자로 사는 일이 가능합니다.
일체의 비결을 배우기 위해서 하나님 앞에 엎드리시고, 하나님의 은
혜가 내 속에서 질식당하지 않도록 항상 깨어 있으십시오. 그리고
이 모든 것으로 우리를 만족시키시는 하나님께 참된 감사와 경배를
드리십시오.

# 27 여호와의 손이 짧으냐?

민 11:16-35

악인은 그의 마음의 욕심을 자랑하며 탐욕을 부리는 자는 여호와를
배반하여 멸시하나이다_시 10:3

탐욕은 그저 혼자만의 생각이나 반감이 아닙니다. 여호와를 배반
하여 멸시하는 마음의 표출입니다. 그것은 사람에게 하는 정도를 넘
어서서 모든 것을 주관하시고 다스리시는 하나님의 통치에 대해 반
역과 멸시를 보내는 데까지 이르고 맙니다.

탐욕에서 시작한 불평은 다른 사람에게 악한 용기를 심어 줍니
다. 죄를 모방해서 죄를 짓는 데 더 과감해지도록 만듭니다. 성경은
죄를 누룩에 비유합니다. 불평은 감사보다 전염성이 강해서 우리의
신앙과 경건을 흔들어 불신앙으로 나가도록 등을 떠밉니다. 백성들
은 울면서 출애굽 이전으로 돌아가려 하는데, '애굽에 있을 때가 재
미있었다, 좋았다'는 말은 구원 자체를 부정합니다. 이처럼 불평은
하나님께서 행하신 것 전체를 무효화시킵니다. 게다가 모세마저 하
나님께 '왜 이 큰 짐을 지우셨냐'고 항변하다 '내가 이 백성을 낳았습

니까? 무슨 수로 고기를 줍니까?'라고 불평합니다. 한 사람의 불만이 다른 사람으로 하여금 마음을 상하게 하고, 한쪽에서는 탐욕 때문에 유혹을 받지만 다른 편에서는 그런 모습에 상심해서 시험에 빠집니다. 불만은 사소한 이유에서든 큰 이유에서든 그 출발점은 작은 소리이지만 파급 효과는 교회 전체에 부정적인 영향력을 주는 것이므로 늘 경계해야 합니다.

모세의 불만을 들으시고 여호와께서 모세에게 말씀하십니다. 첫째로 모세에게 함께할 지도자를 세우라고 명령하셨습니다(16-17절). 하나님께서 강림하시겠다는 말은 이 사건을 모세와 백성들 스스로 해결할 수 없음을 뜻합니다. 강림하셔서 모세와 말씀하시고 모세에게 주셨던 영을 70인 장로에게도 주실 것이라고 말씀하셨습니다. 목적이 무엇입니까? 그들이 모세와 함께 백성의 짐을 담당하도록 하시기 위해서입니다. 그렇다면 모세에게 주셨던 영은 이스라엘을 구원하고 인도하는 일에 필요한 은사를 뜻합니다. 이 은사를 따라서 말하고 지혜롭게 판단하고 재판하고 권면하게 하셨다는 뜻입니다. 그런데 이제는 70인 장로들도 그 역할을 할 수 있는 능력을 영으로부터 받아서 백성들을 다스릴 수 있게 하신 것입니다.

둘째로 여호와께서 모세에게 백성들의 소원대로 해 주시겠다고 말씀하셨습니다(18-20절). 하나님께서는 이스라엘이 울면서 한 불평, 즉 고기를 달라는 말을 들으셨습니다. 가끔 하나님께서 모르실 것이라 생각해서 분노에 차 불경건한 말을 내뱉거나 자신이 당하는 일 때문에 하나님을 향한 원망을 쏟아 내거나 하나님을 향해 악한 말을 하며 대들거나 다투는데, 하나님께서는 그 말들을 다 듣고 계십니다. 하나님께서는 고기를 주실 것인데, 그들의 악한 탐욕대로 주시겠다고 말씀하셨습니다.

그 말씀을 듣고 모세는 자신이 어떻게 고기를 줄 수 있냐고 말합니다(21-22절). 빌립이 많은 사람을 먹이기 위해서 그들에게 돈을 조금씩 받는다 하더라도 이백 데나리온의 떡이 부족하다고 한 말씀이 떠오르지 않습니까(요 6:7)? 예수님께서는 그런 빌립을 시험하셨습니다. 마찬가지로 모세도 하나님의 시험 앞에 서 있는 것입니다. 하나님께서 모세의 짐을 덜어 주겠다고 하셨고, 불평하는 이스라엘 백성이 원하는 대로, 그것도 차고 넘치도록 고기를 주겠다고 하셨기에 모세는 '네. 하나님께 왜 짐을 지우셨냐고 했던 것 죄송합니다'라고 잘못을 인정하고 용서를 구해야 했습니다. 그런데 모세는 또다시 '어떻게 그럴 수가 있습니까?'라고 따진 것입니다.

불평이 만들어 낸 의심은 60만 명을 먹이려면 얼마가 필요하다는 합리적인 계산 속에 숨어서 튀어 나왔습니다. 불평은 쉽게 수긍할 수 있는 것조차 의심하게 해서 '내가 더 믿을 수 있게 해 달라'고 버팁니다. 모세는 의심으로 말미암아 불신앙의 경계에 서 있는 것 같습니다. 하나님께서 말씀하시면 무조건 다 믿으라가 아니라, 하나님께서 하겠다고 하셨을 때에는 믿어지지 않는 일 앞에서도 자신을 낮추고, 그분이 하겠다고 하셨으니 '주님의 뜻대로 하십시오'라는 자세가 필요합니다. 모세의 태도는 하나님의 말씀을 의심해 보고 믿으려는 것 같습니다. 마치 마귀가 예수님께 성전 꼭대기에서 뛰어내리면 하나님께서 네 발을 상하게 하시지 않을 것인지 확인해 보라며 시험하는 것처럼 말입니다. 이때 예수님께서는 하나님의 말씀은 의심 없이 믿을 수 있는 진실하고 확실한 말씀임을 선포하셨습니다.

모세의 의심과 불신앙에 대해서 하나님께서 하신 말씀은 간단합니다.

여호와의 손이 짧으냐 네가 이제 내 말이 네게 응하는 여부를 보리라_23절

여호와의 손은 능력을 상징하고, 짧다는 말은 약화됨을 의미하므로 여호와의 능력이 약해졌느냐는 물음일 것입니다. 어느 때에 비해서 약해졌다는 말일까요? 어쩌면 모세는 출애굽 때의 10가지 재앙이나 홍해를 가르시던 것과 비교하고 있었던 것은 아닐까요? 그러나 홍해 앞에서 하신 여호와의 말씀은 "오늘 너희를 위하여 행하시는 구원을 보라"였습니다(출 14:13). 그처럼 지금도 "네가 이제 내 말이 네게 응하는 여부를 보리라", 즉 당신께서 하신 말이 사실인지 아닌지 보게 될 것이라고 말씀하신 것입니다.[29]

"여호와의 손이 짧으냐?"고 말씀하실 때, 우리는 마음속 깊은 곳에서부터 여호와의 구원을 의심하고, 근본적으로 하나님을 향해 흔들리는 불신앙을 대면하게 됩니다. 이에 대해 하나님께서는 '너같이

---

**29** "여호와의 손이 짧으냐"는 것은 이사야의 문맥에서 보면 '여호와의 구원에 대한 불신앙'을 뜻합니다. "내가 왔어도 사람이 없었으며 내가 불러도 대답하는 자가 없었음은 어찌됨이냐 내 손이 어찌 짧아 구속하지 못하겠느냐 내게 어찌 건질 능력이 없겠느냐 보라 내가 꾸짖어 바다를 마르게 하며 강들을 사막이 되게 하며 물이 없어졌으므로 그 물고기들이 악취를 내며 갈하여 죽으리라"(사 50:2). "여호와의 손이 짧아 구원하지 못하심도 아니요 귀가 둔하여 듣지 못하심도 아니라 오직 너희 죄악이 너희와 너희 하나님 사이를 갈라 놓았고 너희 죄가 그의 얼굴을 가리어서 너희에게서 듣지 않으시게 함이니라"(사 59:1-2).

믿음 없는 자들은 필요 없다'가 아니라, '그렇게 의심하는 너희에게 내 능력을 보여 나의 구원을 너희에게 보이고야 말겠다'고 말씀하셨습니다. 그 목적은 무엇일까요? 주님의 크신 구원을 보고 경배하게 하시려는 것입니다. 주님의 능력 앞에 겸손히 낮아지게 하셔서, 주님께서 베푸신 놀라운 은혜를 찬송하게 하시려는 것입니다.

이 대화가 끝나고 하나님의 말씀대로 일이 이루어집니다. 먼저 하나님께서는 장로들을 구별하여 영을 부어 주셨습니다. 그들에게 필요한 능력과 은사를 함께 주신 것입니다(24–25절). 70인 장로에게 영이 임하자 예언하고 얼마 후에 그쳤습니다.

이 말씀은 어떻게 이해해야 할까요? 영이 임함으로 그들이 예언한 것은 하나님의 말씀대로 그들에게 모세와 같은 영을 주셨음을 보여 주신 것입니다. 영이 임한 것은 하나님의 부르심을 받았다는 내적 증거입니다. 그 내적 증거를 백성들이 알 수 없기 때문에 외적으로 또는 겉으로 드러나는 증표를 주셨는데, 그것이 바로 예언입니다. 영을 나눠 주심으로 하나님의 부르심을 받은 자라는 내적 증거와 함께 예언을 하게 하심으로 공적 임무를 수행하는 자라는 외적 표징을 나타내 보이신 것입니다. 이런 표징이 드러났기에 예언이 그친 것입니다.[30]

그런데 모세가 70인 장로들 중에 엘닷과 메닷이 진 중에서 예언

---

30 사무엘상 10장에 보면, 사울이 기름 부음을 받고 나서 선지자의 무리를 만날 때 여호와의 영이 크게 임하여 예언을 하는 내용이 나옵니다. 그때 사울이 한 예언도 본문과 비슷합니다. 기름 부음을 받은 것은 왕으로 부름받았다는 증거이지만, 사울의 예언은 그가 하나님께서 세우신 왕이라는 특별한 사람, 이전과 달라진 새 사람이 되었다는 차원에서 사람들에게 보여 주기 위한 하나의 증명서나 신임장(credential)으로서의 역할을 합니다.

한다는 보고를 듣습니다. 이 두 사람은 회막에 오지 않았음에도 예언한 것입니다. 왜 회막에 오지 않았는지는 모릅니다. 그러나 그들이 녹명된 자라는 점에서 하나님께서 70인 장로들에게 주시겠다는 약속대로 은사를 주셨음을 알 수 있습니다. 두 사람이 사는 일상생활의 자리에서, 즉 길거리나 흔한 장소에서 예언하는 것이 목격되도록 하신 것입니다. 회막에 가지 않았으니 백성들을 지도할 자격이 없다는 시비를 할 수 없게 하시지 않았나 생각합니다. 모세를 통해 부르신 자들, 녹명된 자들을 하나님께서 다 아시는 것입니다.

이것을 두고 여호수아는 그들의 예언을 금지하라고 모세에게 말합니다(27-28절). 여호수아는 모세의 우월성이 손상되는 일이 없어야 한다고 판단했을 수 있고 질서 유지를 위해 나름대로의 충성스런 조언을 한 것입니다. 그러나 모세는 "네가 나를 두고 시기하느냐 여호와께서 그의 영을 그의 모든 백성에게 주사 다 선지자가 되게 하시기를 원하노라"라고 대답합니다(29절).

어떤 성경에는 이 말씀을 고린도전서 14장 5절 "나는 너희가 다 방언 말하기를 원하나 특별히 예언하기를 원하노라 만일 방언을 말하는 자가 통역하여 교회의 덕을 세우지 아니하면 예언하는 자만 못하니라"와 비교하라고 표시되어 있는데, 이 말씀은 모든 사람 위에 하나님의 성령이 임하기를 바라는 것이 하나님의 뜻임을 밝히고 있습니다. 모세 때에는 그것이 무엇인지 알지 못했을 것입니다. 그러나 이는 에스겔에게 하신 예언, 곧 "또 새 영을 너희 속에 두고 새 마음을 너희에게 주되 너희 육신에서 굳은 마음을 제거하고 부드러운 마음을 줄 것이며 또 내 영을 너희 속에 두어 너희로 내 율례를 행하게 하리니 너희가 내 규례를 지켜 행할지라"(겔 36:26-27), 예레미야에게 하신 말씀 "그러나 그날 후에 내가 이스라엘과 맺을 언약은 이러하니 곧 내가 나의 법을 그들의 속에 두며 그들의 마음에 기록하여 나는 그들의 하나님이 되고 그들은 내 백성이 될 것이라"(렘 31:33), 그리고 요엘에게 하신 예언 "그 후에 내가 내 영을 만민에게 부어 주리니 너희 자녀들이 장래 일을 말할 것이며 너희 늙은이는 꿈을 꾸며 너희 젊은이는 이상을 볼 것"(욜 2:28)이라는 약속에서 실체가 드러나기 시작합니다. 결국 이 말씀들은 하나님의 영이 모든 백성 위에 임함으로 참으로 하나님의 백성이 되기를 원한다는 예언입니다. 이것의 성취가 오순절 성령 강림입니다.

또한 하나님께서는 백성들에게 하신 말씀대로 그들에게 고기를 주셨습니다. '코에서 넘쳐서 싫어하기까지 먹게 하시겠다는 말씀'은 하나님께서 우리를 골탕 먹이시는 것이 아니라, 그들이 애굽을 그리워하고 하나님의 돌보심을 의심하는 것에 대한 심판의 성격입니다. 여호와를 멸시하는 그들의 악한 마음을 책망하고 그들의 탐욕을 깨뜨려 하나님의 돌보심과 인도하심을 신뢰하게 만드시려는 심판입니다. 죄인은 적게 주면 적게 준다고 뭐라 하고 많이 주면 많이 줬다고 뭐라 하는 변덕쟁이입니다. 자신의 변덕을 깨닫고 주님 앞에서 탐욕스런 자신을 보게 하시려는 것입니다. 결과는 어떻게 되었습니까?

백성들이 하루 종일 메추라기를 모았는데 가장 적게 모은 사람도 십 호멜(약 20kg)을 모았습니다(31-35절). 과연 이스라엘 백성은 만족하면서 감사했을까요?

그가 동풍을 하늘에서 일게 하시며 그의 권능으로 남풍을 인도하시
고 먼지처럼 많은 고기를 비같이 내리시고 나는 새를 바다의 모래같이
내리셨도다 그가 그것들을 그들의 진중에 떨어지게 하사 그들의 거처
에 두르셨으므로 그들이 먹고 심히 배불렀나니 하나님이 그들의 원대
로 그들에게 주셨도다 그러나 그들이 그들의 욕심을 버리지 아니하여
그들의 먹을 것이 아직 그들의 입에 있을 때에 하나님이 그들에게 노염
을 나타내사 그들 중 강한 자를 죽이시며 이스라엘의 청년을 쳐 엎드
러뜨리셨도다 이러함에도 그들은 여전히 범죄하여 그의 기이한 일들
을 믿지 아니하셨으므로 하나님이 그들의 날들을 헛되이 보내게 하시
며 그들의 햇수를 두려움으로 보내게 하셨도다_시 78:26-33

그들은 자신들의 탐욕대로 먹었고, 불평을 통해 얻은 고기임에도
불구하고 그것을 주신 하나님에 대한 믿음을 세워 가지는 못했습니
다. 그들은 기적을 통해 주시려는 믿음이라는 참된 선물을 받지 못
한 것입니다. 기적이란, 선물을 주신 하나님을 향한 온전한 신뢰와
의지와 믿음을 갖게 하려는 수단입니다. 그런데 수단만 취하고 그것
을 통해 진정으로 소유해야 할 최고의 선물이신 하나님을 믿지 못한
다면, 그것은 욕심을 채운 것이지 욕심을 제거한 것이 아닙니다. 고
기를 주시고도 하나님께서 진노하신 이유는 그들의 불신앙이 여전
히 자리하고 있었고, 그들이 탐욕을 채우면서도 하나님을 온전히 믿
지 않았기 때문입니다. 우리 바람을 채워 주는 하나님이면 좋을 것
같지만, 물질은 믿음을 만들어 내지 못합니다. 하나님을 멸시하는
마음은 그 어떤 것으로도 채울 수 없습니다. 하나님을 인정하고 그

분 외에는 다른 만족이 없음을 깨달을 때 참된 신앙이 가능합니다. 하나님으로 내 영혼이 만족하게 되는 것을 배우는 것이 신앙입니다. 주신 것보다 주시는 자로서 하나님께서 나와 함께하신다는 신뢰가 더 큰 자랑이어야 하는 것입니다.

마지막으로 하나님께서 행하신 결말은 무엇입니까? 하나님께서는 그들이 고기를 씹기도 전에 심히 큰 재앙으로 그들을 치셨습니다 (33절). 그리고 그곳에 탐욕스러운 자들을 묻으셨습니다. 그 이름이 기브롯 핫다아와, 곧 탐욕의 무덤입니다. 이곳의 이름을 기억하면서 탐욕을 멀리하고, 하나님을 향한 불평을 제어해야 할 것입니다. 다짐하고 결심했다 해도 우리는 하나님의 은혜 앞에 엎드려 기도하는 일을 게을리해선 안 됩니다.

> 내 마음을 주의 증거들에게 향하게 하시고 탐욕으로 향하지 말게 하소서 내 눈을 돌이켜 허탄한 것을 보지 말게 하시고 주의 길에서 나를 살아나게 하소서_시 119:36-37

이 말씀을 마음에 새기면서 늘 우리 눈을 끌어당기는 탐욕의 문화에서 나를 건져 내 달라고, 내 마음을 주님의 증거와 확실한 말씀에 고정해 주시기를 간절히 기도해야 할 것입니다.

여호와의 손은 결코 짧지 않습니다. 그분의 구원을 축소하고 반대하는 모든 사상이나 시도들을 거절하고, 그런 시험에 넘어가지 않도록 죄에서 멀리 떠나야 할 것입니다. '여호와께서 하실 수 있을까?'라는 생각과 싸우시고 능히 하실 수 있다는 믿음에 우리를 묶어 놓아야 합니다.

# 28 하나님의 집에 충성된 모세
민 12:1-16

탐욕으로 시작된 불평의 근본 이유는 육신의 정욕을 따랐기 때문입니다(롬 8:5-6). 그들은 '애굽에서 노예로 살았던 것이 광야에서 지내는 것보다 더 좋았다'고 말하였는데, 하나님께서는 이 말이 당신을 멸시한 것이라고 진단하셨습니다(민 11:20). 그들의 불평이 순수한 소원이 아니라 그들 가운데 거하시는 하나님을 깔보고 하찮게 여기는 혐오와 분노의 감정이었음을 간파하신 것입니다. 하나님께서는 그들의 죄 된 욕망에 진노하셔서 그들을 심히 큰 재앙으로 치셨습니다. 이것을 보고 '이렇게까지 진노하실 일인가?'라고 한다면, 분명히 알아야 할 것이 있습니다. 이스라엘의 불평은 모세를 향한 것도 아니고 단순히 배가 고프다는 투정도 아니라, 하나님을 향한 정면 도전이라는 사실입니다. 하나님의 무한하신 긍휼과 자비에도 불구하고 그분의 돌보심과 은혜 베푸심을 한낱 고기반찬 때문에 무시하는 배은망덕이었다는 점입니다. 그들에 대한 진노는 '탐욕을 낸 백성을 거기 장사함'으로 마쳤습니다(민 11:34). 누룩을 제거하듯 그 탐욕의 주동자들을 뿌리 뽑으신 것입니다.

이어서 본문에는 또 다른 불평이 나오는데, 이번에는 지도자들이 주축이 됩니다. 그들이 모세의 권위에 도전합니다. 요즘은 권위라는 말을 존중, 질서라는 의미보다 차별, 갑질과 같은 부정적 의미로 받아들이는 것 같습니다. 하지만 그런 시대정신에 성도는 영향을 받을 필요가 없습니다. 하나님께서도 "나를 존중히 여기는 자를 내가 존중히 여기고 나를 멸시하는 자를 내가 경멸하리라"라고 말씀하셨는데, 이처럼 존중히 여겨야 할 권위를 무시하지 말 것을 분명히 하셨습니다(삼상 2:30; 참고, 말 3:16).

사건의 발단은 모세가 구스 여자, 곧 에티오피아 여자를 아내로 맞이한 것 때문에 미리암과 아론이 모세를 비방한 것입니다(1절). 그런데 모세가 첫 번째 아내 십보라 외에 두 번째 아내를 맞이한 것처럼 비방하지만, 그것은 하나의 구실입니다. 이 여자를 십보라가 아닌 여자로 봐야 할 이유가 별로 없습니다.[31] 80세에 부르심을 받은 그가 노년에 다시 결혼했다고 보기 어렵고, 족장 시대에는 그런 불법

---

[31] LXX이나 Vulgata에서 이 여자를 에티오피아 여자로 번역하였고 아우구스티누스에 동조하는 여러 학자들과 칼뱅도 이에 동의한다. 구스의 땅은 아라비아의 일부를 의미한다는 견해와 함께 하박국 3장 7절에서 구산의 장막과 미디안의 땅이 동시에 언급되는 부분도 이런 생각을 지지하고 있다(존 칼빈 성경 주석 출판 위원회, 『존 칼빈 구약 성경 주석 5: 출애굽기, 레위기, 민수기, 신명기』(서울: 성서교재간행회, 1987), 460). 또한, 에티오피아 북부의 최초 토착 국가인 악숨은 에티오피아 문자와 쟁기로 특징지을 수 있다. B.C. 1300년경까지 아라비아 남부 예멘 지역에는 여러 왕국들이 있었는데 B.C. 8C에 사바 왕국이 들어서고, 이 나라의 식량 증산에 기여한 쟁기 기술이 악숨에 도입된 것으로 보인다. 이미 4,000년 전에 지금의 사우디아라비아와 예멘에서부터 바브엘만데브 해협(아덴만 입구)을 거쳐 홍해 일대에 방대한 문화 단지가 있었고, 곳곳에서 출토된 토기 물건에 따라서 동일한 문화 전통에 속했음을 볼 수 있다(존 리더, 『아프리카 대륙의 일대기』, 남경태 역, (서울: 휴머니스트 출판그룹, 2013), 256-262). 구스(에티오피아) 여인으로서 미디안(아라비아 반도)에 살게 된 이드로의 딸 십보라로 보는 것에 무리가 없다.

이 간혹 있기는 했지만 십계명을 받은 모세가 계명을 어기는 차원의 또 다른 결혼을 했다고 보기 어렵습니다.

어쨌든 스캔들 의혹을 제기해서 상대방을 흠집 내는 세상 사람들의 방법이라고나 할까요? 미리암과 아론은 모세가 유대인으로서 자기 동족과 결혼하지 않은 것을 빌미 삼아 지도자로서의 모세의 자격이 옳은가를 의심하며 비방하고 있습니다. 그러나 더 깊은 이유는 모세의 지위를 탐내고 모세를 실추시켜 자신들의 지배력을 강화시키려는 데 있었습니다.

두 사람은 자신들도 예언자임을 자랑합니다(2절). 스스로를 자랑하는 이유가 자신들이 뛰어나다는 것을 드러내려는 의도가 아니면 무엇이겠습니까? 그러나 미리암과 아론이 하나님으로부터 은사를 받게 된 것은 모세 때문이기도 합니다.

미리암이 "너희는 여호와를 찬송하라 그는 높고 영화로우심이요 말과 그 탄 자를 바다에 던지셨음이로다"라고 찬양함으로 여인들의 리더로 등장하기는 하지만, 그것도 아론과 모세의 도움이 없었다면 그런 지위를 얻을 수 없었을 것입니다(출 15:21). 그녀는 여기에 만족하지 못했던 것이 분명합니다. 머리가 되려는 욕망을 드러낸 것입니다. 아론 역시 모세가 말 못하는 자라는 변명 때문에 세움을 입었습니다. 하나님께서는 아론에게 대제사장 직분으로 섬기는 영예를 주셨고, 그 직분과 관련해 모세보다 더 높은 직분이라는 점에서 아론은 주신 은사를 잘 섬기면 충분했을 것입니다. 하지만 직분에서는 모세보다 높았지만, 권위에서는 모세 아래 있는 것을 늘 마음에 두고 있었던 모양입니다(민 6:24-26).

"우리와도 말씀하지 아니하셨느냐"는 말은 두 사람의 은밀한 야망이 모세보다 더 높아지고 지배하려는 욕망이었음을 밝혀 줍니다. 지배하려는 욕망, 다른 사람 위에 있으려는 야망은 공의를 사랑하는 마음을 죽이고, 형제에 대한 사랑과 존중을 발로 차 버릴 뿐 아니라 인간이면 가져야 할 정상적인 본성마저 포기하게 만듭니다. 명예를 향한 욕심과 지배하려는 욕망이 만들어 내는 비참한 다툼과 파멸은 모든 역사 기록에 선명히 남아 있습니다.

은사는 하나님께서 값없이 주신 선물입니다. 우리는 비천한 존재인데, 하나님께서 주신 은사로 말미암아 우리는 높임을 받았습니다. 하지만 무상으로 받은 은사를 자기 능력인 것처럼 드러내고 과시한다면 자신의 미천함을 잊어버릴 것입니다. 이 두 사람도 값없이 받은 은사로 모세를 경멸하고 더 높아지려고 악용함으로 은사를 주신 하나님을 모독하고 말았습니다. 은사는 그 직분을 잘 수행할 수 있도록, 그 책임을 잘 감당하도록 주신 것임을 잊지 않아야 합니다. 우리가 얼마나 부족했으면 하나님께서 은사로 채워 주셨는지, 그리고 우리를 하나님의 일을 할 수 있는 존귀한 자로 사용하시는지 그분 앞에서 충성스럽게 순종함을 생각하는 것이 중요합니다.

은사는 교회를 세우는 일에 협력하기 위한 것입니다. 그러나 그 은사로 대립하고 나뉘고 다툰다면, 이는 값없이 은사를 주신 하나님의 선의를 저버린 것입니다. 그렇기에 오늘날 교회 내에서 일어나는 많은 대립과 갈등에 대해 우리는 하나님 앞에서 두려운 마음을 가져야 하고, 주님의 교회를 위한다는 명분 이면에 지배욕이나 개인적 야망이 있다면 철저히 내려놓고, 회개하고, 주님의 교회의 일치와 하나 됨을 위해서만 은사를 사용해야 할 것입니다.

이 사람 모세는 온유함이 지면의 모든 사람보다 더하더라_4절

하나님께서는 모세가 온유한 사람이라고 인정하셨습니다. 온유함이란 종이 주인의 결정에 맡기듯 하나님의 처분에 온전히 자신을 맡기고 참고 기다리는 자세를 말합니다. 모세는 두 사람의 비방에 발끈하지 않았습니다. 침착하게 하나님의 판단을 기다렸습니다.

비방을 당하면 분노하고 격한 감정을 드러내는데, 그때 더 큰 실수를 하게 됩니다. 우리가 큰소리로 이 상황을 놓고 하나님께 부르짖을 수도 있겠지만, 이런 억울한 상황에서는 오히려 온유함으로 인내하며 침묵을 지키는 것이 더 효과가 있습니다. 우리가 하나님의 주의를 끌려고 하는 행동을 취하면 하나님께서 보시고, 그렇지 않고 잠잠히 있으면 하나님도 잠잠히 계시는 것이 아닙니다. 악한 자들의 소리를 다 듣고 계시고, 심지어 악인들을 당장 벌하지 않으신다 해도, 가인이 아벨을 죽였을 때 그 피가 부르짖었다는 말씀에서처럼 하나님의 공의로우심은 반드시 선과 악을 드러내신다는 점을 잊지 않아야 합니다(창 4:10). 온유한 자는 복이 있나니 땅을 기업으로 받을 것입니다(마 5:5).

모세가 하나님의 처분에 맡기는 온유함으로 있었을 때, 여호와께서 갑자기 세 사람을 소환하셨습니다(4-5절). '갑자기'라는 표현은 하나님의 즉각적인 개입을 시사합니다. 구름 기둥 가운데로부터 강림하셔서 어떠한 거짓과 악도 설 수 없고 죄와 그 욕망은 결코 용납될 수 없는 당신의 거룩하심 앞에 그들을 세우셨습니다. 여호와께서 부

르시지 않고 바로 악을 벌하실 수도 있지만 그들을 불러 세우신 것은 죄를 회개하고 돌아오게 하시려는 은혜의 기회임을 기억해야 합니다.

하나님의 판단은 두 가지입니다(6-9절).

첫째로 모세가 두 사람보다 뛰어나다는 것을 확증해 주셨습니다. 선지자에게 이상으로 알리고 꿈으로 말하는 것은 구약에서 일반적인 계시 방식입니다. 이상과 꿈이라는 방식은 하나님의 계시를 받음을 나타내는 표징의 성격을 가지고 있습니다. 이 사람이 하나님으로부터 어떤 계시를 받았는데, 그가 받은 계시 내용이 신적이고 특별하다는 것을 드러내기 위해 수반되는 현상이나 방식입니다. 사실 이상이나 꿈이라는 방식보다 더 중요한 것은 그것을 통해 받은 계시의 말씀 자체입니다(참고, 렘 23:28).[32] 그런데 하나님께서는 이런 일반적인 선지자들에게 당신을 계시하신 것보다 더 특별하게 '모세는 그렇지 않다'고 말씀하셨습니다.

둘째로 모세의 특별함은 '하나님의 집에 충성됨'이라는 말로 표현되고 있습니다. 물론 이 특별함을 그리스도께서 하나님의 집에 충성된 것과는 비교할 수 없습니다. 그리스도께서는 모세가 성실하게 섬겼던 집보다 더 존귀하신 분이고, 모세는 충성된 종으로 섬겼지만 그리스도께서는 그 집을 맡은 아들로 충성하셨기 때문입니다(히

---

[32] 거짓을 예언하는 선지자들이 언제까지 이 마음을 품겠느냐 그들은 그 마음의 간교한 것을 예언하느니라 그들이 서로 꿈꾼 것을 말하니 그 생각인즉 그들의 조상들이 바알로 말미암아 내 이름을 잊어버린 것같이 내 백성으로 내 이름을 잊게 하려 함이로다 여호와의 말씀이니라 꿈을 꾼 선지자는 꿈을 말할 것이요 내 말을 받은 자는 성실함으로 내 말을 말할 것이라 겨가 어찌 알곡과 같겠느냐(렘 23:26-28).

3:2-6). 그럼에도 불구하고 당신의 집을 세우는 모든 일에 특별히 사용하시는 당신의 충성스러운 종이라는 선언은 두 사람보다 더 존경과 권위를 가질 만하다는 것을 의미합니다.

하나님께서 모세와 미리암, 아론에게 말씀을 마치신 후 그 자리를 떠나시고 형벌이 뒤따랐습니다. 하나님의 부재를 구름이 떠나간 것으로 표현합니다.

> 여호와께서 그들을 향하여 진노하시고 떠나시매 구름이 장막 위에서 떠나갔고 미리암은 나병이 걸려 눈과 같더라 아론이 미리암을 본즉 나병이 걸렸는지라_9-10절

형벌은 미리암이 나병에 걸린 것이었습니다. 자기를 높이는 자는 낮아지고 자기를 낮추는 자는 높아지리라는 말씀과 같이 미리암의 교만, 오만에 대한 정당한 보응으로 나병이 내린 것입니다(눅 18:14).

하나님의 은사를 받아 모세와 함께 이스라엘을 이끄는 지도자들이었는데, 미리암은 이제 부정한 병에 걸려 진 밖으로 쫓겨나서 백성들과 단절되고, 거룩한 하나님의 임재 밖으로 쫓겨나게 되었습니다. 그녀에게 주셨던 은사를 합당하게 사용하지 못함으로 그녀가 얻은 영예는 치욕으로 바뀌었습니다.

미리암만 형벌을 받은 것은 그녀가 이 사건에서 가장 중추적인 영향력을 끼쳤기 때문인 것 같습니다. 그녀의 경건치 못한 말이 아론의 마음을 넘어지게 했고, 그 악함의 시작이 그녀로부터 나왔기 때문인 것 같습니다. 하지만 아론이 형벌에서 면제받은 가장 중요한 이유는 그가 죄를 적게 지었기 때문도, 남자였기 때문도 아닙니다. 그

가 대제사장의 직분을 가지고 있었기 때문일 것입니다. 그 직분은 개인의 영예가 아니라 장차 오실 영원한 대제사장이신 예수 그리스도를 보여 주는 그림자이므로, 대제사장의 직분에 어떠한 손상이 가지 않도록 하기 위해서 면제해 주신 것으로 보입니다.

그렇다고 아론이 자신의 죄를 축소하거나 남 탓으로 돌린 것은 아닙니다. 자기보다 나이 어린 모세에게, 그리고 조금 전까지도 모세의 권위 아래 있기를 거절했던 그가 이제는 모세를 향해서 '내 주여'라고 말하고 있기 때문입니다. 조금 전까지만 해도 지배욕과 야망에 눈이 멀었었는데 미리암에게 내린 형벌을 보고서 헛된 욕망과 교만이 치료되었음을 의미합니다. 그는 누이에게 내린 형벌을 보면서, 마음이 완악해지기보다 겸손히 회개하고 엎드렸습니다. 그리고 모세에게 긍휼을 위해 기도해 달라고 엎드렸습니다(11-12절).

모세는 두 사람을 위해서 기도합니다(13-16절). 마음이 상할 수 있고, 자기를 비방한 형제들의 배신이 오래갈 수 있음에도, 모세는 온유함이 뛰어난 사람답게 주저함 없이 용서할 뿐만 아니라 하나님께 기도합니다. 재빨리 용서하고 손을 내미는 것이 자존심을 상하게 하거나 쉬운 사람처럼 보이게 할지 모르지만, 하나님의 처분에 자신을 맡기고 그분의 일하심을 믿고 따르는 성도라면 사람의 눈을 의식해서가 아니라, 그리고 하나님 앞에서 자기 마음이 이끄는 대로가 아니라 주님의 뜻을 이루기 위해 행동해야 함을 잘 보여 줍니다.

모세가 기도했음에도 하나님께서는 미리암을 진 밖에 7일을 두라고 하심으로 죄로부터의 분리를 명령하셨습니다. 그리고 이 원칙을 율법으로 정하셨습니다.

너희가 애굽에서 나오는 길에서 네 하나님 여호와께서 미리암에게 행하신 일을 기억할지니라_신 24:9

즉 모든 사람으로 하여금 나병에 관한 규례와 관련해서 야망에 사로잡힌 자를 하나님께서 어떻게 벌하셨는지를 기억하게 하셨습니다.

우리는 주님께서 주신 우리의 한계 안에 머물러야 합니다. 그것은 차별이나 편애가 아닙니다. 교회의 질서와 덕을 위해서 하나님께서 기뻐하시는 뜻대로 행하신 것입니다. 그렇기에 하나님께서 값없이 주신 것을 겸손히 받아야 합니다. 그리고 주신 직무와 책임을 잘 수행하도록 은사를 주셨음을 알고 어떤 여건에 있더라도 성실하게 최선을 다해야 합니다. 자신이 받은 은사가 무엇이고 그것이 특별한 은사인가에 관심을 두지 마십시오.

우리 모두가 그리스도인으로 부름을 받았습니다. 그러므로 복음의 은혜를 받아 의의 종으로 우리 자신을 드리도록 부름받았으니, 우리는 의의 무기가 되기를 힘쓰고, 하나님을 섬기는 성도로서의 역할과 책임을 다할 수 있게 힘써야 합니다(롬 6:12-14). 주님께서 당신의 교회를 세우시는 데 필요한 것들을 주심을 알고 맡은 자리에서 거룩한 성도로서, 하나님의 백성으로서, 의의 종으로서 살아가도록 힘쓰십시오.

# 29

## 가나안 땅을 탐지하라

민 13:1-33

다베라, 기브롯 핫다아와, 미리암의 도전까지 일련의 불평의 사건들
이 일단락되는 시점에 이스라엘은 하세롯에서 진행하여 바란 광야
에 진을 쳤습니다(민 12:16). 하세롯은 기브롯 핫다아와에서 북쪽으
로 10km 정도에 위치해 있습니다.

기브롯 핫다아와에서 한 달을 지체하지 않았더라면 가나안 땅에
더 가까이 갔을 것입니다. 애굽 땅이 더 좋다고 말하며 자꾸 뒤를 돌
아보는 백성들과 지도자들의 탐욕까지 이스라엘은 전체적으로 어수
선한 분위기였음을 짐작할 수 있습니다. 가나안 땅으로 나아가려는
동력을 잃어버리고, 사명을 따라 생각하기보다 현실에 안주하려는
분위기가 팽배했을 것입니다. 이런 상황을 역전시킬 만한 돌파구가
정탐꾼을 보내는 것이었습니다.

가나안 땅 정탐의 의도는 하나님께서 주시리라 약속하신 그 땅을
향해 가게 하려는 것입니다. 불평과 반역의 사건들 때문에 겪는 죽
음과 두려움으로 가나안 땅을 가려는 마음이 주춤한 상태이기 때문
입니다. 머뭇거리고 미적거리는 등 동기 부여(또는 자극)가 새롭게 필

요한 상황에서 하나님께서는 약속의 땅을 정탐하게 하심으로 백성들로 하여금 다시 당신의 약속의 성취를 바라보게 하신 것입니다.

모세가 여호와의 명령을 따라 바란 광야에서 그들을 보냈으니 그들은 다 이스라엘 자손의 수령된 사람이라_3절

각 지파 중에서 뽑은 사람들은 각 지파의 지도자들입니다(4-16절). 지도자들을 뽑은 이유는 그들이 땅을 정탐하고 돌아와 보고를 했을 때 그들의 말이 가지는 권위와 영향력, 그리고 신빙성을 높이기 위함입니다. 그러나 결과를 놓고 보면, 여호수아와 갈렙을 제외하고는 지도자들은 자기 역할을 충실하게 수행하지 못했습니다. 오히려 그들은 좋은 방향으로 영향을 끼친 것이 아니라, 그 땅에 들어가지 말자는 부정적이고 나쁜 방향으로 권위와 영향력을 행사했습니다.[33]

모세가 가나안 땅을 정탐하러 그들을 보내며 이르되 너희는 네겝 길로 행하여 산지로 올라가서 그 땅이 어떠한지 정탐하라 곧 그 땅 거민이 강한지 약한지 많은지 적은지와 그들이 사는 땅이 좋은지 나쁜지와 사는 성읍이 진영인지 산성인지와 토지가 비옥한지 메마른지 나무가 있는지 없는지를 탐지하라 담대하라 또 그 땅의 실과를 가져오라 하니 그때는 포도가 처음 익을 즈음이었더라_17-20절

---

**33** 교회를 오래 다니고 성경을 알고 영적 체험을 가진 사람들의 영향력이 오히려 나쁜 권위와 영향력으로 자리하지 않도록 주의해야 합니다. 교회에 어떤 식으로든 영향력을 끼치는 것이 교회의 질서를 어지럽힌다면 그것은 교회를 향한 주님의 뜻이 아닙니다.

정탐꾼들이 탐지해야 할 것은 '그 땅의 어떠함'입니다. 그 땅과 관련하여 객관적이고 사실적인 정보를 수집하는 것입니다. 그래서 정탐꾼들은 그 땅에 사는 사람들의 강함과 약함, 많고 적음, 그 땅이 정말 좋은지 나쁜지, 사람들이 그 땅의 어떤 곳에서 사는지, 그리고 그 땅이 얼마나 비옥하고 아름다운지 등등 그 땅의 지형, 토양, 기후, 사람들, 장단점들을 수집해서 보고해야 했습니다. 이것 역시 가나안 땅에 들어가려는 마음을 환기시키려는 의도입니다.

지도자들은 이 명령을 따라 정탐을 시작한 지 40일 만에 돌아왔습니다(21–25절). 그리고 보고합니다.

> 당신이 우리를 보낸 땅에 간즉 과연 그 땅에 젖과 꿀이 흐르는데 이것
> 은 그 땅의 과일이니이다_27절

정탐꾼들은 정탐한 그 땅을 '젖과 꿀이 흐르는 땅'이었다고 보고했습니다. 그 땅의 과일을 가지고 왔으니 그것을 본 사람들의 마음을, 탐욕과 먹을 것에 대한 불평으로 무뎌진 사람들의 마음을 자극하기에 충분했을 것입니다.

또한 정탐꾼들은 그 땅에 사는 사람들은 강하고 성읍은 크고 견고하다는 것과 그들은 남방 땅과 산지와 해변과 요단 강가에 살고 있어서 가나안 땅 전체에 퍼져 있다고 보고했습니다(28–29절). 여러 가지 불평 사건의 여파가 끼친 영향 때문일까요? 그들의 보고는 부정적이고 회의적이었습니다. 마치 그 땅을 가나안 족속들이 모두 차지하고 있어서 우리가 들어갈 곳은 없다는 뉘앙스를 담고 있기 때문입니다. 그 땅에 사는 사람들의 강함과 견고함에 관한 보고를 듣고

백성들이 동요하기 시작합니다. 불평이 쉽게 전염되듯이 긍정에 대한 것보다 부정에 대한 마음에 쉽게 동요되기 마련이어서, 백성들은 젖과 꿀이 흐르는 복된 곳이라는 말보다 그 땅에 사는 사람들이 모든 곳을 차지해서 이미 살고 있기에 우리가 들어갈 수 있겠냐는 회의적인 시각에 설득되고 말았습니다.

백성들이 동요하자 갈렙이 나서서 진화합니다. 그는 말했습니다. "우리가 곧 올라가서 그 땅을 취하자 능히 이기리라"(30절). 회의와 부정적인 인식이 모두의 마음을 집어삼키지 못하도록 하나님과 그분의 말씀으로 막아서려 했습니다. 갈렙도 같은 것을 보았지만 이렇게 말할 수 있는 이유는 하나님의 약속을 의지하는 믿음이 있었기 때문입니다. 갈렙은 우리에게 능력과 힘이 있어서 그 땅을 얻는 것이 아니고, 하나님께서 우리에게 주시겠다고 약속하셨기 때문에 얻게 될 것이라며, 하나님의 깃발 아래 모여 나아가자고 그들을 격려했습니다. 그러나 나머지 열 명은 불가능하다고 반박했습니다(31-33절).

열 명의 정탐꾼들은 능히 올라가서 이길 수 없다고 단정해 버렸습니다. 한두 사람의 말이라면 무시할 수 있지만 10명이나 되는 지도자들의 말은 사람들의 믿음을 질식시키고 하나님의 약속을 신뢰할 수 없도록 나쁜 영향력을 행사해 버렸습니다. 지도자들이 오히려 하나님의 약속을 믿고 나가자고 해야 할 때에, 그들의 비뚤어진 감정은 약속을 바라보게 하는 것이 아니라 자신들이 보고 온 판단, 곧 가나안 사람들이 강하고 견고하고 그 땅의 주인처럼 있다는 말을 더욱 부각시켰습니다. 자신들의 판단을 하나님의 약속보다 더 신뢰하여 '그 땅 사람들은 우리보다 강하다'고 외쳤습니다.

부정적이고 비뚤어진 감정에서 나오는 말들에 힘을 얻어서 이제는 적극적으로 그 땅을 악평하기 시작했습니다. 젖과 꿀이 흐르는 땅이라고 보고했었지만, 이제는 거민을 삼키는 땅, 곧 그 땅 사람들에게 잡혀 먹히기 좋은 땅이라고 말한 것입니다. 그들은 그곳에 키가 크고 장대한 사람들이 있었고 거인 족속들이 산다는 말로 사람들의 두려움을 더욱 자극했습니다. 그리고 스스로 보기에도 메뚜기 같다고 말하면서 그들도 그렇게 볼 것이라는 근거 없는 추측을 덧붙였습니다.

불경건한 태도가 점점 더 악을 행하는 대담성을 불러일으키고 있습니다. 그들의 말은 그 땅에 들어가면 어떻게 될 것이라는 추측에 불과한데도, 추측을 기정사실화해서 하나님의 약속을 의지하지 못하게 하고 하나님의 능력마저 하찮은 것으로 만들어 버렸습니다. 하나님의 도우심이 아무리 크더라도 그 땅을 얻을 만큼은 되지 않고, 하나님께서 함께하셔도 그 땅을 얻을 확률은 없다고 말한 것입니다. 하나님의 말씀을 무시하고 그분의 능력을 멸시한 결과, 자기모순과 거짓된 추측대로 '그 땅에 능히 올라가서 차지할 수 없다'고 말한 것입니다.

이스라엘의 강함은 하나님께서 함께하심에서 비롯되고, 하나님의 말씀을 복종하는 것에서 그들의 능력이 드러납니다. 이스라엘이 바로의 군대를 이긴 것과 아말렉과의 전쟁에서 이긴 것도 하나님께서 그들과 함께하심으로 이긴 것이지 이스라엘의 힘 때문이 아니었습니다. 그래서 우리의 강함은 하나님과 그분의 말씀입니다.

이스라엘은 정탐꾼들이 보고 들은 것이니, 그들의 경험을 믿어야 할 것처럼 들었을 것입니다. 그러나 우리가 보고 들은 것이 확실한 것이 아니라 하나님의 말씀이 확실합니다. 그들의 보고를 듣고 그 땅에 가면 어려움을 만날 수 있겠다는 예상은 할 수 있습니다. 그러나 예상만 해야지 못 가겠다고 해서는 안 됩니다. 오히려 '그 땅의 상황을 보았지만 우리 힘은 약하더라도 하나님께서 이 땅을 주시리라 약속하셨으니 하나님께서 그 약속하신 바를 이루시고 약속하신 것을 허락해 주옵소서'라고 기도하며 나아가야겠다는 믿음을 가져야 했습니다.[34]

하지만 사람들은 열 사람의 악한 평가에 더 귀를 엽니다. 한두 사람의 믿음의 촉구를 간과해 버립니다. 진리대로 산다고 하지만, 정작 사람들은 자기가 보고 듣는 대로 살아가고 있음을 봅니다. 그러나 진리는 하나님의 약속입니다. 하나님께서 주시리라 말씀하신 것이 진리입니다. 성도는 진리를 좇아야 하고 목사는 진리이신 하나님과 그분의 말씀을 가르쳐야 합니다. 교회는 주님의 말씀을 따르는 곳이어서, 아무리 다수의 사람들이 말하더라도 진리가 아니면 갈 수 없습니다. 아무리 영향력 있고 연륜이 있어도, 그리고 많은 사람들이 보고 들었다 해도, 주님께서 명령하신 바를 따라가야 합니다. 우리의 경험이나 우리가 봐 왔던 것도 믿을 것이 못 될 때가 많습니다. 참조할 수는 있어도, 우리 마음을 두고 우리 확신을 두어야 할 곳은 하나님의 약속의 말씀입니다.

---

34 '법이요'라는 외침은 다수가 진리에서 벗어날 때 소수가 진리를 위해서 할 수 있는 마지막 선택입니다.

말씀이 그 영혼을 온전히 다스리지 않는다면, 사람은 자주 자기가 보고 들은 바를 더 우선시할 수 있습니다. 자기가 보고 들은 바가 더 분명하다고 다른 사람들에게 말할지도 모릅니다. 그러나 그것이 정말 진리의 말씀이 가르치고 교훈하는 바인가를 확인하지 않고서 무작정 따라가는 것은 하나님을 향한 불신앙입니다.

교회는 항상 진리의 말씀이 무엇인지 가르치고 교훈합니다. 설교를 통해서, 그리고 그 성경의 해석을 체계화시키고 아주 정교하게 만들어서, 그것을 자신들의 신앙 고백으로 받아들이고 믿음과 신앙의 기준으로 삼아 왔습니다. 그것이 없다면 성경을 볼 때도 자기가 보고 이해한 것만 좋아가려 할 것입니다. 하지만 많은 잘못된 견해들과 추종자들이 교회 역사 속에 무수히 나타났다 사라졌음을 볼 수 있습니다.

교회 역사 속에서 교회의 신앙으로 받아들이고 성경에 대한 교회의 바른 이해가 무엇인가를 배우고 가르치지 않을 때, 성도들은 자기가 보고 들은 바대로 갈 것입니다. 아무리 자기가 보고 들은 바를 많은 사람이 따르고 좋아하더라도 분명한 것은 그것으로는 하나님의 의와 생명을 이룰 수 없다는 점입니다.

하나님께서 약속하신 바를 따라 '우리가 그 땅을 얻을 수 있으리라'고 말하는 갈렙의 믿음은 오늘날 우리에게도 진리를 따를 것을 요구합니다. 우리가 사는 시대에는 그 약속에 대한 너무 다른 생각과 삶의 모습을 추구하는 이질적인 모습들이 있습니다. 무엇이 옳고 참된 진리의 교훈인지를 분별하고 바르게 알아서 하나님의 나라에 들어가기에 힘쓰는 성도들이 되려고 해야 합니다. 옳고 참된 것을 분별함이 없이 자기 눈높이를 따라 자기가 보고 들은 바대로 아는 수준에 머무르는 것에서 한 걸음 더 나가야 합니다. 우리가 들어가려는 하나님 나라에 대해서 어떤 사람들이 보고 들은 바가 아니라, 하나님께서 성경을 통해서 가르치시고 교훈하신 대로 배우고 알아가기에 더 힘써야 합니다.

# 30 여호와께서 기뻐하시면 인도하시리라

민 14:1-10

## 10 vs 2

가나안 정탐은 이스라엘 백성에게 약속의 땅을 향해 걸어가도록 격려하기 위한 조처였습니다. 그러나 정탐 보고는 다수의 부정적 보고 때문에 실패로 돌아갔습니다. 젖과 꿀이 흐르는 땅이라고 보고했던 정탐꾼들은 말을 금세 바꿔 그 땅은 우리를 삼켜 버릴 땅이고, 그 땅 사람들은 키가 크고 강해서 그들에 비하면 자신들은 그들이 보기에나 우리 스스로 보기에도 메뚜기와 같다고 말했습니다.

이스라엘 백성이나 정탐꾼들이 망각하고 있는 사실이 있습니다. 그 땅은 하나님께서 주시겠다고 하신 약속의 땅입니다. 이스라엘은 정탐꾼의 보고보다 하나님께서 400년 전에 하신 약속의 말씀을 더 신뢰했어야 했습니다. 그들이 '우리는 능히 올라가서 그 땅 사람들을 이길 수 없다'고 판단한 것은 불신앙의 결과입니다(민 13:30-33). 약속에 대한 불신, 약속을 주신 하나님에 대한 불신, 하나님의 능력과 그분의 성실하심에 대한 불신앙은 그들의 눈을 어둡게 만들어 버렸습니다. 그들은 거짓된 판단이나 말 만들기 좋아하는 사람들의 속임수에 압도되어 불평과 비난에 마음을 빼앗긴 채 울기 시작했습니다 (1-2절).

열 명의 지도자들이 끼친 영향력은 온 회중을 불평의 수렁으로 빠뜨렸습니다. 누구 한 사람, 하나님의 약속에 자기 마음을 두려는 사람이 없었습니다. 격해진 감정은 통제 불능 상태가 되고, 밤새도록 큰 소리로, 마치 장례식장의 곡소리처럼 밤을 시끄럽게 하면서 모세와 아론을 원망하기 시작했습니다.

원망의 첫 번째 이유는 두려움이었습니다. 이스라엘이 울면서 분노를 터트리는 이유는 죽음에 대한 두려움 때문입니다. 가나안 땅은 자신들을 삼키는 땅이고 그 땅 사람들의 강함 때문에 들어가면 죽는다고 생각한 것입니다. 그들은 애굽 땅에서 죽는 것이나 광야에서 죽는 것이 가나안 땅에 들어가서 죽는 것보다 낫다고 말합니다. 그들은 아버지 세대의 불순종의 길을 좇아갔습니다(출 16:3). 지금까지 고생해서 여기까지 왔고 여기에서 고기를 먹으며 지낼 수 있는데, 왜 굳이 가나안 땅에 들어가야 하느냐 반발하고 있는 것입니다. 앞으로 겪게 될 일에 대한 두려움, 앞으로 나가기 싫은 마음, 무엇보다 왜 하나님의 명령을 따라야 하는지에 대한 불신이 드러나고 있습니다.

이 사람들은 가나안 땅에까지 들어가 죽는 것보다 차라리 여기에서 죽겠다고 말합니다. 하나님의 명령을 순종하여 그분의 뜻대로 살아가는 것이 인생의 본분입니다. 그러나 불신앙은 하나님의 뜻대로 살아야 하는지에 대해 반발하게 하고 하나님 뜻이 아니라 자기가 보기에 좋은 대로 적절한 수준에서 타협하려고 합니다. 사람이 죽는 것은 정해진 것인데, 하나님의 뜻을 따라 살다가 죽은 인생이냐 아니면 내가 보기에 좋은 대로 살다 가는 인생이냐 앞에서 이들은 자기중심적인 사고에 머물고자 했습니다. 죽음에 대한 두려움을 다르게 표현하면 자기를 버리지 않으려는 저항입니다. 그러나 예수님께서는 이렇게 교훈하십니다.

> 자기 생명을 사랑하는 자는 잃어버릴 것이요 이 세상에서 자기 생명을 미워하는 자는 영생하도록 보전하리라_요 12:25

> 자기 목숨을 얻는 자는 잃을 것이요 나를 위하여 자기 목숨을 잃는 자는 얻으리라_마 10:39

원망의 또 다른 이유는 하나님의 인도하심에 대한 의심입니다.

> 어찌하여 여호와가 우리를 그 땅으로 인도하여 칼에 쓰러지게 하려 하는가 우리 처자가 사로잡히리니 애굽으로 돌아가는 것이 낫지 아니하랴_3절

그들은 '여호와가 우리를 인도해서 칼에 망하게 한다'고 주장하며, '하나님이 우리 아내와 자식들을 포로로 끌려가게 만들 것'이라고 말했습니다. 하나님께서 자신들을 인도하여 구원을 주시고 축복의 땅으로 인도하신다고 했는데, 막상 와 보니 고통과 슬픔만 있고, 게다가 칼에 죽임을 당하게 하여 멸망으로 이끌 것이라는 말입니다. 하나님께서 자신들을 멸망으로 떠미시는 분이고, 심지어 연약한 여자들과 자식들까지 사지로 내모는 잔인하신 분이라는 주장입니다.

불신앙은 하나님께서 그동안 자신들에게 베푸신 은혜를 모두 의심의 눈으로 보게 만들었습니다.

의심의 절정은 '애굽으로 돌아가자'는 것입니다. 애굽이 어떤 곳입니까? 단지 이스라엘의 인구가 많아진다는 이유로 그들을 억압하고 핍박했던 곳이고, 산아 제한을 이유로 2살까지의 아이들을 무고히 죽인 잔인한 지배 국가 아닙니까? 아무런 적대 감정도 없는 이스라엘을 핍박하고 탄압하던 곳이 애굽인데 그곳으로 다시 돌아가 그들의 손에 죽겠다는 것은 정말 이해할 수 없는 일입니다. 이것은 죄와 사망의 법에 얽매이는 노예의 삶으로 다시 돌아가려는 노예근성입니다. 죄 된 생활로 돌아가자는 악한 선동입니다. 구원 이전으로 돌아가는 것이고, 모든 은혜를 헛되게 하는 주장이고, 하나님께서 행하시려는 모든 일에 대해 반대한다는 반역이자 배반입니다.

이 말 앞에 모세와 아론은 이스라엘 온 회중 앞에서 하나님께 엎드립니다. 하나님을 두려워하는 마음이 죽음에 대한 두려움을 이길 수 있고, 하나님에 대한 신앙을 회복할 때 모든 악을 맞설 수 있기 때문입니다. 모두가 원망하고 비난하더라도 어느 누군가가 '하나님을 바라봅시다'라고 말할 때, 참 믿음을 가진 사람이라면 그 말에 자신의 마음을 누그러뜨릴 것입니다. 그러나 완악한 사람은 하나님을 바라보자는 말에도 불구하고 여전히 자신의 악을 고집합니다.

모세와 아론이 엎드린 것을 보고 백성들의 마음이 감동을 받아 하나님께 함께 엎드렸으면 좋았겠지만, 여호수아와 갈렙만이 하나님을 찾았습니다(6-9절). '옷을 찢는 것'은 극한의 슬픔을 표현하는 행동입니다. 그 슬픔은 지도자가 엎드려 하나님의 은혜를 구함에도 아무런 감동을 받지 못하는 완악한 백성들의 죄에 대한 것이었습니다. 성령님께서 주신 용기와 담대함으로 그들은 온 회중 앞에서 말합니다.

먼저 자신들이 탐지한 땅은 '심히 아름다운 땅'(7절)이고 '젖과 꿀이 흐르는 땅'(8절)이라고 한 것은 하나님의 말씀대로 생각을 교정하라는 촉구입니다. 그 땅은 우리를 삼키고 그 땅 사람들은 너무 강해서 갈 수 없다고 절망하지 말고, 하나님께서 주시리라 하신 심히 아름다운 땅이니 부정적인 마음과 불신앙을 버리고 다시 그 땅을 향해 일어나자며 촉구하고 있습니다.

특별한 것은 여호수아와 갈렙이 자기가 확신한 것을 말하는 것이 아니라는 점입니다. 그들은 하나님의 선하신 뜻을 의지하면서 말하고 있습니다. 경건하다고 해서 내 말을 들으라가 아니라 오직 하나님의 선하심만을 바라보게 해야 합니다. 그래서 '여호와께서 우리를 기뻐하시면'이라는 말은 불확실한 가정이 아닙니다. 하나님께서 약속하신 대로 능히 우리를 인도하실 것이 분명하기에 하나님께서 어떻게 하시느냐에 신경 쓰지 말고 이스라엘 백성들 너희들의 태도를 분명히 해야 한다는 뜻입니다. '우리가 그분의 기뻐하시는 바가 되면'이라는 뜻이고, 하나님께서 우리를 혹시 긍휼히 여겨 주시도록 그들이 이 상황에서 엎드려 그들의 완악함을 회개하고 하나님의 약속을 신뢰하지 못한 죄를 아파하며 오직 주님의 사랑만을 붙잡으라는 촉구입니다. 하나님께서 우리를 기뻐하시면, 즉 우리가 그분의 기뻐하심이 되면 하나님께서 능히 우리를 그 땅으로 인도하시지 않겠느냐는 말입니다.

하나님을 기쁘시게 할 수 없는 태도를 바울은 육신에 져서 육신대로 사는 것이라 말했습니다(롬 8:12). 하나님과 원수 되는 육신의 생각과 육신을 따라 사는 것은 하나님께서 기뻐하시는 바가 될 수 없습니다. 성령님의 생각과 성령님을 따라 사는 것이 하나님을 기쁘시게 하므로, 지금 모든 이스라엘이 원망하는 상황에서 성령님을 따라 행하는 것은 주님의 능력을 의심하고 주님께서 인도해 오신 은혜를 부정하던 죄와 악을 회개하고 다시 주님의 인도하심만을 믿고 따라가리라는 고백입니다. 그래서 회개한 후에 다시 약속의 땅으로 걸어가는 언행일치를 보여 줄 때 그것은 하나님을 기쁘시게 하는 순종이 됩니다.

여호수아와 갈렙은 '여호와를 거역하지 말라, 그 땅 백성을 두려워하지 말라'고 권면합니다. 하나님과 원수 되는 길에서 돌아서라고 한 것입니다. 오히려 불신앙을 버리고 신앙으로 그 땅에 걸어 들어가 하나님께서 주시겠다고 하신 땅에 담대히 깃발을 꽂으라고 말했습니다. 두려움을 이런 용기로 바꿀 수 있는 힘은 하나님의 약속에 있습니다. 하나님께서 우리와 함께하신다는 믿음이 용기를 줍니다.

주님은 내 편이시므로, 나는 두렵지 않다. 사람이 나에게 무슨 해를 끼칠 수 있으랴_시 118:6, 새번역

여호수아와 갈렙은 두려움에 점령당한 이스라엘을 향해서 하나님께서 내 편이시요, 나의 보호자시요, 나와 함께하시는 분이신데 내가 누구를 두려워하겠느냐며 믿음의 회복을 제시합니다.

그러나 이스라엘 백성들은 그들을 향해 돌을 들어 던지려 했습니

다. '하나님의 약속을 신뢰하라, 믿음으로 담대하라, 하나님께서 우리 편이시다'라는 진리를 선언해도 왜 사람들은 여전히 불안해하고 하나님보다 세상을 두려워할까요? 우리는 이런 말을 계속 듣고 신앙생활을 해 나가는데, 왜 기쁨이 덜할까요? 다시 말하면 왜 불신앙은 쉽게 무너지지 않는 것처럼 버티고 있을까요? 그것은 그 자신이 완악함을 완전히 버리지 않기 때문이요, 그 자신이 하나님을 도무지 믿으려 하지 않기 때문이요, 자기를 버리고 부인하고 깨뜨려 오직 주님께만 전적인 신뢰를 두지 않기 때문입니다. 믿음은 전적인 신뢰를 하나님께 두는 것이요, 그분의 약속에 자기를 의탁하는 것이요, 그 말씀을 의지해서 순종하는 것이므로, 돌을 집어 들고 여호수아와 갈렙을 치는 사람들은 여전히 불신앙에서 떠날 마음이 없었던 것입니다.

우리가 두려워할 대상은 그 땅에 있는 사람이 아니라 여호와 하나님이심을 말해도, 마음으로 그 말씀을 받아들이지 않으니 여전히 돈과 세상의 눈치를 보는 것입니다. 성공보다 하나님 앞에서의 삶이 더 중요하고, 세상의 요구보다 하나님의 명령이 더 고귀한데, 세상의 성공과 요구에 너무 쉽게 마음을 열어 놓다 보니, 여호와를 거역하지 말라는 말에도 이스라엘은 분노를 꺾지 않고 돌을 집어 든 것입니다.

여호와께서 기뻐하시면 능치 못할 일이 있겠습니까(시 135:6)? 성령님의 도우심을 따라 여호와께서 기뻐하시는 삶을 향해 걸어가야 합니다. 여호와를 거역하는 것을 세상의 그 무엇을 거절하는 것보다 더 두려워하시고, 반대로 하나님께 순종하는 것을 세상의 그 무엇보다 더 기뻐하시는 삶을 살아가십시오.

> 너희는 삼가 말씀하신 이를 거역하지 말라 … 경건함과 두려움으로 하
> 나님을 기쁘시게 섬길지니_히 12:25-28

불신앙에 우리의 마음을 허락하지 말고 다시 죄로 돌아가 죄 된
생활이 우리 삶에 들어오지 않도록 해야 합니다.

# 31 주의 큰 권능을 나타내옵소서
민 14:11-25

가나안 땅으로 들어가는 것은 약속에 순종하는 일이므로 하나님을 기쁘시게 하는 일입니다. 하지만 이것을 반대하는 주장에 이스라엘 사람들의 마음은 굳어졌습니다. 그래서 함께 울며 불평하기 시작했습니다. 불평은 하나님의 은혜를 축소시킵니다. 하나님께서 베푸신 은혜를 고의적으로 폄하하고 무시합니다. 그들은 "애굽으로 돌아가자"고 소리를 질렀습니다(4절).

여호와께서는 이 백성의 태도에 대해 '나를 멸시하고 있다'고 말씀하셨습니다(11-12절). '어느 때까지'라는 말은 하나님의 인내, 참아 주심을 의미합니다. 오래 참아 주셨음에도 계속해서 이적을 베풀어 주시는 하나님의 인자와 능력을 멸시한다는 것은 하나님을 믿지 않는다는 뜻입니다. 이적을 행하신 목적이 무엇입니까? 그들이 원하는 것을 주심을 넘어서서 당신께서 그들의 하나님이심을 알리시는 것인데, 그들은 출애굽을 통해 자유를 얻고 하나님의 공급하심을 통해 배부름을 경험했으면서도 정작 하나님을 자신들의 구원자, 보호자로 신뢰하지 않습니다. 그렇다면 책망을 피할 여지는 없습니다.

불신앙에 대한 심판은 충격적인 것입니다. 하나님께서 전염병으로 그들을 다 멸하시고 모세로 하여금 그들보다 크고 강한 나라를 이루시겠다는 것입니다. 소돔과 고모라를 멸하시고 애굽을 수장시키신 하나님께서 불신앙으로 원망하는 그들을 멸하시는 것은 죄에 대한 공의로운 처사입니다. 크고 강한 나라는 하나님을 하나님으로 신뢰하기 때문에 얻게 되는 영예이지, 실제로 이스라엘이 강력한 힘과 능력을 가졌다는 뜻이 아닙니다. '그들을 멸하고 큰 나라가 되게 하리라'는 말씀은 금송아지 사건 때에도 하셨습니다(출 32:10). 그때처럼 모세는 중보자로서 하나님께 기도합니다(13-16절; 참고, 출 32:11-13).

모세는 하나님께서 나타내신 영광, 곧 애굽에서 이스라엘을 출애굽 시키시고 광야에서 인도하신 능력을 그 어떤 것과 비교할 수 없음을 고백합니다. 그리고 그 능력은 우상을 섬기는 가나안 사람들에게 전파되어야 할 복음과 같은 것으로 말합니다(14절). 출애굽의 구속과 그들을 인도하여 가나안 땅으로 들어가게 하시는 것을 통해서 증거되는 것은 주님의 명성(fame, 영예, 영광스러움)입니다.

> 땅의 어느 한 나라가 주의 백성 이스라엘과 같으리이까 하나님이 가서 구속하사 자기 백성으로 삼아 주의 명성을 내시며 그들을 위하여 큰 일을, 주의 땅을 위하여 두려운 일을 애굽과 많은 나라들과 그의 신들에게서 구속하신 백성 앞에서 행하셨사오며_삼하 7:23

모세의 기도를 훈계나 조언이라고 말할 수 없습니다. 하나님께서 언약을 잊으셨다거나 사람처럼 쉽게 분노하다 어떤 말 때문에 마음을 바꾸신다면서 변덕스럽다고 생각해선 안 됩니다. 하나님의 공의는 정당하고, 모세는 자기 일, 곧 백성들을 중보하는 역할을 할 뿐입니다.

> 그러므로 여호와께서 그들을 멸하리라 하셨으나 그가 택하신 모세가 그 어려움 가운데에서 그의 앞에 서서 그의 노를 돌이켜 멸하시지 아니하게 하였도다 _시 106:23

여기에서 "어려움 가운데에서 그의 앞에 서서"라는 말은 '틈이 갈라진 사이에 서 있는 모습'을 뜻합니다. 벌어진 틈을 연결하기 위해 모세는 고군분투하고 있습니다. 모세는 다음과 같이 간구합니다.

> 이제 구하옵나니 이미 말씀하신 대로 주의 큰 권능을 나타내옵소서 이르시기를 여호와는 노하기를 더디하시고 인자가 많아 죄악과 허물을 사하시나 형벌을 받을 자는 결단코 사하지 아니하시고 아버지의 죄악을 자식에게 갚아 삼사대까지 이르게 하리라 하셨나이다 구하옵나니 주의 인자의 광대하심을 따라 이 백성의 죄악을 사하시되 애굽에서부터 지금까지 이 백성을 사하신 것같이 사하시옵소서 여호와께서 이르시되 내가 네 말대로 사하노라 _민 14:17-20

모세는 백성을 용서해 달라고 기도하면서 "주의 큰 권능을 나타내옵소서"라고 간구합니다. 큰 권능(강력한 능력)은 무엇입니까? 그것은 바로 용서입니다. 능력, 힘, 권능을 물리적이고 보이는 세력과 같은 것으로 생각하기 쉽지만 하나님의 가장 위대한 능력은 용서입니다. 용서는 기적보다 큰 능력입니다. 왜 용서를 큰 권능이라고 표현했을까요? 용서해야 할 죄는 어떤 것입니까? 하나님과 결별하게 만드는 것입니다. 틈을 내고 등 돌리게 만드는 일인데, 그것을 다시 연결하고 화합시켜 하나가 되게 하는 것은 좀처럼 쉽지 않습니다. 부러진 나무를 연결하고 찢어진 종이를 다시 붙이더라도 그 흔적이 남는 것처럼, 용서하는 것도 어렵지만 용서 이후에도 남겨진 흔적은 늘 마음에 있습니다. 그래서 언제든지 그때의 서운함, 미움 등 상처 난 곳에서 쏟아져 나오는 숱한 감정은 용서를 용서답지 못하게 만듭니다.

용서하는 것보다 용서 이후의 치유가 얼마나 힘들면 가해자를 용서한 피해자가 정신과를 다니기까지 하겠습니까? 그만큼 용서는 더 강하고 뛰어나고 위대하고 높지 않으면 할 수 없습니다. 어설프게 용서한 곳에는 뒤탈이 생기고 뒤끝이 남아서 결렬된 것이 봉합되지 못하고 오히려 더욱 분열되고 틈이 벌어지게 될 뿐입니다.[35] 그러므로 큰 능력이 아니고서는 용서할 수 없습니다.

용서는 하나님의 깊은 사랑에서 나오는 은혜와 능력입니다. '노하기를 더디하시고 인자가 많으신' 그분의 속성이 우리에게 흘러들어올 때 생기는 용납하심이자 받아 주심이요 품어 주심이자 맞이해 주심입니다. 용서하실 만한 사람을 용서하십니다. 긍휼히 여김을 받

---

35 반대로 생각하면 처벌은 용서에 비해 간단합니다. 그냥 처벌로 마무리하고 새로 시작하면 됩니다. 그것이 잊기 쉽고 뒤끝도 없습니다. 그리고 처벌이 잘 이루어지지 않을 때 사적인 복수가 고개를 듭니다. 물론 사람은 연약함 때문에 보복 후에도 고통을 받고 사는 존재이지만, 그럼에도 복수가 쉽지 용서는 어렵습니다. 그러나 복수는 완전한 해결이 아닙니다. 또 다른 복수를 낳거나 복수 후에도 마음은 풀어지지 않거나 허탈함과 허무에 빠지기도 합니다. 진정한 용서만이 모든 것에 종지부를 찍을 수 있는 유일한 해결책입니다.

을 자에게 긍휼을 베푸십니다. 그렇다고 해서 모든 죄를 용서하시는 것은 아닙니다. 반드시 벌해야 할 대상에게는 죄에 대해 갚으시고 지은 죄를 용서하시지 않습니다. 아비의 죄악을 자식에게 갚으시되 삼사 대까지 이르도록 갚으셔야 할 만큼 죄에 대해서 철저히 벌하시기도 합니다. 그것이 하나님의 공의로우심입니다(렘 32:18; 애 5:7; 참고, 겔 18:2-4. 부모의 죄 때문에 아들을 벌하시지 않고 각자의 죄 때문에 벌을 주심도 옳지만, 또 다른 측면, 곧 조상의 죄를 그 자손에게 갚으실 만큼 죄의 반복과 답습이 이어지는 면을 함께 고려해야 합니다).

하나님께서는 사랑, 인자하심이라는 속성과 죄를 반드시 벌하셔야 하는 공의로우심이라는 속성을 함께 갖고 계심에도 그 둘은 전혀 모순되지 않고 충돌되거나 한쪽으로 치우치지도 않습니다. 모세는 이런 하나님께 당신의 성품인 인자(인애와 자비)를 따라 죄를 용서해 주실 것을 간구합니다. '애굽에서부터 지금까지 이 백성을 사하신 것 같이'라는 말을 덧붙입니다.

> 오직 하나님은 긍휼하시므로 죄악을 덮어 주시어 멸망시키지 아니하
> 시고 그의 진노를 여러 번 돌이키시며 그의 모든 분을 다 쏟아 내지 아
> 니하셨으니_시 78:38-39

하나님께서 그들이 나약하고 허무한 존재임을 아시기 때문에 능히 하실 수 있음에도 또 기회를 주시는 것입니다.

> 그들을 위하여 그의 언약을 기억하시고 그 크신 인자하심을 따라 뜻
> 을 돌이키사 그들을 사로잡은 모든 자에게서 긍휼히 여김을 받게 하

섰도다_시 106:45-46

하나님께서는 이 요청에 모세의 말대로 용서하실 것이라고 응답
하셨습니다(20-25절). 용서한다고 해서 죄를 덮어 두는 것은 사랑이
아닙니다. 용서하시지만 죄는 벌하시는 것이 하나님의 사랑과 공의
입니다. 따라서 하나님께서는 모세의 간구를 들으시고 용서하실 것
을 말씀하셨습니다. 이것을 보고 하나님의 약속을 근거로 해서 기도
하면 응답 받을 것이고, 하나님께서는 당신의 말에 옴짝달싹 못하시
는 분이니 당신의 약속만 들이대면 어쩔 수 없이 들어주실 것이라는
식으로 기도를 가르치는 분들이 있습니다만, 하나님께서 용서하시
겠다고 말씀하시는 목적은 하나님 당신의 영광을 드러내시기 위함
임을 잊어서는 안 됩니다.

모세는 갈라진 틈을 회복하려는 그리스도와 같은 역할을 하는
자로서 하나님의 집에서 충성스러운 역할을 했습니다. 그리고 하나
님께서는 이 불신앙과 반역 사건을 통해서 하나님 당신이 어떤 분인
지 드러내시기를 기뻐하셨습니다. 하나님께서는 이 사건을 통해 당
신의 영광을 드러내신 것입니다. 그렇다고 해서 우리의 불의가 하나
님의 능력을 드러냈다고 말하는 것은 어리석습니다(롬 3:5). 오히려
하나님께서는 우리의 불의에도 불구하고 선하시고 공의로우신 당신
의 속성을 온 세상에 계시하셨습니다. "내가 살아 있는 것과 여호와
의 영광"(21절), 즉 하나님께서는 살아 계시고, 당신의 명성과 영광과
능력은 이 세상 어디에서도 찾아볼 수도 없고 그 무엇과도 비교될
수 없으므로 예배와 찬송을 받기에 합당하시다는 사실을 알리신 것

입니다.

내가 내 이름을 위하여 달리 행하였었나니 내가 그들을 인도하여 내
는 것을 본 나라들 앞에서 내 이름을 더럽히지 아니하려 하였음이로
라_겔 20:14

　죄 용서와 함께 죄를 지은 사람들에 대한 형벌이 나옵니다. 왜 하
나님께서는 이스라엘을 용서하시면서도 벌을 내리실까요? 하나님께
서는 당신의 백성을 가나안 땅에 들어가지 못하게 하셨다거나 출애
굽 한 백성을 모두 죽게 하셨다는 조롱와 오명을 받지 않으시려고
그들의 죄를 용서하신 것입니다. 즉, 하나님의 백성으로서 그들이 가
나안 땅에 들어가는 것을 허락하시는 차원에서 그들에게 용서를 베
푸신 것이고, 계속된 불신앙과 반역으로 당신을 멸시하고 그 땅에
들어가기를 거절하는 자들에게는 벌하신 것입니다. 형벌은 하나님
의 이적을 멸시하고 하나님을 불신하는 자들에 대한 것입니다. 하나
님의 은혜를 열 번이나 거절한 자들을 또 한 번 용서하시는 것이 뭐
가 어렵냐고 불평할지 모르지만, 열 번은 단순한 횟수가 아닙니다.
그것은 한량없이 용서해 오신 하나님을 끝까지 반대하는 것을 의미
합니다(열 번을 횟수로 보게 되면 하나님 나라는 무한한 용서의 나라라는 개념
과 충돌됩니다).
　하나님을 시험하고 하나님의 목소리를 청종하지 않던 사람들은
계속해서 하나님을 순종하지 않았기에 '나를 존중히 여기는 자를 내
가 존중히 여기고 나를 멸시하는 자를 내가 경멸히 여기리라'라는
원칙을 따라 그들을 벌하셨습니다(삼상 2:30). 그 형벌은 약속의 땅

에 들어가지 못하는 것입니다. 언약의 축복에서 제외되는 것이고, 하나님께서 주시는 유업을 받지 못하는 형벌입니다. 다만 정탐꾼 가운데 여호수아와 갈렙은 그 땅에 들어가는데, '하나님을 온전히 따랐기 때문'입니다. 어떤 방해와 부정적 판단에도 끈기 있게 하나님의 약속만을 붙들고 바른 길을 걸어갔기 때문입니다.

우리가 받은 용서는 하나님의 큰 능력입니다. 우리가 하나님과 원수 된 상태에서 하나님을 반대하고 싫어하고 대적할 때 우리를 새롭게 하시는 하나님의 능력입니다. 하나님과 반대되는 속성을 용서하시고 용납하시는 것이야말로 가장 큰 능력입니다(어둠에 빛을 비추고, 죄인을 의인 되게 하시고, 사망을 생명으로 품으시는 것 등).

하나님 나라는 무한한 용서의 나라입니다. 예수님께서는 죄를 범한 형제를 일곱 번씩 일흔 번이라도 용서하라고 말씀하셨고(마 18:23), 마음으로부터 형제를 용서하라고 말씀하셨습니다(마 18:35). 이처럼 하나님 나라는 무한한 용서의 나라이기에 하나님 나라를 위해 살아가는 교회와 성도는 용서하는 삶을 살아야 합니다. 하나님 나라를 구한다는 것은 이러한 용서의 은혜를 베풀고 나누는 삶을 살게 해 달라는 요청임을 기억해야 합니다.

# 32 누가 약속의 땅에 들어가는가?

민 14:26-45

하나님께서는 가나안 땅에 대해 악평하는 것은 당신을 멸시하는 것이라고 말씀하셨습니다. 하나님께서 하시는 일을 비난하고 배척하는 것은 불신앙에서 나온 열매입니다. 하나님을 믿지 않기 때문에 하나님께서 하시려는 일에도 관심이 없을 뿐 아니라 그분께서 명령하시는 것을 거절하는 것입니다. 가나안 땅에 들어가는 일을 미루고 주저하고 결국에는 이런저런 불평을 늘어놓지만, 순종하려는 마음이 없기 때문입니다. 불신앙에서 불순종이 나온다면, 믿음은 순종을 만들어 냅니다. 하나님과 그분의 말씀을 신뢰하고 믿는 사람은 그 믿는 바대로 순종함으로써 자신의 믿음을 행함으로 증명합니다.

모세는 큰 권능을 보여 달라고 했습니다(민 14:17). 큰 능력의 핵심은 용서였습니다. 그 용서는 하나님의 커다란 힘에서 나오는, 즉 사랑의 샘에서 흘러나오는 은혜였습니다(민 14:22-23). 죄인들이 용서의 은혜를 받는 길은 회개입니다. 그렇다면 불평하는 사람들이 그 땅을 보지 못하게 된 이유를 하나님의 은혜 앞에서도 끝까지 자신들의 불평과 악한 마음과 하나님을 향한 의심과 비난을 멈추지 않았다는 것으로 볼 수밖에 없습니다.

하나님께서는 오래 참으십니다. 그러나 오래 참으심에도 불구하고 끝까지 하나님 앞에 회개하지 않는 완악한 자들에 대해서는 형벌하십니다.

나를 원망하는 이 악한 회중에게 내가 어느 때까지 참으랴 이스라엘 자손이 나를 향하여 원망하는바 그 원망하는 말을 내가 들었노라_27절

이 원망에 대해 심판을 선언하시며 자신의 심판 원칙을 밝히십니다. 율법에 나온 대로 "너희 말이 내 귀에 들린 대로 내가 너희에게 행하리니"였습니다(28절).

여호와가 우리를 그 땅으로 인도하여 칼에 쓰러지게 하려 하는가 우리 처자가 사로잡히리니 애굽으로 돌아가는 것이 낫지 아니하랴_민 14:3

하나님께서는 당신께 들린 이 말씀대로 그들에게 갚으시되 행한 대로 갚으실 것입니다.

먼저, 악평하는 자들은 약속의 땅에 들어갈 수 없고 광야에서 죽을 것을 말씀하셨습니다(29절). 이십 세 이상으로 계수함을 받은 자 가운데 갈렙과 여호수아 외에는 전부가 약속의 땅에 결코 들어가지 못할 것이라 선언하셨습니다(30절). 그들의 시체는 광야에 엎드러질 것이고(32절), 그들은 광야에서 소멸되어 거기서 죽을 것이고(35절), 악평한 자들은 여호와 앞에서 재앙으로 죽었다고 말씀합니다(37절). 하나님께서는 악하게 불평하는 자들을 결코 들여보내시지 않을 것

임을 여러 차례 강조하셨습니다. 그분의 심판은 철저하고 예외가 없습니다.

그렇다면 누가 약속의 땅을 받습니까? 먼저는 갈렙과 여호수아가 받을 것이고(30절), 사로잡힐 것이라고 했던 유아들이 상속받을 것입니다(31절). 하나님께서 그들을 인도하셔서 약속의 땅을 얻게 하실 것입니다(33-34절). 불평하는 자들이 저지른 죄를 패역한 죄라고 부르는데, 이것은 행음을 뜻하는 말입니다. 하나님과 결혼한 이스라엘이 정절을 버리고 부정을 행했습니다. 하나님을 사랑해야 할 이스라엘이 서약을 깨뜨리고 사랑을 버린 채 창기들처럼 다른 곳을 향했습니다. 부모 세대의 죄 때문에 그 자녀들은 광야에서 '방황하는 자가 되리라'고 말씀하셨습니다. 유리하는 자, 방황하는 자는 목자라는 뜻으로 번역할 수도 있습니다. 목자는 정해진 거처가 없이 양 떼들의 먹이를 위해 돌아다니는 사람들이므로, 그들의 광야 생활은 거처 없이 방황하는 생활이 될 것을 뜻합니다.

40년 동안 자녀들이 부모의 죄를 짊어지게 되는 것을 의아해할 수 있지만, 불평하는 자들이 광야에서 죽음을 맞이하는 것에 비하면 자녀들이 받은 형벌은 가벼운 것이고, 무엇보다 그들은 40년 후에 약속의 땅을 얻게 될 것입니다.

이 40년은 하나님께서 불평하는 자들의 패역함을 심판하시는 기간이고 그들이 광야에서 죽음을 맞이하게 될 기간입니다. 그리고 20세 미만의 자녀들은 장성하게 될 것인데, 40년 동안 광야에서 지내면서 하나님의 뜻을 배우고 신앙하는 법을 배우며 연단받게 될 것입니다. 만약 어린 세대로서 40년 동안 하나님을 신뢰하는 법을 배우지 못한다면 부모 세대처럼 불평하다 헛되이 보내고 죽기까지 했을 것입니다.

약속의 땅에 들어가지 못하고 광야에서 죽을 것이라는 선언에도 불구하고 불평하는 이스라엘이 얼마나 하나님의 말씀을 새겨듣지 않았는지 알 수 있는 하나의 사례가 나옵니다.

> 모세가 이 말로 이스라엘 모든 자손에게 알리매 백성이 크게 슬퍼하여 아침에 일찍이 일어나 산꼭대기로 올라가며 가로되 보소서 우리가 여기 있나이다 우리가 여호와의 허락하신 곳으로 올라가리니 우리가 범죄하였음이니이다_39-40절

순종의 중요한 원칙은 듣는 것이고, 불순종의 가장 큰 이유는 새겨듣지 않는 것입니다. 광야에서 죽을 것이라는 선언을 듣고 백성들은 크게 슬퍼하고 울었습니다. 불평하는 말 때문에 하나님을 원망하며 울던 그들은 또 크게 슬퍼합니다. 죽음에 대한 두려움과 절망 때문일 것입니다. 그러나 눈물이 하나님의 형벌을 면제시킬 수는 없습니다. 회개하는 눈물이었다면 하나님의 선언대로 광야를 행진하면 될 뿐이지, 하나님의 선언을 깨뜨리고 고집을 부리면서 행동하는 것은 옳지 않습니다. 회개했다고 해서 하지 말라는 것을 다시 해도 되는 것은 아닙니다. 그들은 참회, 회개를 가장하면서 하나님께서 금지하시는 것을 또 깨뜨리고 있습니다.

모세도 그들을 말립니다(41-43절). 하나님께서 가라 하실 때 가야지, 가지 말라고 형벌을 내리시는데도 가겠다는 것은 회개가 아니라 고집이자 교만입니다. 우리의 눈물로 하나님을 조종할 수 있다는 생

각은 버려야 합니다. 뒤늦은 후회에서 나온 행동으로 하나님의 긍휼을 살 수 있는 것은 아닙니다. 그들에게 기회는 사라졌습니다. 그들이 할 일은 광야를 걷는 것이지, 눈물을 흘렸다고 해서 올라가도 괜찮다는 것은 오해입니다. 그래서 성경은 "여호와를 만날 만한 때에 찾으라"고 권면합니다(사 55:6).

가지 말라고 만류함에도 불구하고 이스라엘은 산꼭대기로 올라갔습니다. 하나님의 형벌을 누그러뜨려 보겠다는 속셈입니다. 자신들의 악행을 보상받으려는 기만적인 행동입니다. 하나님께서 명령하실 때에는 냉담하고 아무런 감동을 받지 않다가 심판이 선언되고 나서야 그들의 마음은 격정적으로 바뀌고 뭐라도 해 보려고 합니다. 그러나 모세는 이스라엘의 감정적 행동을 하나님의 명령을 깨뜨리는 일, 여호와를 배반하는 일이라고 책망했습니다. 불신앙은 고요해야 할 때 활발하게 움직이고, 침착해야 할 때 열렬하게 반응합니다. 그들의 뒤늦은 행동은 가식적인 참회이고, 하나님의 형벌을 피해 보려는 몸부림에 지나지 않습니다. 하나님께서 받으시는 진정한 회개는 하나님의 명령을 순종하는 것입니다. 모세는 '너희 가운데 하나님께서 계시지 않는다'고 분명히 말합니다. 이스라엘이 하나님을 버렸기 때문에 하나님께서도 그들을 떠나신 것입니다. 그 결과 그들은 처참히 실패를 맛보았습니다.

이 말씀은 우리에게 순종하지 않는 본을 따르지 말라고 교훈합니다(히 3:15-19). 사도는 가나안에 들어가는 것을 하나님의 안식에 참여하는 것이라고 말합니다. 아담의 범죄 때문에 파괴되었던 안식을 다시 회복하는 것은 하나님의 복된 통치가 회복되고 하나님의 나라가 완성될 때 주어집니다.

가나안 땅에 들어가는 것은 장차 완성될 하나님 나라의 모형과 그림자에 해당합니다. 그러므로 그 나라에 들어가라는 명령에 순종하는 것은 구원을 향해 나아가는 일이고, 하나님을 기쁘시게 하는 일입니다. 이 나라는 믿음으로 들어갈 수 있지만, 이스라엘은 믿지 않음으로 불순종했고, 믿지 않음으로 그 나라의 완성을 맛보지 못했습니다. 불순종은 앞으로도 계속 반복되기 때문에 구약을 읽는 모든 성도들에게 이 불순종의 본에 빠지지 않아야 함을 교훈합니다 (히 4:11).

성도들은 하나님의 음성을 들을 때 마음을 강퍅하게 하지 말아야 합니다. 마음이 굳어지고 완악해져서 고집스럽게 변하고 무감각해지고 냉담해지지 말라는 것입니다. 하나님의 말씀을 들을 때 아무 감동을 전해 주지 않는다고 말하기 이전에, 하나님의 말씀 자체를 살아 계신 분의 생생한 말씀이고 운동력 있게 역사하시는 하나님의 말씀으로 믿어야 합니다. 전하는 자가 누구든 그 전하는 말씀은 하나님의 말씀으로 들어야 합니다. 시험을 받아서 마음이 단단해질 경우도 있지만, 주님 앞에 서는 순간 우리 마음의 굳어진 것이 풀어지도록 성령님의 도움을 구해야 합니다. 하나님의 음성을 듣고자 하는 마음으로 우리 마음을 부드럽게 해 주시기를 기도해야 합니다.

이스라엘처럼 하나님의 말씀을 듣고 불평하지 않아야 합니다. 말씀이 요구하는 것이 내 처지와 형편과 다르고 내게 안 맞는 것 같고 고난 앞에서 참으라고 말씀하는 것 같아도 불평하지 말아야 합니다. 하나님의 말씀은 선하시고 의로우시고 우리 영혼을 치료하시는 생명력 있는 말씀이므로, 그분의 명령과 요구와 교훈 앞에 자신의 마음을 겸손히 낮춰야 합니다. 그리고 말씀하시는 하나님이 어떤 분이신지를 기억해야 합니다. 언약에 성실하시고 은혜와 자비가 풍성하신 하나님 이심을 기억함으로, 우리의 불평과 화를 잠재우고 반역하려는 마음을 굴복시켜야 합니다.

오늘 우리 자신과 우리 교회가 참된 순종 가운데 있는지 점검해야 합니다. 그분의 말씀을 들을 때 믿음으로 연합하고 있는지 잘 살펴서 그 말씀을 마음에서 밀쳐 내는 것이 아니라 올곧게 듣고 참되게 순종하기 위해서 들으시고, 그 말씀에 순종한다면, 그것이 가장 하나님을 기쁘시게 하는 일입니다.

# 33 너희의 하나님 앞에 거룩하리라
민 15:1-41

가나안 정탐의 목적은 가나안 땅에 들어가는 일을 격려하기 위함입니다. 그러나 정탐꾼의 불성실한 보고는 애굽으로 돌아가자는 반역으로 나타났고 하나님의 진노를 촉발했습니다. 심판은 광야에서 소멸되기까지 40년을 광야에서 방황하는 것입니다(민 14:33). 이스라엘은 그분의 처분 앞에 겸손히 마음을 낮춰야 하는데, 오히려 뒷북치는 행동을 합니다. 산꼭대기로 올라가며 그 땅에 들어가겠다고 한 것입니다. 그러나 자기들끼리 입을 맞추고 우격다짐한다고 될 일이 아닙니다. 하나님께서 함께하시지 않는다고 하면 사람들이 판단하는 가능성은 의미가 없어집니다. 불순종에 이은 또 한 번의 불순종의 결과는 참담합니다.

> 아말렉인과 산간 지대에 거주하는 가나안인이 내려와 그들을 무찌르고 (공격하여 대파시켜) 호르마까지 이르렀더라(도망하였더라)_민 14:45

이 일 이후의 상황을 신명기는 이렇게 설명합니다.

그 산지에 거주하는 아모리 족속이 너희에게 마주 나와 벌떼 같이 너희를 쫓아 세일산에서 쳐서 호르마까지 이른지라 너희가 돌아와 여호와 앞에서 통곡하나 여호와께서 너희의 소리를 듣지 아니하시며 너희에게 귀를 기울이지 아니하셨으므로_신 1:44-45

가데스에서 여러 날을 머물게 된 때에 하나님께서는 율법을 다시 말씀하신 것으로 보입니다(민 15장). 그런데 이 부분에서 율법을 명령하시는 것이 문맥의 흐름상 낯설게 느껴질 것입니다. 더군다나 '그 땅에 들어가서' 할 일을 명령하시는데, 누구에게 하시는 말처럼 보입니까(2, 18절)? 광야에서 죽을 출애굽 1세대가 아니라 2세대에게 하시는 말로 들리지 않습니까?

'땅에 들어가서'라는 말은 민수기 13-14장에서 가나안 땅 정탐꾼들이 땅에 대해서 악평하는 것과 대조를 이루고 있습니다. 그들은 이스라엘이 들어가면 아내와 자녀들이 포로로 잡힐 것이기에 들어갈 수 없다고 말했지만, 하나님께서는 그 땅에 들어가서 할 일을 말씀하고 계십니다. 즉, 약속의 땅에 들어가게 하실 것이라는 전제가 담겨 있습니다. 땅에 들어가게 될 것이라는 확신 없이 그 땅에서 드릴 제사를 말한다는 것은 앞뒤가 맞지 않습니다. 그러므로 교만한 자들이 땅에 들어가는 것이 불가능하다고 아무리 불평해도 하나님께서 하시는 일을 막을 수는 없습니다. 따라서 하나님께서는 약속을 따라 그 땅을 소망하게 하실 뿐 아니라 약속에 대한 믿음을 요구하고 계십니다.

가나안 땅에 들어갈 것에 대한 소망과 믿음을 강조하는 말씀이 마지막 절입니다.

나는 여호와 너희 하나님이라 나는 너희의 하나님이 되려고 너희를 애
굽 땅에서 인도해 내었느니라 나는 여호와 너희의 하나님이니라_41절

이스라엘을 애굽 땅에서 인도하여 내셔서 약속의 땅 가나안을 주
시겠다고 하신 여호와 그들의 하나님이심을 강조하고 있습니다. 들
어가야 할 땅은 가나안이고(2, 18절), 애굽은 그들이 나온 땅이라는
뜻입니다(41절, 민 14:4). 이스라엘이 가나안 땅에 들어가서 할 일은 무
엇입니까? 율법을 순종하는 것입니다.

누구든지 본토 소생이 여호와께 향기로운 화제를 드릴 때에는 이 법대
로 할 것이요_13절

법대로, 곧 명령대로 행하는 순종이 하나님을 기쁘시게 합니다.
그 땅에 들어가면 핑계를 대면서 못하겠다고 빼거나 다른 것을 혼합
시켜 더하지 말고, 지혜롭고 전능하신 하나님의 명령대로 행하는 것
이 그들의 의무이자, 하나님께 향기로운 제사임을 분명히 하고 있습
니다.[36]

그들 중에 우거하는 타국인이나 그들 중에 대대로 있는 자들도
그렇게 순종해야 합니다(15절). 이 사람들은 이방인이지만 하나님께

---

[36] 오늘날 교회는 말씀이 명한 대로 예배하고 성도들은 말씀이 가르치는 대로 살아야 합니다.
그것을 위해서 교회는 말씀이 명령하는 것이 무엇인가를 잘 요약해서 교리나 신앙 고백으
로 보존해 왔고, 그것에 기초해서 성경의 적용이나 교훈이 왜곡되거나 치우치지 않도록 제
시했습니다. 예배 형식이나 기도의 모범, 헌상이나 찬송 등에서, 그리고 교회의 정치와 성
도의 삶에서 어떤 것이 하나님께서 명하신 것인가를 가르치고 배워야 합니다.

로 돌아선 자들, 교회의 지체로 받아들여진 사람들을 말합니다. 율법의 요구는 믿는 사람에게 주어집니다.

이스라엘과 함께 사는 타국인들도 이스라엘과 같이 회중으로 부르고, 그들에게도 하나의 율례가 있다고 말하는 점을 유의해야 합니다(15절). 하나님을 섬기는 모두를 위한 하나의 예법(one statute)입니다(16절). 이것은 같은 믿음 안에서 같은 하나님을 섬기는 하나의 법(one law)이라는 점에서 보편적이고 공통적입니다(17절). 그러므로 다양성은 하나님을 참되게 예배하는 방식에서 존중받을 수 있지만, 그렇다고 하나님께서 명령하시지 않는 것을 임의대로 추가해서 우리는 이것이 좋다는 이질적인 다양성을 말하는 것은 아님을 기억해야 합니다.

그 땅에 들어가서 해야 할 또 다른 일은 그 땅의 양식을 먹을 때 거제를 드리는 것입니다(18-19절). 가나안에 들어가기 전까지는 광야에서 만나와 메추라기를 먹었지만, 가나안 땅에서는 그 땅의 결실을 먹게 될 것을 말씀하고 계십니다. 이것은 광야를 떠돌아다니던 삶에서 정착하는 삶으로의 변화를 의미합니다. 하나님께서 그 땅을 주실 것이기에 그 땅의 처음 익은 열매를 감사로 드리라는 것인데, 이것은 '대대로' 드려야 합니다(감사와 평안의 지속).

하나님께서는 그들이 율법을 지키지 못할 때에 행해야 할 규례도 말씀하셨습니다(22-24절). 다 지킬 수 있다고 하면 이런 규례는 필요 없을 것입니다. 또한 지키라고 했는데 지키지 못할 때 형벌밖에 없다고 하면 율법을 지키려는 마음이 반감될 것입니다. 따라서 지키지 못할 때, 죄를 지었을 때 죄를 속죄할 수 있는 방법을 가르쳐 주신 것은 하나님의 긍휼과 자비입니다. 당신을 섬기는 방법도 알려 주시고 그들이 온전히 섬기지 못할 때 진노를 피할 길을 내셔서 하나님과의 관계를 지속해 가고 화목하게 유지시키도록 하신 것입니다.

'그릇'이라는 말은 '부지중에, 무의식중에, 고의적이지 않게'라는 말입니다(22, 24, 25, 26절). 백성들의 죄를 제사장이 중재할 때 죄를 용서받도록 하셨습니다. 이것은 이스라엘 가운데 우거하는 타국인에게도 해당됩니다. 이후 하나님께서는 '한 사람이 범죄했을 때'에도 그가 해야 할 일을 말씀하십니다. 그는 속죄 제사를 드려야 합니다(27–29절).

고의적으로 죄를 범하는 사람은 이스라엘 밖으로 끊어 내야 합니다. 그는 여호와를 비방하는 자이고 하나님의 말씀을 멸시하고 그 명령을 파괴하였기 때문입니다. 죄에 대한 책임을 자기가 져야 함을 분명히 하셨습니다(30–31절). 이것은 하나님의 명령을 소홀히 여기거나 부주의하지 않도록 일깨우는 경고입니다.

이것의 사례로 한 사건을 기록해 두었습니다. 안식일에 어떤 사람이 나무하는 것을 보고 그것을 발견한 자들이 모세와 아론과 온 회중 앞에 그를 끌어왔습니다. 나무를 하러 간 것이 왜 죄가 될까요?

> 엿새 동안은 일하고 일곱째 날은 너희를 위한 거룩한 날이니 여호와께
> 엄숙한 안식일이라 누구든지 이날에 일하는 자는 죽일지니 안식일에
> 는 너희의 모든 처소에서 불도 피우지 말지니라_출 35:2-3

이 말씀에 비춰 보면 나무를 하러 간 목적이 불을 피우는 것과 연결되어 있다고 볼 수 있습니다. 그런데 불을 피우는 이유는 음식을

위한 것입니다. 여기에서는 음식과 관련되어 있다고 볼 수 있는데, 안식일 전날에 이틀 치 양식을 거두고 미리 음식을 해 놓으면 불을 피워야 할 이유가 없을 것입니다. 그런데도 이 사람이 나무를 하러 간 것이 불을 피우기 위함이라면, 불을 피우려는 그 의도 속에는 이미 엿새 동안은 일하고 칠 일은 특별한 안식일로 지키려는 의식이 없음을 볼 수 있습니다. 거룩한 날을 거룩하게 지키라는 말씀에 소홀한 경우이므로 죄가 됩니다. 물론 그 사람이 나무를 하는 것 자체를 일을 한 것으로 볼 수도 있습니다. 엿새 동안에 할 수 있는 일을 안식일로 미루는 경우를 말하는 것일 수도 있습니다.

모세와 아론은 율법을 잘 알고 가르치는 사람으로서 안식일 명령을 부주의하게 생각하고 깨뜨린 사람을 자신들이 책망할 수도 있었습니다. 그러나 자신들이 판단할 수 있는 일에서도 모세와 아론은 여호와의 결정을 기다렸습니다. 우리가 알아서 할 수 있는 일에서도 우리는 실수할 수 있는 연약한 자이므로 하나님의 판단에 맡기는 것은 잘한 일입니다. 이에 대한 심판은 온 회중이 보는 앞에서 돌로 쳐 죽이는 것입니다. 이것을 두고 잔인하다든지 너무하다든지 말들을 할 수 있지만, 이 결정의 핵심은 안식일을 거룩하게 지키는 것에 대해 경각심을 불러일으키고 두려움으로 안식일을 지키게 하려는 것입니다.[37] 거룩한 법을 파괴하고 아무렇지도 않게 무시하는 행동에 브레이크를 거는 것입니다.

하나님의 엄격하심을 통해서 안식일을 거룩하게 지키는 일을 하

---

[37] 사도행전 5장에 나오는 아나니아와 삽비라의 경우도 이런 맥락에서 이해해야 할 것입니다.

나님께서 얼마나 중요하게 생각하시는가를 생각해야 합니다. 하나님께서 세상으로부터 분리시켜 구별하신 거룩한 백성이 거룩한 날에 하나님을 예배하게 하신 것을 소중히 여겨야 합니다. 안식일은 단순한 축제도 아니고 자신의 몸 상태에 따라서 게으르거나 나태하게 보내서는 안 되는 날입니다. 하나님께서 하신 일을 묵상할 뿐 아니라 자신과 자신의 일을 단념하고 하나님의 뜻대로만 살아야 하는 날입니다. 하나님을 예배하는 것은 어떤 경우라도 거룩히 지켜져야 합니다.[38]

이어지는 단락은 옷단 귀에 술을 만들라는 명령입니다. 그 목적은 그들이 이것을 보고 여호와의 모든 계명을 기억하여 준행하고 그들을 방종케 하는 자기의 마음과 눈의 욕심을 좇지 않게 하시기 위함입니다(38-39절).

술을 만드는 것이 명령이지만, 더 중요한 강조는 이것을 볼 때마다 또는 이것을 보면서 하나님의 모든 계명을 기억하라는 것입니다. 정탐꾼들은 그 땅을 보고 와서 자신들이 메뚜기처럼 보인다고 했습니다. 정탐꾼들은 이스라엘의 눈이 되어서 그 땅을 얻고자 하는 마음을 더욱 고취시켜야 했지만, 그들이 본 것은 가나안 사람들의 강함이었고, 그들이 본 것이 스스로를 잘못 평가하는 잘못된 눈이 되었습니다. 그러므로 술을 만들어 그것을 볼 때마다 자신의 눈이 보기에 좋은 대로 하지 말고 여호와의 계명대로 할 것을 기억하게 하

---

[38] "너는 기억하라 네가 애굽 땅에서 종이 되었더니 네 하나님 여호와가 강한 손과 편 팔로 거기서 너를 인도하여 내었나니 그러므로 네 하나님 여호와가 네게 명령하여 안식일을 지키라 하느니라"(신 5:15).

신 것은 의미심장합니다.

여호와의 명령을 지키는 것이 왜 중요할까요?

그리하면 너희가 나의 모든 계명을 기억하고 준행하여 너희의 하나님
앞에 거룩하리라 나는 너희의 하나님이 되려 하여 너희를 애굽 땅에서
인도하여 낸 여호와 너희 하나님이니라 나는 여호와 너희 하나님이니
라_40-41절

누가 하나님의 다스림을 받는 백성입니까? 하나님의 명령을 순종
하여 하나님 앞에서 거룩하게 사는 사람들입니다. 누가 하나님의 구
원의 은총을 알고 사는 사람입니까? 누가 하나님을 하나님으로 인
정하며 모시고 사는 사람일까요? 하나님의 명령을 기억하고 순종하
며 거룩한 부르심을 따라 거룩하게 사는 사람입니다. 정탐꾼의 보고
와 함께 드러난 불순종에도 불구하고 하나님께서는 그들이 당신이
베푸신 은혜를 기억하고 순종할 것을 명령하십니다. 그분의 말씀에
복종함이 아름답습니다.

# 34 고라 일당의 반역: 야망

민 16:1-15

하나님께서는 이스라엘에게 가나안 땅을 주시겠다고 약속하셨습니다. 이스라엘의 목표는 그 땅에 들어가는 것 자체가 아니라 그 땅에 들어가서 하나님 나라의 율법에 순종하며 하나님의 다스림을 받고 살아가는 하나님 나라가 되는 것입니다. 그러나 정탐꾼들의 악평에 동요한 출애굽 1세대는 광야 40년 동안 죽고, 20세 미만의 출애굽 2세대만 그 땅에 들어갈 수 있게 되었습니다(민 14장). 하나님께서는 가나안 땅에 들어가서 행할 일을 명령하심으로 그들의 소명과 사명을 말씀하십니다.

> 너희가 내 모든 계명을 기억하고 행하면 너희의 하나님 앞에 거룩하리라 나는 여호와 너희 하나님이라 나는 너희의 하나님이 되려고 너희를 애굽 땅에서 인도해 내었느니라 나는 여호와 너희의 하나님이니라_민 15:40-41

거룩함을 명령받은 것이 얼마나 지났을까요? 이번에는 레위 자손 고라를 중심으로 다단과 아비람과 온이 당을 지어 모세와 아론에게 반기를 들었습니다. 여기에 지휘관 250명이 함께 동조하여 이스라엘의 지도층 상당수가 반역하는 위기에 직면했습니다. 그들은 모세와 아론을 반대하면서 도발했습니다.

너희가 분수에 지나도다 회중이 다 각각 거룩하고 여호와께서도 그들 중에 계시거늘 너희가 어찌하여 여호와의 총회 위에 스스로 높이느냐_3절

모세와 아론에 대하여 반대하는 근거는 '회중이 다 각각 거룩하다'는 것과 '여호와께서 회중과 함께하신다'는 것입니다. 모든 사람이 거룩하니 모세와 아론만 거룩한 것이 아니라는 것과 여호와께서 자신들과도 함께하신다는 논리입니다. 하나님과 우리 사이에 굳이 모세와 아론이 있을 필요가 있느냐는 주장입니다.

고라 무리는 이런 이유로 모세와 아론의 역할과 지위를 끌어내리고 있습니다. 그러면서 '너희가 어찌하여 여호와의 총회 위에 스스로 높이느냐?'라고 말합니다. '너희가 분수에 지나도다'라고 주장했습니다. 그러나 정말 모세와 아론이 스스로 높였습니까? 아닙니다. 모세와 아론이 분수에 만족하지 않는 행동을 했습니까? 아닙니다. 모세는 백성들이 고기를 달라고 불평할 때 '나 혼자는 감당할 수 없다'고 포기 선언까지 했을 정도로 짐을 지는 것을 힘들어 했습니다(민 11:14). 그렇기에 그가 스스로를 높인다는 것은 억지입니다. 아론의 제사장 직분도 하나님께서 그렇게 정하신 것이지, 누군가 하고 싶다고 해서 할 수 있는 역할이 아닙니다. 그런데도 분수에 만족할 줄 모르는 탐욕스러운 자들이라고 비난하면서 반역을 한 것입니다.

이 사람들이 대적하고 반역하게 된 출발점은 탐심입니다.

너희가 오히려 제사장의 직분을 구하느냐_10절

그리고 모세의 다스림에 대한 시기심 때문이기도 합니다.

스스로 우리 위에 왕이 되려 하느냐_13절

정말 자기 분수를 모르는 사람들은 고라와 그 추종자들입니다. 레위 사람들은 하나님께서 성막 봉사를 위해서 구별하신 사람들이 었습니다.

내가 이스라엘 자손 중에서 레위인을 취하여 그들을 아론과 그 아들들에게 주어 그들로 회막에서 이스라엘 자손을 대신하여 봉사하게 하며 또 이스라엘 자손을 위하여 속죄하게 하였나니 이는 이스라엘 자손이 성소에 가까이할 때에 그들 중에 재앙이 없게 하려 하였음이니라_민 8:19

레위인들은 이스라엘 자손 중에서 구별된 직분을 받았고, 이스라엘을 대신해서 거룩한 성소에서 일해야 했으며, 직분을 잘 수행함으로 이스라엘 전체에 재앙이 내리지 않게 하는 중요한 임무를 맡았습니다. 그런데 자신의 역할이 있음에도 제사장이 되려 한다거나 모세의 리더십을 반대하는 것은 하나님께서 베푸신 은혜에 만족하지 못하는 욕망, 탐욕에 휘둘린 결과입니다. 우월하게 되고자 하는 야심은 자기가 받은 존귀함마저 아무것도 아닌 것처럼 취급해 버립니다.

사람들 마음에 항상 높아지고 유명해지려는 욕망이 숨겨져 있기 때문에 지휘관 250명이 고라 일당을 추종하게 됩니다. 고라와 같은 레위 사람들의 거룩하지 못한 욕심에 편승해서 자신들의 야욕을 채우려는 지휘관들이 함께 모인 것입니다. 그들은 모세와 아론을 깎아내리려는 의도를 가지고 있으면서도 '분수에 지나도다'라는 애매한 말을 던져서 마치 모세와 아론이 사리사욕을 채우기라도 하는 듯한 인상을 심어 주고 있습니다. 맡은 일이나 잘하지 월권을 한다거나 권한을 너무 휘두르는 독단적인 행동을 하고 있다는 말로써 반대 세력을 규합하고 있는 것입니다.

성도들이 분별해야 할 것이 있습니다. 높아지려는 야망, 은근한 시기심을 경건으로 포장하는 것입니다. 그럴듯한 동기를 만들어서 교회를 위하는 척하면서 실제로는 자신들의 교만한 욕심을 채우려는 시도입니다. 이 사람들도 '우리도 거룩하다거나 하나님께서 우리와 함께 계신다'는 말로 자신들도 나름 경건하고 거룩하다고 주장하면서 자신들의 야망과 시기심을 표현하고 있습니다. 세상은 이것을 자주 이용해서 서로 물고 뜯는 진흙탕 싸움을 수시로 하고 있음을 보고 있지 않습니까?

모세와 아론 입장에서는 억울할 수 있습니다. 아무리 충성스럽게 한다 해도 이기적이라거나 독단적이라거나 악하다는 말을 듣기 마련입니다. 충성스럽게 섬기고 봉사해도 이런 반응을 받으면 상처받기 쉽습니다. 그러나 하나님께서는 자기 종들을 겸손하게 하시기 위해서, 그리고 더욱 인내를 연습시키시기 위해서 이런 연단을 두십니다. 이 세상으로부터 받을 보상을 기대하지 말고 하나님의 보상을 바라보게 하시려는 훈련입니다.

이 반역 앞에 모세는 엎드립니다(4절). 경건은 하나님 앞에 모든 것을 맡기는 태도입니다. 자기가 해명하지 않고 하나님의 손을 바라보고자 엎드린 것입니다. 영웅적인 기질을 발휘해서 사람들을 굴복시키는 행동보다 더욱 값진 태도가 하나님 앞에 엎드리는 것입니다. 억울한 일을 당할 때, 역경을 만날 때 순식간에 해결을 하고 싶지만 진정한 해결책은 하나님의 손 안에 있습니다. 그리고 모세는 하나님의 영의 인도하심을 따라 교훈 받은 대로 고라에게 말합니다.

> 너 고라와 네 모든 무리는 향로를 가져다가 내일 여호와 앞에서 그 향로에 불을 담고 그 위에 향을 두라 그때에 여호와께서 택하신 자는 거룩하게 되리라 레위 자손들아 너희가 너무 분수에 지나치느니라_6-7절

첫째, 하나님의 판단을 받자고 권면합니다. 하나님께서 택하신 자가 누구인지 확인을 받자는 것입니다. 그리고 분수를 모르고 덤비는 것은 레위 자손 너희들이라고 책망합니다. 이것은 회개의 기회를 준 것입니다. 그리고 만족할 줄 모르는 탐심과 죄악에 관해 더 자세히 말합니다(9-11절).

참된 회개를 위해서 하나님께서 주신 은혜를 말합니다. 구별하셨고 가까이 나아오게 하셔서 성막에서 봉사하고 이스라엘을 대신하여 섬기게 하신 이것이 작은 일이겠느냐며, 그것이 하나님의 크신 은혜라고 그들에게 외칩니다. 고라와 추종자들은 '그것 말고 제사장직을 받는 것이 큰일'이라고 생각했을 수 있습니다. 성막에서 봉사하는 것이 아니라 직접 하나님 앞에 나가서 대제사장처럼 섬기고 싶은 마음이 뭐가 잘못됐느냐고 말할 수 있습니다. 그러나 직분은 내가

하고 싶다고 하는 것이 아닙니다. 제사장, 레위인의 역할은 하나님의 부르심에 따른 것이고 하나님께서 긍휼히 여길 자를 긍휼히 여기시는 그분의 기뻐하신 뜻을 따라 된 것입니다. 우리의 실력과 노력에 근거하지 않습니다. 하나님께서 일할 자를 일하게 하십니다.

나에게 주신 은혜를 작게 여기는 것은 하나님의 은혜를 부족하다고 여기는 태도입니다. 하나님의 은혜에 대한 감사가 없는 것입니다. 여전히 하나님을 향한 불만을 가지는 태도이기도 합니다. 일하게 하심 자체를 감사하게 생각하고, 하나님께서 그렇게 정하심에 만족하는 태도가 아름답습니다.

하나님께서 정하신 위치에 머무르는 것이 '나를 열등하게 만든다'고 생각하는 것은 부패한 본성에서 나옵니다. 제사장은 더 거룩하고 레위인은 덜 거룩하다고 하신 적이 없습니다. 모두가 거룩하고, 직분과 역할에서만 차이가 있을 뿐입니다. 모두가 제사장일 수 없습니다. 교회의 질서 안에서 어떤 이는 제사장이고 어떤 이는 레위인이고 어떤 이는 백성입니다. 부르신 자리에서 분수에 맞게 최선을 다하여 순종함이 아름답습니다.

그런데 내게 주신 직분과 존귀함은 열등한 것으로 여기고 제사장이 되려고 하는 것은 하나님의 결정에 문제가 있다는 태도입니다. 하나님의 결정을 받을 수 없는 것으로 여기는 것은 하나님을 향한 신뢰 부족입니다. 하나님께서 세우신 질서 전체를 뒤흔드는 것이고 하나님과 더불어 다투고 있는 것입니다. 그러므로 모세도 "여호와를 거스르는도다"라고 책망한 것입니다. 하나님께서 세우신 종에 대한 반역을 당신께서는 당신 자신과 다투는 자라고 말씀하시고

있습니다.[39]

모세는 고라에게 말한 다음 다단과 아비람을 부르러 사람을 보냈습니다. 그들의 탐욕과 시기심을 알지만 그들을 회개의 자리로 이끌기 위해서 호의를 베푼 것입니다. 그러나 완악한 사람들은 호의를 배척하고 더욱 완고해 지는 법입니다.

그들이 이르되 우리는 올라가지 않겠노라_12절

이 사람들은 모세의 잘못을 세 가지로 말합니다. 첫째, 애굽 땅에서 이끌어 낸 것 자체를 비난합니다. 그들에게 젖과 꿀이 흐르는 땅은 애굽이었습니다. 둘째, 다단과 아비람은 모세에게 광야에서 죽이려 한다고 누명을 씌웁니다. 셋째, 왕이 되려고 한다는 주장입니다. 그러나 모세는 하나님의 명령을 따라 행하고 있을 뿐, 독단적이고 자기 마음대로 하는 세상 지도자와는 딴판입니다.

이 주장들은 앞에서 나온 불평의 반복입니다. 정탐꾼들의 주장이기도 하고 고기를 먹고 싶다는 이스라엘 내에 섞여 사는 인종들의 불평과도 같습니다(민 11:4; 14:3). 그때에도 하나님께서는 모세를 통해 가르치시고 설득하셨지만, 왜 불평은 반복해서 나올까요? 그들은 애굽에서 나왔으면서도 애굽으로 돌아가자는 말을 내뱉는 것을 보면, 여전히 세상을 버리지 못한 자들이고 하나님의 구원의 은혜를

---

[39]  종교 개혁 당시 마르틴 루터가 '만인제사장'(萬人祭司長, priesthood of all believers)설을 주장했습니다. 이것은 모두가 제사장이 될 수 있다는 차원보다 우리를 부르시는 그 자리에서 제사장과 같은 소명 의식을 가지고 거룩하게 살아야 함을 강조한 말입니다. 로마 가톨릭의 직분 자체가 수직적이고 거룩한 영역과 세속적 영역을 분리하는 계급적 사고인 것에 반하여 종교개혁자들은 직분 간의 평등을 말했고 성속의 구분을 없앴습니다.

깨닫지 못한 사람인 것입니다. 육적인 것에 머물러 영적인 것을 찾지 않는 이런 사람들 때문에 교회는 늘 혼란과 분열을 겪습니다. 만나를 먹고 고기를 먹고 애굽이라는 환경을 벗어났을 뿐, 그들을 먹이시는 하나님을 만나지 못했고 하나님의 언약의 축복을 믿지 않았던 것입니다. 성막 위에 떠오르는 구름 속에서 하나님의 영광을 목격하면서도 하나님의 말씀을 믿지 않는 영적 괴리 현상의 원인은 그들의 죄입니다.

도대체 어떻게 해야 믿을까요? 그 마음의 탐심과 시기심은 왜 없어지지 않을까요? 불평하는 입술은 언제쯤 감사와 찬송으로 변할까요?

사도 바울은 그리스도의 말씀과 경건에 관한 교훈에 착념하라고 권면합니다(딤전 6:3-5). 예수 그리스도께서 우리를 위해 행하신 은혜를 깊이 기억하고 경건에 관한 교훈을 마음에 깊이 새겨야 합니다.

그렇지 않으면 어떻게 됩니까? 교만하게 되는데, 교만은 자신에게 주신 은혜를 대수롭지 않게 생각하고 자신이 받은 존귀와 영적 지식을 무효화시키는 블랙홀 같은 것입니다. 교만은 패망의 선봉입니다(잠 16:18). 하나님께서는 교만한 자를 대적하신다고 했습니다(벧전 5:5). 하나님을 따르는 이스라엘이 하나님의 언약과 율법을 마음에 두지 않으면, 그 말씀으로 마음을 절제하고 훈련하지 않으면, 부패한 본성은 교만에 이끌려 높아지려 하고 더 가지려 하고 더 하나님 없이 살려 합니다. 그리스도가 없을 때 우리도 마찬가지입니다. 자신이 뭐라도 된 것처럼 생각합니다. 직분자는 협력하는 것이 기본입니다. 그러나 자기가 뭐라도 된 것처럼 교만하기 시작하면, 분수를 모르고 탐욕과 시기심에 충동질당합니다. 결국 교만이 만들어 내는 열매는 투기, 분쟁, 훼방, 악한 생각들입니다. 마음이 부패해지고 진리를 잃어버리고 맙니다. 교만은 하나님마저도 이용하려 듭니다.

경건을 이익의 재료로 사용하려는 자들은 진리 안에서 교훈하고 권면하고 질서 있게 말하려는 사람과 부딪힐 수밖에 없습니다. 경건을 통해서 어떤 이익을 얻고자 할까요? 높아지는 것, 사람들로부터 인정받고 경건하다는 말을 듣고 자기 의를 쌓아 결국 왕이 되려는 것입니다. 지도자, 다스리는 사람, 다른 사람을 권위로써 움직이는 자리를 탐하는 것입니다. 그 야심과 야망 탓에 교회는 큰 곤혹을 겪어 왔고, 지금도 그런 자들 탓에 하나님의 영광이 가려지는 일들을 보고 있습니다.

자족하는 마음이 있으면 경건이 큰 이익이 된다는 말을 기억하십시오(딤전 6:6). 경건은 기도, 말씀 묵상, 예배, 섬김, 구제, 사랑 등이 포함된 것들인데 이것들이 언제 유익을 끼칩니까? 겸손히 주신 은혜에 만족해하며 감사할 때입니다. 교만한 마음을 가지는 경우에는 다툼이 발생하여 틀어지고 갈라지고 나눠지는 일이 생깁니다. 그러나 성령님의 도움으로 자족하는 마음을 가진 사람들의 경건은 큰 이익이 됩니다. 하나님께서 주신 것으로 만족하고, 하나님께서 주신 자리와 지위에 감사하며, 하나님께서 부르신 그 자리에서 성실하게 충성하는 사람의 기도, 섬김, 예배, 열심은 자기에게도 유익이 될 뿐만 아니라 교회에도 큰 유익이 됩니다. 고라 일당의 사건은 이런 의미에서 우리에게 반면교사가 됩니다.

# 35 아론의 향로를 거룩히 구별하심
### 민 16:16–50

고라의 반역은 야망에서 시작되었습니다. 야망에 동조한 사람들은 모세를 향해서 네가 우리 왕이 되려느냐고 질투했습니다. 스스로 높아지려는 야심과 다스리는 자리를 향한 질투는 하나님의 진노를 촉발시켰습니다. 여기에 참여한 지휘관들이 250명입니다. 그들은 선한 일은 나 몰라라 하다가 이익이 발생하는 일에는 앞다투어 참여했습니다.

하나님께서는 제사장으로 섬기도록 선택하신 사람이 누구인지를 모두 앞에서 확인시켜 주셨습니다. 그리고 직분이란 하고 싶어서 할 수 있는 일이 아님을 보여 주셨습니다. 모세의 지도를 받기 싫다는 것은 하나님께서 세우신 질서를 거절하는 일입니다. 그들은 하나님께서 모세와 아론을 세우셔서 자신들을 다스리기를 기뻐하셨다면 모세와 아론에게 순종하는 것이 하나님께 순종하는 일임을 간과해 버린 것입니다.

하나님께서는 불을 담은 향로를 가지고 나오게 하셨습니다(17–20절). 향로는 제사장이 여호와께 불을 드릴 때 사용합니다. 따라서 하나님께서 누구의 향로를 취하시느냐는 누가 하나님 앞에서 거룩하게 분향할 자격이 있는가를 확인해 줍니다. 다른 한편으로 향로는 하나님께서 명령하시지 않은 불을 담아 분향하다가 죽임을 당했던 나답과 아비후 사건을 떠오르게 합니다(레 10:1). 고라의 반역에 동참한 것에 대한 경고의 효과를 가져다주기 위함입니다. 하나님께서 명하시지 않는데도 제사장 노릇 하려는 것이 어떤 불행을 초래할 수 있는지를 보고 회개하기 바라신 것입니다. 그러나 교만은 영적인 눈을 멀게 합니다. 질투는 스스로를 옳다고 부추깁니다. 하나님께서 향로를 가지고 나오라 하시는 의도를 깨닫기에 그들은 너무 멀리 가버렸습니다.

하나님께서는 모세와 아론에게 이 회중을 떠나라고 말씀하셨습니다.

내가 순식간에 그들을 멸하려 하노라_21절

악에 대한 진노는 하나님의 공의입니다. 그런데 모세는 엎드려 간구합니다. "모든 육체의 생명의 하나님이여 한 사람이 범죄하였거늘 온 회중에게 진노하시나이까?" 하나님께서는 이 간구를 들으시고 그들에게 회중으로 하여금 "고라와 다단과 아비람의 장막 사방에서 떠나"게 하라고 말씀하셨습니다(22-24절).

하나님의 진노를 모세의 기도가 바꿨을까요? 두 가지를 생각해야 합니다. 첫째, 하나님께서 하시려는 뜻을 사람이 바꿀 수 없습니다. 죄에 대한 심판은 공의를 따라 하시는 것이므로 심판 자체를 멈출 수 없습니다. 둘째, 모세의 기도를 통해 일어난 변화는 심판 가운데 긍휼을 베푸시는 하나님의 은혜를 드러냅니다. 기도로 하나님의 뜻을 바꾼 것이 아니라 하나님께서 모세로 하여금 기도하게 하시고 그 기도를 통해서 진노 중에라도 은혜를 베푸시는 당신의 자비와 긍휼을 보이신 것입니다.

모세는 하나님을 '모든 육체의 생명의 하나님'이라고 불렀습니다 (22절; 민 27:16). 사람을 살리기도 하시고 죽이기도 하시는 하나님께서 능히 당신의 뜻대로 하실 수 있음을 인정했습니다. 바로 그런 하나님께 모두를 멸하실 수 있지만 긍휼과 자비를 베풀어 달라고 요청한 것입니다.

하나님께서는 모두를 멸하시지 않고 고라 일당만 벌하셨습니다. 그래서 모세를 통하여 회중에게 '이 악인들의 장막에서 떠나라'고 말씀하셨습니다(26절). 떠나라는 것은 회개에 대한 요구입니다. 그들의 물건은 만지지 말라고 하신 것은 단순히 그들과 물리적인 거리만을 두라고 하신 것이 아니라 모든 것으로부터 떠나라는 말입니다. 그들이 죄에서 떠나 하나님의 명령으로 돌아와야 하는데, 그것이 바로 회개의 본질입니다.

심판받을 대상들은 아내와 아이들 모두와 함께 장막 문 앞에 섰습니다(27절). 모세는 그들 앞에서 하나님의 판결문을 읽습니다(28-35절). 모세는 먼저 이 모든 판결이 사람이 아니라 하나님으로부터 왔음을 밝힙니다(28절). 하나님께서는 이 판결이 당신으로부터 나온 것임을 알리시기 위해 사람이 할 수 없는 징벌을 내리셨습니다. 땅이 입을 열어 그들을 삼킨 것입니다. 하나님께서 악인을 심판하시는 도구는 땅과 불이었습니다. 땅은 그들의 모든 것을 삼켰고, 불은 250

명을 소멸시켰습니다. 이렇게 죄를 심판하심으로 이스라엘은 깨끗하게 되었습니다.

하나님께서는 당신이 택하신 제사장이 아론임을 보이셨습니다. 아론으로 향로를 취하게 하신 것입니다(46-48절). 그리고 이 사건을 잊어버리지 않도록 반역자들의 향로를 녹여 제단을 싸는 철판을 만들라고 하셨습니다. 그것으로 이스라엘에게 표가 되게 하셨습니다(36-40절). 이것은 아론 외에 다른 사람들이 여호와 앞에 분향하러 나올 수 없다는 표시였습니다. 하나님 앞에 나올 수 있는 자와 그렇지 못한 자를 하나님께서 구별하신 것입니다.

이스라엘은 이 사건을 잊지 말아야 합니다. 출애굽이라는 하나님의 큰 구원의 능력을 잊지 말아야 하는 것처럼 고라 자손에게 보복하시는 하나님의 징계도 잊지 말아야 했습니다(신 11:6). 하나님께서 정하신 질서를 반역하는 일을 반복해서는 안 된다는 뜻입니다. 높아지려는 야망과 스스로 높아지려는 교만을 항상 경계해야 합니다. 부패한 심령을 자극하는 이것을 성령의 능력으로 제어받아야 합니다.

그럼에도 불구하고 이스라엘은 어느새 또 다른 불평에 휘둘리고 말았습니다. 자신들의 죄를 아파하는 일을 금세 그치고 모세와 아론에게 책임을 추궁한 것입니다. "너희가 여호와의 백성을 죽였도다"(41절)라고 원망합니다. 죄에 대한 하나님의 공정하신 심판을 지도자 탓으로 돌리는 심리는 무엇일까요? 죽은 사람들을 향한 동정일까요? 아니면 하나님께서 죽이기까지 하신 것은 너무하다는 은근한 비난일까요? 어느 것도 옳은 자세는 아닙니다. 죄는 미워해도 사람은 미워하지 말라는 말로 자신들은 악을 저지른 사람을 품을 수 있는 것처럼 말하는 것도 자만입니다. 자기 죄에 대해서는 한없이 관대한 버릇 때문에 하는 말처럼 들립니다.

그들의 죽음이 과하다면 하나님께서 지나치신 것입니까? 아닙니다. 그들은 불로 정화되지 않고서는 안 될 상황에 있습니다. 하나님께서는 그들의 모든 부패한 것을 소멸하심으로써 당신의 영광을 드러내십니다. 지도자들은 하나님의 명령대로 순종했을 뿐입니다. 그들이 사람을 죽일 능력이 있는 것도 아니고 그들의 말에 생사가 결정되는 것도 아닙니다. 지도자의 태도가 무엇이든 그들은 하나님께 순종한 것인데, 하나님께 순종한 것 때문에 그들을 비난하는 것은 하나님의 심판을 부정하는 일입니다.

원망의 화살은 사람을 향하지만 그들의 마음에 숨겨진 의도는 하나님을 향하고 있었습니다. 하나님께서는 즉시로 개입하셨습니다(42절). 그들을 다 멸하시겠다고 선언하셨습니다. 하나님의 영광을 헛된 원망으로 가리려는 악행에 대해 하나님께서는 전염병으로 벌하셨습니다.

모세와 아론은 또다시 엎드립니다. 자신들을 원망하는 백성을 위해서, 가슴을 헤집는 비난에 상처가 났을지도 모르지만 그들은 하나님 앞에 무릎을 꿇었습니다. 하나님께서는 그들이 그렇게 하는 것을 기뻐하셨습니다. 그들의 기도를 들으시고, 제사장 아론으로 하여금 백성들을 위해서 중보자 노릇을 하게 하셨습니다. 아론이 향로를 가지고 회중 사이를 지나고, 회중들을 위해서 애쓰는 모습을 보여 주심으로 당신의 결정이 선함을 보이시면서 아론을 세워 주신 것입니다. 제사장은 하나님과 백성 사이의 화해를 위해 존재합니다. 아론의 중보자 노릇으로 염병은 그치고 하나님의 진노는 사라졌습니다.

우리에게는 더 좋은 대제사장이 계십니다. 예수 그리스도이십니다(히 9:11). 그분께서는 당신 자신을 화목제물로 드리심으로 하나님과 우리 사이의 완전한 화해를 이루셨습니다. 그분 자신을 드리심으로 하나님의 진노를 누그러뜨리시고, 우리 마음의 모든 죄를 치료해 주셨습니다. 우리는 그리스도의 구속의 은총을 힘입어 하나님의 은혜 앞으로 나갈 수 있습니다. 그분이 아닌 다른 이를 통해서는 할 수 없는 전적인 하나님의 은혜입니다.

# 36 내가 택한 자의 지팡이
민 17:1-13

고라 일당의 반역은 실패로 끝났습니다. 제사장이 되려는 야망은 분수를 넘어선 것이었습니다. 또한 모세의 지도력을 의심하는 추종자들의 자세도 도를 넘어선 악행이었습니다. 하나님께서는 고라와 추종자들을 땅속에 묻으시고, 반역한 지휘관들을 나답과 아비후 때처럼 당신께로부터 나온 불로 태우셨습니다.

하나님께서 세우신 규례와 명령을 순종하는 것이 사람의 본분입니다. 하지만 야망이 부패한 마음을 자극시켜 하지 말아야 할 것을 하도록 부추기고, 원하지 말아야 할 것을 원함으로 심판을 자초하고 말았습니다. 그 후 하나님께서는 반역자들의 향로를 녹여 제단을 싸는 철판을 만들게 하셔서 상징물로 두셨습니다. 하나님께서는 사람으로 하여금 부패한 욕망이 빚어낸 참극을 떠올리면서 당신께서 세우신 질서를 순종함이 마땅한 자세임을 깨닫기를 바라셨습니다 (신 11:1-7).

심판으로 모든 것이 해결된 듯했지만, 회중은 하루가 지나지 않아서 죽음의 책임을 모세와 아론에게 돌리고 말았습니다. 그러나 반역자들의 죽음은 죄를 벌하시는 하나님의 공의에서 나온 것입니다. 이 죽음에 이의를 제기한다는 것은 하나님을 향한 불만의 표현입니다. 하나님께서 그 명령과 규례로써 교회를 다스리시는 것에 대한 반대입니다.

하나님께서는 그들을 다 멸하시려고 전염병을 내리셨습니다. 이미 많은 사람이 죽어 가고 있을 때, 모세는 아론으로 하여금 속죄제사를 드리게 명령합니다. 제사장의 중보 사역은 죄 때문에 멸망받을 수밖에 없는 죄인이 하나님께 용서를 구하는 유일한 통로이고, 하나님의 긍휼과 자비를 다시 받을 수 있는 길입니다. 아론은 이스라엘을 대신해서 죄 용서를 구했습니다. 하나님께서 진노를 멈춰 주시고, 죄인을 오래 참아 주시기를 요청한 것입니다. 하나님께서는 당신께서 세우신 제사장 직분을 인정하시기 때문에 진노의 손을 거두셨습니다.

이 사건으로 누가 하나님 앞에서 거룩한 제사장 직분을 수행해야 하는지를 분명히 드러내셨습니다. 또한 제사장 직분이 가지는 놀라운 은혜, 곧 죄 용서를 구할 때 들으시는 하나님의 은혜와 긍휼을 계시하셨습니다.

이쯤 되면 사람들은 아론과 그 아들들이 제사장 직분을 수행한다는 의식을 가지게 되었을 것입니다. 그런데 본문을 보면 하나님께서는 아론과 그 아들들이 제사장 직을 수행한다는 사실을 재확인시켜 주십니다. 왜 그렇습니까? 죄인들은 자신들도 듣는 귀가 있으니 이런 사건을 통해서 충분히 교훈을 받았다고 자신할지 모르지만, 죄인들의 마음은 작은 바람에도 요동하는 바다처럼 변질되기 쉽다는 것을 하나님께서는 아십니다. 이해한 것 같지만 또 교만해지고 완고해지는 것이 죄인의 마음입니다. 속 깊은 곳에 은근히 남아 있는 고집과 이기적인 욕망은 또 다른 상황에서 불만과 불평을 연출해 낼 수 있다는 것을 누구보다 잘 아시므로, 하나님께서는 그들의 눈과 마음에 또다시 확실한 증거를 보여 주십니다. 그 증거가 아론의 지팡이에 싹이 나는 것입니다.

하나님께서는 모세에게 명령하셔서 각 조상의 가문을 따라 하나씩, 총 열두 개의 지팡이를 취하고 그 지팡이 위에 각 지휘관의 이름을 쓰게 하신 후 그 지팡이 열둘을 증거궤 앞에 두게 하셨습니다(1-4절). 하나님께서는 그 지팡이 가운데 하나에서 싹이 나게 하실 것입니다. 그것을 통해 당신께서 택하신 자가 누구인지를 분명히 보이실 것입니다. 싹이 나려면 뿌리에서 진액을 받아야 하는데, 나무에서 떨어져 나온 지팡이에서 싹이 난다는 것은 놀라운 기적입니다.

12개의 지팡이를 여호와의 장막에 두고 다음 날 확인한 결과는 어땠습니까? 아론의 지팡이에서 움이 돋고 순이 나고 꽃이 피어서 살구 열매가 맺혔습니다(8-10절). 하나님께서는 능치 못하실 일이 없는 전능하신 분입니다. 죽은 나무에서 생명을 싹트게 하시고 열매를 맺게 하시는 분입니다. 아론의 지팡이만 특별해서가 아니라 모두 동일한 조건과 상태였지만, 하나님께서는 아론의 지팡이를 선택하셔서 아론과 그 아들들이 제사장 직분을 수행해야 한다는 것을 눈으로 확인시켜 주셨습니다. 누가 제사장으로 섬길지에 대한 모든 논란을 끝내셨습니다.

우리는 하나님께서 아론의 지팡이를 선택하신 것이 장차 그리스도께서 대제사장으로 우리에게 오실 것과 깊은 연관이 있음을 깊이 생각해야 합니다. 아론의 제사장 직은 예수 그리스도의 모형이기 때문입니다. 이사야 선지자는 장차 오실 메시아를 예언합니다. "이새의 줄기에서 한 싹이 나며 그 뿌리에서 한 가지가 나서 결실할 것이요"(사 11:1).

이새의 뿌리에서 나온 한 가지, 한 싹으로 비유된 분에게 하나님의 성령이 임하실 것이고, 그분의 모든 사역은 성령님의 충만한 역사와 함께할 것입니다. 메시아는 여호와를 경외함으로 즐거움을 삼고 공의와 정직으로 심판할 것입니다(사 11:2-5). 메시아의 공의로운 통치 결과는 한마디로 평화입니다(사 11:6-9). 이런 평화로운 상태가 언제 이루어질지를 이렇게 예언합니다.

> 그날에 이새의 뿌리에서 한 싹이 나서 만민의 기치로 설 것이요 열방이 그에게로 돌아오리니 그가 거한 곳이 영화로우리라_사 11:10

예수님께서 태어나시고 세례를 받으셨을 때 하늘에서 들린 음성이 있었습니다. "이는 내 사랑하는 아들이요 내 기뻐하는 자라"(마 3:17). 변화산에서 영광스러운 상태가 되셨을 때도 "이는 내 사랑하는 아들이요 내 기뻐하는 자니 너희는 그의 말을 들으라"는 선포가 있었습니다(마 17:5). 마치 아론의 지팡이를 선택하셔서 그를 모든 사람 앞에서 제사장으로 확증해 주신 것처럼, 하나님께서는 예수님을 독생하는 아들이요 당신의 구속의 뜻을 완성시킬 자로 선포하심으로 모두가 그리스도의 말에 순종하도록 하신 것입니다. 우리의 왕이요 제사장이요 선지자이신 그리스도께 듣고 배워 하나님의 영광에 이르도록 선포하신 것입니다. 바로 예수 그리스도에 대한 하나님의 확증이 이 아론의 싹 난 지팡이 사건에서 미리 예표되고 있습니다.

하나님께서는 싹 난 지팡이를 증거궤 앞으로 가져와 거기에 간직하게 하셨습니다. 보존하라고 하신 목적은 백성들로 하여금 원망을 그치고 죽지 않게 하는 것입니다. 왜 불평하고 죽음을 맞이합니까? 백성들이 잊어버리기 때문입니다. 하나님께서 백성들의 기억력과 싸우고 계십니다. 사람들의 기억력은 제멋대로이기 때문입니다. 기억해야 할 것은 하지 않고, 기억하지 말아야 할 것은 기억해 냅니다. 영적인 것은 기억하려 하지 않고 육적인 것에 집착합니다. 하나님의 명령을 기억하는 데 애쓰지 않고 사람의 말에 더 신경 씁니다. 하나님의 것을 기억해야 하는데 자기 것을 더 마음에 두기 때문에 원망과 불평하는 말이 끊이지 않습니다. 우리는 하나님의 것을 더 기억해야 합니다. 우리 마음이 하나님의 거룩한 말씀에 점령당할 정도로 잊지 않기를 힘써야 합니다. 그런데 백성들은 이상한 말을 해 댑니다.

우리는 죽게 되었나이다 망하게 되었나이다 다 망하게 되었나이다 가까이 나아가는 자 곧 여호와의 성막에 가까이 나아가는 자마다 다 죽사오니 우리가 다 망하여야 하리이까_민 17:12-13

죽지 않게 하시려고 아론의 싹 난 지팡이를 보관하게 하셨는데, 거기에서 죽게 될 것이 두렵다고 목소리를 높이는 것은 무엇입니까? 그들이 기억할 것을 잘 기억하고 말씀에 복종한다면 죽음은 오지 않습니다. 야망과 불신앙에 휘둘려 불평하고 하나님께서 정하신 것을 멸시하기 때문에 심판이 오는 것입니다. 심판을 예방하고 죽음을 피할 길을 말씀하시는데, 죽는 것이 무섭다고 멸망할까 걱정한다고 말하는 것은 참 하나님의 마음을 읽지 못하는, 하나님의 의도를 거꾸로 읽는 미련함입니다. 경고를 하는 이유는 죽음에서 보호하기 위함인데, 하나님을 무서운 얼굴을 하고 있는 분 취급하는 것은 하나님을 참으로 알지 못하는 태도입니다. 참 말이 안 통하는, 의사소통이 안 되는 이스라엘입니다.

불경건한 사람들에게는 경고와 징계가 약이 되는 것이 아니라 두려움을 증폭시키고 걱정과 염려만 일으킵니다. 두려움 때문에 하나님 당신께 가까이 나오라고 말씀하시는데도 더 멀리 뒷걸음질 치고 있습니다. 하지만 경건한 사람들은 하나님의 경고 앞에 겸손하게 자기를 내려놓고, 징계하시더라도 견디게 하시는 하나님의 자비하심을 더욱 간구합니다.

하나님께서 뜻하신 바는 당신의 말씀에 순종하는 것입니다. 순종을 무거운 짐처럼 여긴다면 불평이 끊이지 않을 것입니다. 순종을 요구하심은 우리의 유익을 위한 것입니다. 우리는 그분의 명령에서 무서움, 엄격함, 짐스러움을 느끼기보다 하나님의 선하심과 자비하심을 더 묵상하고, 더욱더 하나님의 말씀을 마음에 새기고 담아 두어야 할 것입니다.

# 37 직분을 지켜 섬기라
민 18:1-7

고라와 그 일당의 반역(민 16장)은 하나님께서 정하신 법도와 규례와 명령을 어긴 대표적 사건 가운데 하나입니다(신 11:1-7). 그 불평과 반역이 얼마나 심각했으면 반역한 자손들을 죽이시고 거기에 동참한 250명의 지휘관들을 다 멸하셨겠습니까. 그 후 하루가 지났어도 마음에 불평이 남아 있고 악한 동기가 사라지지 않아 전염병으로 14,700명이 죽는 일까지 발생했습니다.

사람들은 이렇게 많은 사람이 죽었다는 것에 꽂힐지 모르겠습니다. 하지만 우리는 하나님께서 모세를 지도자로 세우시고 아론을 제사장으로 세우신 일에 대한 시기, 질투, 반역, 은근한 야망이, 다시 말하면 마음속에 품고 있는 선한 것이 하나도 없는 부패한 마음에서 생겨나는 악한 말들과 표정들과 행동들이 얼마나 하나님의 진노를 촉발했는지에 집중해야 합니다. 우리가 하나님 앞에서 가져야 할 진실함, 정직함, 순전함에 성령님의 도우심이 얼마나 필요한지를 되새김질해 봐야 합니다.

이 사건에서 아론은 제사장으로 중보 역할을 수행하였고, 하나님께서는 아론의 지팡이에 싹이 나게 하시고 그 지팡이를 법궤 안에 보관하게 하셔서 이 사건이 주는 교훈을 계속 잊지 않도록 하셨습니다(민 17장). 교회를 분열시키는 야망, 높아짐으로 사람들에게 영향력을 끼쳐 자신을 따르게 만드는 악한 말들과 다가섬, 하나님께서 주신 은사를 무시하고 하나님께서 세우신 자들을 존중하지 않는 일들이 만들어 낸 비극은 이스라엘뿐만 아니라 지금의 우리에게도 반면교사가 되고 있습니다.

본문은 이 모든 질서를 재확인하는 말씀입니다. 제사장과 레위 자손의 직분에 대한 반복 교육입니다. 특이하게도 앞에서는 하나님께서 모세를 불러 말씀하신 후 모세가 아론에게 말했다면, 여기에서는 하나님께서 아론을 직접 불러 말씀하고 계십니다. 이것은 고라 무리의 반역을 염두에 두시고 아론의 제사장 직에 특별한 권한을 부여하신 것입니다.

하나님께서는 "직무를 다하라"고 요구하십니다(5절). 제사장과 레위인은 각자 맡은 일에 충성을 다해야 합니다(1-4절). 그들은 야망을 품지 말고 질서를 벗어나 명령하시지 않은 것을 임의대로 행하는 일에 주의해야 합니다. 충실한 섬김은 이스라엘 자손에게 복이 됩니다. 하지만 그들의 불순종과 분열과 게으름은 이스라엘 자손에게 불행을 가져다줍니다.

직분과 관련하여 중요한 것은 '성소를 책임지는 것'입니다. 만약 제사장 자신이 성소에서 행해야 할 일에 소홀하거나 부주의한다면, 그 죄에 대한 책임을 자신이 져야 합니다. 더 나아가 이것은 백성들에 대한 책임도 포함합니다. 제사장은 백성들이 성소에서 하나님의 용서를 은혜를 구하고 하나님을 가까이 섬기도록 그들을 교훈하고 가르쳐야 하는데, 그것을 하지 못할 때 제사장은 그 책임을 백성들과 함께 져야 합니다.

호세아 선지자는 이 역할을 제대로 수행하지 못한 것을 다음과 같이 책망합니다.

> 이스라엘 자손들아 여호와의 말씀을 들으라 여호와께서 이 땅 주민과 논쟁하시나니 이 땅에는 진실도 없고 인애도 없고 하나님을 아는 지식도 없고 오직 저주와 속임과 살인과 도둑질과 간음뿐이요 포악하여 피가 피를 뒤이음이라_호 4:1-2

하나님께서 이스라엘에게 요구하시는 것은 진실(하나님을 향한 참된 신뢰), 인애(언약 안에서의 사랑), 그리고 하나님을 아는 지식(경건)입니다. 그러나 그들에게 있던 것은 죄의 열매뿐입니다. 하나님께서는 그 책임을 제사장에게 물으셨습니다. 백성들은 제사장을 통해 하나님을 배우기보다 그저 제사장의 말에 꼬투리를 잡아 시비 걸고 싸우는 천박한 태도로 일관했습니다. '네 백성'(4절)이라는 말에서 '너'는 제사장을 말하는데, 이스라엘의 열매 없음, 늘 다투고 싸우는 것에 대한 책임을 제사장에게 돌리고 있습니다.

백성의 이런 영적 일탈과 악한 열매가 생기는 근본 이유는 무엇입니까?

> 너는 낮에 넘어지겠고 너와 함께 있는 선지자는 밤에 넘어지리라 내가 네 어머니를 멸하리라 내 백성이 지식이 없으므로 망하는도다 네가 지

식을 버렸으니 나도 너를 버려 내 제사장이 되지 못하게 할 것이요 네가 네 하나님의 율법을 잊었으니 나도 네 자녀들을 잊어버리리라 그들은 번성할수록 내게 범죄하니 내가 그들의 영화를 변하여 욕이 되게 하리라 그들이 내 백성의 속죄제물을 먹고 그 마음을 그들의 죄악에 두는도다_호 4:5-8

밝은 낮에 넘어진다는 것은 이상한 일인데, 제사장은 밝은 낮에도 넘어질 정도로 영적으로 어두워져 있었습니다. 그 이유는 하나님의 율법을 잊어버렸기 때문입니다. 하나님의 율법을 잊어버렸으니 백성을 교훈하거나 인도하지 못했고, 백성들도 하나님을 아는 지식이 없어서 어떤 이는 하나님을 어떻게 섬겨야 할지 몰라 우상 숭배로 향했습니다. 하나님의 율법을 잊어버린 제사장이 끼친 폐해는 백성들이 지식이 없고 백성들이 하나님을 잊어버린 것입니다.

제사장들이 돈벌이에 빠진 것은 더 심각합니다. 그들이 번성할수록 범죄한다는 것은 그들이 수적으로 많아지나 하나님을 기쁘시게 하지 못한다는 것입니다. '내 백성의 속죄제물을 먹는 것'은 백성들이 가져오는 제물을 소유한다는 것이기도 하지만, 속죄제물이란 표현은 죄라는 단어를 번역한 것이므로 제사장들은 백성들이 죄짓는 것을 이용해서 자기 사리사욕을 채웠다는 것입니다. 백성들이 죄짓는 것을 책망하고 그들에게 경건하게 살 것을 가르쳐야 하는데, 백성들이 죄짓는 것을 방조하고 가지고 온 제물들로 자기 주머니를 채운 것입니다. 제사장은 단지 직업이었고, 율법이 명령하는 제사를 수행하는 것은 사람에게 보이려는 외식이고 위선이었다는 뜻입니다.

그런데 제사장의 부패를 제일 먼저 눈치채는 것이 백성이어서, 백성들도 하나님을 두려워하기보다 제사장의 입맛대로 움직이면서 종교적 편안함을 제물과 맞바꾸는 탈선의 길로 갔습니다. 백성들은 제사장의 부조리를 탓하면서도 자신들이 죄에서 떠나려는 노력과 경건을 추구하지 않았습니다. 율법을 잊어버린 제사장이나 그런 제사장을 비난하고 욕하면서도 정작 자신들은 경건하게 살지 않는 백성들이나 모두 하나님 앞에서 죄를 쌓고 있습니다.

하나님께서는 말씀하셨습니다 "장차는 백성이나 제사장이나 동일함이라 내가 그들의 행실대로 벌하며 그들의 행위대로 갚으리라"(호 4:9). 제사장의 도움을 받아 하나님을 섬기려 하지 않는 백성이나 백성을 잘 인도해서 하나님 앞에 올바로 세우려는 마음이 없는 제사장 모두 하나님의 책망을 피할 수 없습니다. 하나님께서는 그들에게 행한 대로 갚으신다는 심판 원칙을 적용하셨습니다. 이 말씀은 민수기 18장에서 제사장은 성소에 대한 죄를 담당해야 한다는 것, 그리고 제사장 직분에 대한 죄를 담당해야 한다는 것을 적용한 것입니다.

이것을 오늘날 영적 차원에서 목회자들에게도 적용해야 합니다. 목사들은 제사장이 아닙니다. 다만 영적 차원에서 율법을 가르치고 백성들이 하나님 앞에서 경건하게 살도록 가르쳐야 할 책임을 하나님께로부터 위탁받은 사람들입니다. 그러므로 목회자들은 먼저 신앙과 예배가 타락하거나 소홀해지지 않도록 모범을 보이고 가르쳐야 합니다. 하나님을 참되게 예배하는 것을 가르치되 그 스스로가 본을 보이고, 백성들이 위선적으로, 형식적으로, 사람에게 보이려고 신앙생활하지 않고 참되게 예배하도록 교훈하고 권면하고 가르쳐야 합니다. 또한 목회자들은 말씀과 교리를 순수하게 가르쳐야 합니다. 앞서 제사장들은 백성들의 죄의 열매를 이용해서 사리사욕을 채웠습니다. 물론 분명 죄를 지으면 속죄제물을 가져와야 합니다. 그런데 그 제물의 일부는 제사장의 몫이 되니, 제물이 많아질수록 제사장의 몫도 많아집니다. 그러나 반대로 말하면 제물이 완전히 줄어들긴 어렵지만, 백성들이 죄를 짓지 않도록 부지런히 교훈하고 듣든지 아니 듣든지 참되게 전해야 합니다. 또한 백성들이 경건한 삶을 사는지 돌보고 그들에게 관심을 가져야 합니다.

이것이 하나님께서 목회자들을 교회의 선생으로 세운 목적이고, 성도들도 그 역할을 이해하고 하나님을 참되게 예배하고 진리를 순수하게 배우고 경건하게 살려는 일에 마음을 같이해야 할 것입니다. 백성들이 제사장과 다툰다는 호세아 선지자의 책망에는, 가르치는 자가 율법을 참되게 가르쳐야 하는 책임을 다하지 않았다는 의미와 배우는 자는 그 배운 말씀으로 자기를 정결하게 하고 연단시키는 것이 아니라 자기 주관과 습관과 고집으로 맞선다는 의미가 담겨 있습니다.

이스라엘 백성들은 고라 무리의 반역을 통해서 제사장의 역할이 무엇인가를 새롭게 정립해야 했습니다. 제사장은 성소의 죄에 대한 책임을 지고 제사장 직분에 대한 죄를 담당해야 합니다. 제사장은 자신의 경건뿐만 아니라 백성들의 영적 건강에도 깊숙이 관계되어 있습니다. 따라서 백성들은 제사장의 섬김과 수고를 귀히 여겨야 하고, 제사장은 백성들을 하나님과의 바른 관계로 나아가도록 돌봐야 합니다(5-7절).

직분은 하나님께서 교회를 세우시기 위해 주신 선물입니다. 자기이익을 위한 자리도, 하나님의 권위를 이용해서 높아지는 자리도 아닙니다. 섬기는 자리이고 협력하고 마음을 같이해서 주님께서 세우신 교회를 올바로 세우도록 주신 것입니다.

과연 우리 자신은 그렇게 하고 있는가? 목회자는 목회자대로, 성도는 성도대로 맡은 직분을 잘 감당하고 있는지 점검해 보십시오. 목회자는 말씀과 교리에 순수함을 잃지 않고 성도들에게 하나님을 참되게 섬기도록 가르치고 있는지, 성도들은 그 배운 바대로 순종하여 하나님과 교회를 섬기고 있는지 돌아보십시오. 각자에게 주어진 직분을 성실하게 수행해 나갈 때 교회는 바르게 세워질 것이고, 하나님께 영광이 될 것입니다.

# 38 제사장과 레위인의 분깃
민 18:8-32

제사장과 레위인들이 자신들에게 맡겨진 직분을 잘 감당하는 것이 이스라엘 백성들과 무슨 상관이 있습니까? 그 대답은 이것입니다.

> 너희는 성소의 직무와 제단의 직무를 다하라 그리하면 여호와의 진노
> 가 다시는 이스라엘 자손에게 미치지 아니하리라_민 18:5

그들의 순종은 여호와의 진노가 이스라엘에게 임하는 것을 예방하는 효과가 있습니다. 이스라엘에게 진노가 임하는 제1 책임은 제사장과 레위인들의 불성실함입니다. 제사장과 레위인들이 자신의 직분을 소홀히 하거나 율법을 버린다면 그들은 그 책임을 피할 수 없을 것입니다. 문제는 그들의 잘못이 미치는 파급력입니다. 성소에서 드려지는 제사를 올바로 드리지 못한다면, 예를 들어 백성들의 잘못을 책망하지 못하거나 그저 제물을 가져오는 것으로 자기 배를 불린다면, 그 죄에 대한 책임을 질 것입니다. 뿐만 아니라 그 결과 이스라엘 전체의 영적 기강을 무너뜨리게 되고 하나님의 진노가 이스라엘에게 임하는 것입니다. 그래서 먼저는 제사장과 레위인들이 자

신의 직분을 얼마나 충실히 지켜야 하는지 이해해야 하고(예를 들어, 나답과 아비후의 사례를 거울삼아야 합니다), 백성들을 교훈하고 가르치는 일을 계속해야 합니다. 따라서 구약에서는 직분과 관련하여 '누가 높으냐? 누가 더 많은 권세를 가졌느냐?'에 관심이 없습니다.

하나님께서 "내가 제사장의 직분을 너희에게 선물로 주었"다라고 말씀하셨기 때문에 직분을 맡은 자는 주장하는 자세나 권위적인 자세로 하지 말아야 합니다(민 18:7). '선물'(gift)은 은혜로 받은 것이어서 자랑할 것이 없습니다. 그리고 선물을 받은 것이므로 하나님께서 베푸신 은혜, 받는 입장에서 말하면 이것이 하나님께서 주시는 특별한 선물, 은사임을 알고 귀히 여겨야 합니다. 선물을 받았는데도 그것을 귀히 여기지 않는다면 준 사람의 호의와 성의를 무시하는 것이 됩니다. 그러므로 백성들은 제사장의 직분을 귀히 여기고 존중하고 제사장의 직분을 유익하게 사용해야 합니다. 결국 제사장과 레위인들 그리고 이스라엘 백성은 상호 도움을 받는 관계이고, 서로 존중하는 관계입니다. 그러나 백성과의 관계 이전에 제사장과 레위인들이 가장 우선시해야 할 관계는 하나님과의 관계입니다. 그들은 하나님 앞에서 거룩을 위해 구별된 사람들이기에 하나님에 대하여 우선적으로 거룩해야 하고 백성들 앞에서도 거룩할 것을 권면하고 본을 보여야 합니다.

하나님께서는 당신의 거룩을 위해 구별하신 직분자들의 분깃을 명령하셨습니다.

여호와께서 또 아론에게 이르시되 보라 내가 내 거제물 곧 이스라엘 자손이 거룩하게 한 모든 예물을 너로 주관하게 하고 네가 기름 부음을 받았음으로 말미암아 그것을 너와 네 아들들에게 영구한 몫의 음식으로 주노라_8절

하나님께서는 거제물 곧 이스라엘 자손이 거룩하게 한 모든 예물을 제사장에게 주셨습니다(주관하게 한다는 말은 관리한다는 뜻일 수 있지만 의역입니다). 이것이 영원한 규례입니다. 영구한 몫의 음식으로 주셨다고 하는데, 수고에 대한 대가를 뜻하는 말입니다. 제사장의 몫을 뜻합니다.[40]

여기에서 이스라엘 자손이 거룩하게 드린 모든 예물을 세 가지로 나눌 수 있는데, 첫째는 일반적으로 그리고 정기적으로 드리는 제사 예물, 둘째는 12절 이하에 나오는 처음 난 것(식물이나 사람을 포함한 모든 육축에 대한 첫 소생 또는 첫 산물), 그리고 마지막으로 십일조가 있습니다.

먼저 제사 예물과 관련해서 제사장 몫은 '지성물, 지극히 거룩한 예물 가운데 불사르지 않은 것'이고(9절), 또한 소제와 속죄제와 속건 제물은 다 지극히 거룩한 것이므로 제사장에게 주었고, 이스라엘 자손이 드리는 거제물과 모든 요제물을 그들에게 영원한 몫으로 주셨습니다(11절).

둘째로 처음 난 것, 그것이 곡식이든 짐승이든 모든 처음 난 것으로 여호와께 드리는 것이 제사장의 몫입니다(12-18절). 특별히 드

---

[40] 화목제 희생 중에서 흔든 가슴과 든 뒷다리가 제사장의 몫입니다(레 10:14-15).

린 모든 것은 레위기 27장에 나오는 서원에 관한 것으로 보입니다(레 27:28). 처음 난 식물은 최고로 좋은 것을 여호와께 드리고, 사람에 대해서는 성전세와 같은 성소의 세겔을 드립니다. 제사장은 좋은 것을 먼저 받을 것이라 생각할지 모르지만, '그 땅의 처음 익은 모든 열매'는 하나님께서 그들에게 주시겠다고 하시는 약속의 땅에서 얻은 열매입니다. 결실한다는 것은 긴 시간과 수고가 필요합니다. 시간과 수고와 정성만으로는 부족하고 적당한 빛과 풍부한 수량, 바람 등 모든 기후 여건 그리고 비옥한 땅까지 모든 외적인 요소 없이는 최상의 열매를 얻을 수 없습니다. 그러므로 척박한 땅에서 최상의 것을 가져오라는 것은 심술이 아니라, 그 땅에서 열매를 맺기까지 하나님께서 베푸신 모든 은혜에 대한 감사의 고백임을 기억해야 합니다.

> 이스라엘 자손이 여호와께 거제로 드리는 모든 성물은 내가 영구한 몫의 음식으로 너와 네 자녀에게 주노니 이는 여호와 앞에 너와 네 후손에게 영원한 소금 언약이니라_19절

소금은 부패 방지에 중요한 재료입니다. 신선도를 유지하게 하는 소금은 보존, 변질 방지를 의미하는 만큼 제사장 몫으로 주시겠다는 것은 이후에도 계속 지켜야 할 규례입니다.[41] 그러므로 여기에 어

---

41  한 가지 생각할 것은 영원한 규례, 소금 언약과 같은 표현을 어떻게 이해할 것이냐입니다. 영원한 규례이니 지금도 지켜야 할까요? 지금, 목사가 제사장이고 교회 헌금은 목회자의 몫입니까? 영원한 규례라고 해도 이 규례는 율법이라는 큰 그릇 안에서만 영원합니다. 율법은 개혁할 때까지 맡겨 둔 것인데, 그 개혁은 예수 그리스도의 오심으로 완성되었습니다. 제사장은 대제사장이신 예수 그리스도의 오심을 위해서 구약에서는 항상 존재해야 했고,

떤 의심이나 반론을 제기해서는 안 됩니다. 그럼에도 하나님께서 영원한 규례로 정하신 것을 왜 사람들은 의심하고 거기에 반론을 제기할까요? 신뢰 관계에 금이 갔기 때문입니다. 만약 제사장이 성실하지 않다면, 백성들은 그들에게 자기들이 여호와께 드리는 것을 낭비하는 자들이라는 불신을 보일 것입니다. 그것은 백성들이 최선의 것을 드리지 않는 악순환을 낳습니다. 그러나 제사장이 자신에게 큰 책임이 있다는 사실을 잊는 순간 하나님께서는 그를 책망하실 것이기에 백성들은 그것을 걱정할 필요가 없습니다. 또한 제물은 하나님께 드리는 것이지 사람에게 드리는 것이 아니므로 드리는 자는 최상의 것을 드려야 합니다.

왜 하나님께서 제사장의 몫을 챙겨 주십니까?

여호와께서 또 아론에게 이르시되 너는 이스라엘 자손의 땅에 기업도 없겠고 그들 중에 아무 분깃도 없을 것이나 내가 이스라엘 자손 중에 네 분깃이요 네 기업이니라_20절

12지파 가운데 레위 지파는 기업이 없고, 대신 요셉의 두 아들 므낫세와 에브라임이 기업을 받았습니다. 아론과 레위 지파는 하나님

---

제사장을 통해서 제사를 드리는 의식은 그리스도의 속죄 제사를 통해 우리의 구속이 완성되기까지 계속 보존되고 지켜져야 했습니다. 그리스도가 오신 후에는 어떻습니까? 제사 제도나 레위 지파, 성전 자체가 없으므로 더 이상 이 규례는 지속되지 않습니다만, 그럼에도 불구하고 영적인 원리는 교훈받아야 합니다. 다시 말해 목사가 제사장은 아닙니다만, 이 말씀이 오늘날 목회자들이 교회로부터 사례를 받는 것과 관련한 근거 본문은 될 수 있다는 점입니다. 목회자들은 교회를 세우는 일을 하고, 성도를 목양하는 일에 구별되게 부름받은 자들입니다. 교회에서 그들의 봉사와 성도들의 삶은 분리될 수 없습니다.

의 성소를 섬기는 일로 구별되었고, 이스라엘 전체가 하나님을 섬기는 백성인데 그 대표성을 아론과 레위 지파는 부여받았습니다. 그러나 하나님께서 하나님 당신에게 드려진 것을 제사장의 몫으로 주시는 가장 중요한 이유는 무엇입니까? 하나님 당신이 그들의 분깃이심을 가르치시기 위해서입니다. 하나님께서 나의 산업이요, 나의 몫이요, 내 수고의 대가이자 내 섬김에 되돌아오는 보상이라는 뜻입니다. 이 말이 이해가 되십니까?

우리는 물질적인 보상과 몫에 익숙한 세상 경제 논리 안에 살기 때문에 이것이 낯섭니다. 그러나 성도가 물질적인 보상에 익숙한 6일 동안의 삶을 살더라도 주일에 와서 말씀을 배우고 성경을 묵상하고 기도를 하면서 되새겨야 할 중요한 핵심이 바로 이것입니다. 하나님께서 나의 보상이자 산업이자 내 전부시라는 것입니다. 물질적인 유익을 얻고 보이는 것들, 집이며 차며 자식들의 성공이며 안전하고 보장된 삶이 있더라도, 그것이 우리 영혼을 채울 수 없고, 오직 나에게 가장 만족할 만한 보상과 몫은 하나님이심을 재확인하고 다시 고백하는 것입니다.

셋째로 레위 지파의 분깃은 이스라엘이 드리는 십일조였습니다.

> 내가 이스라엘의 십일조를 레위 자손에게 기업으로 다 주어서 그들이 하는 일 곧 회막에서 하는 일을 갚나니 이후로는 이스라엘 자손이 회막에 가까이하지 말 것이라 죄값으로 죽을까 하노라_21-22절

'갚는다'는 표현이 마치 빚을 진다는 인상을 주는데, 하나님께서 빚 지신 것이 아닙니다. 금송아지 사건 이후에 레위 지파를 구별하

신 것은 은혜이므로 그들이 하나님을 가까이 섬기는 것 자체가 은혜입니다. 그런데도 그들이 회막에서 봉사할 때 하나님께서는 이스라엘의 십일조를 그들의 몫으로 주셨습니다. 그들도 기업이 없기 때문입니다(23-24절). 이스라엘에게 십일조를 명령하신 것은 성막에서의 봉사가 온전히 이루어지도록 하시기 위함입니다. 주님을 섬기는 데 필요한 모든 것이 원활해지기 위해서 레위인들의 봉사가 필요한데, 여기에 이스라엘 백성들이 드리는 십일조가 사용되었습니다. 십일조 자체가 자신을 주님의 것으로, 하나님께 감사로 드리는 것이므로, 레위인들이 이스라엘의 십일조를 받아서 봉사한다는 점은 레위인의 봉사가 이스라엘의 봉사를 대신한다는 점과도 일맥상통합니다. 레위인들이 봉사를 하지 않는 것은 이스라엘이 봉사하지 않는 것과 같습니다.

레위인들 역시 십일조를 드렸는데, 십일조의 십일조를 거제로 드렸습니다. 이는 백성들이 드린 것을 제사장에게 드린 원리와 같습니다(26-28절). 그것은 하나님께 타작 마당에서 나온 곡물이나 포도즙 틀에서 받은 풍성한 포도즙처럼 여겨졌습니다. 레위인들이 하나님께 거제로 드린 그 거제물은 아론의 몫으로 돌렸습니다. 그리고 백성들이 드린 아름다운 것 중에 제사장이 한 부분을 취하고 남은 부분은 레위인에게 주어서 그들의 몫을 삼았습니다. 이것이 회막에서 일한 레위인들의 보수라고 하셨습니다(31절). 그러나 레위인의 보수는 돈벌이에 따라 주어진 것이 아닌 겹겹의 은혜입니다. 하나님을 가까이 섬길 은혜를 주신 것도 감사한데, 그 봉사에 대해서 보수까지 주시니 겹겹의 은혜입니다. 거기에는 자기에게 주신 것에 만족하고,

더 탐내거나 게을러지지 말라는 뜻이 담겨 있습니다. 다른 한편으로 레위인들의 굶주림은 이스라엘이 내는 십일조가 부족하기 때문이고, 그것은 이스라엘 백성들의 불경건과도 연결되어 있습니다.

> 너희가 그중 아름다운 것을 받들어 드린즉 이로 말미암아 죄를 담당하지 아니할 것이라 너희는 이스라엘 자손의 성물을 더럽히지 말라 그리하여야 죽지 아니하리라_32절

이 말씀은 혹시라도 자신들이 받은 것에 감사하지 못하고 부족하다 여기고 탐심을 품어 하나님께 드려진 것에 손을 대는 죄를 저지르지 말라는 경고입니다. 이스라엘 자손이 여호와께 드린 성물을 더럽히지 말라는 것은 하나님께서 주신 것에 만족하라는 것입니다. 제사장이나 레위인은 자기 것을 챙기지 않고 하나님께 드리는 것이 잘 돌아가도록 백성들을 가르치고 권면합니다. 그것의 일부를 자신들에게 돌림으로 자꾸 탐심에 따라 그것을 엿본다면, 그들도 하나님 앞에서 범죄하는 것입니다.

왜 하나님께서 제사장을 챙기실까요? 그것이 그리스도와 연결되기 때문 아니겠습니까? 그렇다면 이스라엘 백성들이 드리는 예물, 십일조는 어떤 의미가 있습니까? 제사장과 레위인들을 먹이는 것이 백성들이고, 백성들이 주는 것으로 그들이 산다고 생각하십니까? 그렇다면 그런 생각은 버려야 합니다. 오히려 이 모든 것들은 그리스도를 섬기는 일이고 그리스도의 교회를 위한 봉사입니다.

오늘날 목회자는 제사장도 레위인도 아닙니다. 그렇지만 그 역할이 성도들을 하나님 말씀으로 세우고 돌보는 일이므로, 교회에서 생

활비를 받습니다. 바울이 고린도교회를 향해서 가르치고 있는 것이기도 합니다. 구약의 정신이 여호와를 잘 섬기는 일을 통해 하나님께서 당신을 가까이 섬기는 직분자를 먹이시는 것이라면, 오늘날 성도들이 합당한 십일조를 드리고 당신을 잘 섬기는 일을 통해 하나님께서 당신 교회의 일꾼들을 먹이신다는 적용은 충분히 가능합니다. 제사장과 백성들이 서로에게 의무를 다하듯, 목회자와 성도들도 서로에게 섬김과 사랑을 다하는 것이 참으로 바람직한 일입니다.

이 모든 일이 무엇을 위한 것입니까? 여호와 하나님께서 우리의 분깃이시요 기업이심을 배우는 데 있습니다. 목회자들은 그 주신 것에 감사하고 하나님만을 신뢰함으로 하나님만을 의지하는 삶을 모델로 보이고, 성도들은 오직 하나님께 성심성의껏 십일조를 드리고 예물을 드림으로 하나님만을 의지한다는 것을, 하나님이 나의 기업이시라는 믿음으로 사는 것을 실천하고 배웁니다. 이것이 우리가 하나님께 예배하고 섬기는 목표입니다.

# 39 부정을 깨끗하게 하는 물
민 19:1-22

본문은 정결을 말씀합니다. 직분자들이 아닌 백성들을 향하여 부정함을 제거하라는 명령입니다. 하나님께서는 백성들 모두가 정결한 삶에 관심 갖기를 원하십니다. 부정하고 더러운 것을 멀리하는 삶을 둔감하게 여기거나 소홀하게 생각하지 말라는 것입니다.

우리는 음란한 문화 속에서 살아가기에, 의도하지 않아도 귀로 듣게 되기도 하고 눈으로 스치기도 합니다. 축제를 가장한 부정한 공연, 불순한 의도에서 나온 모든 더러운 것을 우리의 의지와 상관없이 보기도 하고 듣기도 하는 등 유혹을 받고 있습니다. 그런 사회, 문화적 현상을 보면서 정결하고 순결한 삶, 진실하고 정직한 것에 대한 불감증이 생길 수 있습니다. 나 혼자 깨끗하다고 세상이 달라지는가? 어쩌면 엘리야는 하나님을 경외하는 사람이 자신밖에 없다는 것에 크게 절망하며 두려워했을 것입니다. 그러나 자신의 눈에는 보이지 않으나 하나님께서 숨겨 놓으신 사람이 있다는 사실을 알고 힘을 냈습니다. 나 혼자 깨끗하고 정직하게 살려는 것이 아니고, 하나님 앞에서 정직하게 사는 것이 하나님의 뜻임을 기억해야 합니다.

그리고 하나님께서는 모세와 아론에게 정결의 문제를 이스라엘 자손에게 말하게 하시는데, 이는 정결의 문제가 어느 한두 사람의 일이 아닌 공동체 전체의 관심사이기 때문입니다. 정결해지기 위해서는 씻어야 합니다. 그런데 단순히 물로 씻는 것이 아니라 '부정을 씻는 물'을 만들어서 그것으로 씻어야 합니다(9절). 이 물은 어떻게 만듭니까? 먼저 이스라엘 자손이 온전하여 흠이 없고 아직 멍에를 메지 않은 붉은 암송아지를 제물로 가져오면 제사장 엘르아살이 잡습니다. 그는 이 암송아지를 잡아서 피를 찍고 그 피를 회막 앞에 일곱 번 뿌린 후에 번제로 드리는데, 가죽과 고기와 피와 똥을 불사릅니다. 대개 피는 흘리는 것인데 여기에서는 태웁니다. 태울 때 백향목과 우슬초와 홍색실을 함께 태우고, 그 뒤 재(ash)를 거두어 진 밖 정결한 곳에 두었다가 부정을 제거하기 위한 물을 만듭니다.

이때 제사장은 진에 들어가기 전 옷을 빨고 몸을 씻어야 합니다. 암송아지의 재를 거둔 사람도 옷을 빨아야 합니다. 우리는 거룩한 일을 하면 그 사람은 당연히 거룩한 상태라고 생각할 것입니다. 그러나 거룩한 일을 하고 있다고 해서 그 사람이 자연스럽게 거룩한 것은 아닙니다. 거룩한 일을 하는 그 자신도 거룩에 신경 써야 합니다. 제물을 태우는 제사장이나 태운 재를 거두어서 부정을 제거하는 물을 만드는 일에 참여하는 사람 모두 거룩한 일을 하고 있습니다. 그러나 그들 자신도 제물을 잡고 불로 태우는 과정에서 외부로부터 부정한 것을 접촉할 수 있습니다. 더러움을 깨끗이 하기 위해서 희생 제물을 잡지만, 그 과정에서 더러워질 수 있으므로 제사장이나 재를 수거하는 사람도 옷을 빨고 몸을 씻고 저녁이 지나가야 하는 3가지의 요구 조건이 충족되어야 다시 정결하게 됩니다.

주님의 일을 하는 사람이면 모두 거룩합니까? 주님의 일을 하는 사람이라도 더러운 죄악에 유혹받을 수 있습니다. 그러므로 더욱더 깨어 근신해야 하고, 주님의 일을 하면서도 주님 앞에 자신을 거룩하게 세우려는 믿음으로 하지 않으면 안 됩니다. 우리 안에서 쏟아져 나오는 더러움도 제거해야 하지만 외부로부터 오는 더러움도 경계해야 합니다.

특별히 백성들에게는 외부로부터 오는 부정을 주의시킵니다. 시체를 만지는 사람은 7일 동안 부정합니다. 3일째와 7일째에 정결케 해야 합니다. 여기에서 죽음 자체를 하나님의 진노로 보는데, 사람의 시신이든 짐승의 사체이든 거기에 있는 부패함은 사람을 부정하게 한다는 것입니다. 아직 죽음이 정복되는 십자가의 은혜가 분명히 나타나기 전이므로, 죽음은 사람을 부정하게 합니다. 이런 사람은 성막에 들어올 수 없습니다(13절).

부정함은 접촉을 통해서 전파되기 때문에 부정하게 되는 것을 더욱 신경 써야 합니다. 장막에 있는 사람이 죽으면 그 장막에 출입하는 모든 사람이 부정하고, 시체나 사체 그리고 무덤을 만지는 사람도 7일 동안 부정합니다.

이 사람들이 정결케 되기 위해서는 진 밖 정결한 곳에 두었던 재를 사용하는데, 그 방법은 다음과 같습니다.

그 부정한 자를 위하여 죄를 깨끗하게 하려고 불사른 재를 가져다가 흐르는 물과 함께 그릇에 담고 정결한 자가 우슬초를 가져다가 그 물을 찍어 장막과 그 모든 기구와 거기 있는 사람들에게 뿌리고 또 뼈나 죽임을 당한 자나 시체나 무덤을 만진 자에게 뿌리되 그 정결한 자가 셋째 날과 일곱째 날에 그 부정한 자에게 뿌려서 일곱째 날에 그를 정결하게 할 것이며 그는 자기 옷을 빨고 물로 몸을 씻을 것이라 저녁이 면 정결하리라_민 19:17-19

만약 부정한데도 이 물로 씻지 않는 사람은 총회 중에서 끊어질 것이라고 경고합니다(20절). 하나님의 성소가 있는 거룩한 모임에 참여할 수 없게 됩니다.

여기에서 두 가지 교훈을 기억해야 합니다. 첫째, 하나님께서는 우리에게 더러워지지 않는 삶을 요구하십니다. 정결한 삶을 사는 일에 더 신경 쓰라는 것입니다. 성도의 교제를 한다면서 세상 사람들이 만나서 하는 이야기처럼 그 안에 하나님도 없고, 하나님의 섭리나 다스림, 하나님의 은혜가 없다면, 그것이 하나님께서 원하시는 성도의 교제인가 점검해 봐야 합니다. 물론 꼭 성경 이야기만을 하라는 것도 아니고, 그것이 아니면 입을 막으라는 것도 아닙니다. 단지 우리의 말과 행동 안에 성령님의 인도하심이 있는지 확인해 보라는 말씀입니다.

둘째, 오직 하나님 앞에서만 부정함을 씻을 수 있습니다. 스스로 정결케 한다고 해서 자기 힘과 노력으로 하라는 말은 아닙니다. 제물을 가져와서 그 제물의 피를 태운 재로 만든 물을 뿌려 정결케 해야 합니다. 이 재로 만든 물을 뿌리는 것은 구속사적인 의미에서 예수 그리스도의 피로 씻어 주심을 예표합니다(히 9:12-14).

그리스도의 피는 죽은 행실로부터 우리 양심을 깨끗하게 하시는 보혈입니다. 죽은 행실이란 죽은 사람은 아무것도 할 수 없다는 뜻인데, 우리가 그렇게 죄로 죽은 존재여서 아무것도 할 수 없는 상태에서 우리를 깨끗하게 하셔서 살아 계신 하나님을 섬기며 살게 하시는 은혜는 그리스도의 피로 죄를 씻어 내시는 은혜로부터 나옵니다.

> 그가 빛 가운데 계신 것같이 우리도 빛 가운데 행하면 우리가 서로 사귐이 있고 그 아들 예수의 피가 우리를 모든 죄에서 깨끗하게 하실 것이요_요일 1:7

우리 모든 죄를 깨끗케 하는 것은 예수님의 피밖에 없습니다.

한 가지 더 생각할 것은 "부정한 자가 만진 것은 무엇이든지 부정할 것이며 그것을 만지는 자도 저녁까지 부정하리라"는 말씀입니다. 부정은 접촉에 의해 전염됩니다(22절). 그러나 접촉을 통해서 오히려 우리를 깨끗케 하시는 분이 누구십니까? 예수 그리스도이십니다.

예수님께서는 죽은 소녀를 다시 살리셨습니다(막 5:38-43). 예수님께서는 그 소녀가 죽은 것 때문에 심히 울며 통곡하는 사람들에게 '그 아이는 죽은 것이 아니라 잔다'라고 말씀하셨습니다. 하지만 사람들은 예수님을 비웃었습니다. 그때 예수님께서는 사람들을 다 내보내신 후 아이의 부모와 당신과 함께한 자들을 데리고 아이 있는 곳에 들어가셔서 그 아이의 손을 잡고 말씀하셨습니다. "달리다굼." 그 명령에 소녀는 일어나 걸어 다녔습니다. 사람들은 크게 놀라고 경악했습니다. 하지만 정말로 놀라운 것은 예수님께서 부정한 시신을 만지셨음에도 부정하게 되시지 않았고, 오히려 그 만지심으로 그 아이를 부정한 죽음에서 건져 내어 그 아이에게 새로운 생명을 부여하셨다는 점입니다.

우리 주님께서는 부정하고 저주스러운 죽음의 공포 속에서 우리를 건져 내셔서 정결하고 은혜로운 새 생명의 은혜 가운데 살아가게 하시는 구원자이십니다. 슬픔을 기쁨으로 바꾸시고, 통곡하는 소리를 찬양하는 소리로 바꾸십니다. 마음이 상해 있는 사람들의 심령을 회복시키셔서 마음에 즐거움이 가득하게 하시는 생명의 주님이십니다. 바로 우리가 섬기고 의지하는 예수 그리스도의 은혜가 생명입니다. 모든 더러움을 멀리하시고 주님을 더욱 가까이하십시오.

# 40 약속의 땅이 허락되지 않은 이유

민 20:1-13

이스라엘은 출애굽 2년 20일에 시내 광야를 출발하여 바란 광야에 도착했습니다(민 10:12). 바란 광야를 지나는 동안 불평, 반역, 정탐 실패와 같은 굵직한 사건들이 있었습니다. 특히 정탐 보고 이후 약속의 땅에 들어가는 것에 반대한 죄 때문에 광야에서 소멸되기까지 38년을 광야에서 보내야 했습니다(민 14:33). 이후로도 고라 일당이 하나님께서 세우신 직분 제도 자체를 반대하면서 성전 제도 자체가 무너질 위기에 처했을 때 하나님께서는 그 모든 것을 바로 잡아 주셨습니다. 그렇게 이스라엘 출애굽 1세대는 40년 동안 광야에서 지냈습니다.

민수기 20장에는 출애굽을 이끌었던 지도자들의 결말이 나옵니다. 미리암의 죽음과 아론의 죽음이 등장하고, 모세는 약속의 땅에 들어갈 수 없다는 선고를 받습니다. 어떤 면에서는 가장 비극적인 내용이기도 합니다.

첫째 달에 이스라엘 온 회중이 신 광야에 이르렀습니다. 시내 광야에서 출발해서 바란 광야를 거쳐 신 광야에 이르렀는데, 시간은 출애굽 이후 40년이 흘렀습니다. 민수기 20장 말미에 아론의 죽음이 등장하는데, 아론은 출애굽 한 지 40년 5월 1일에 죽습니다(민 33:38). 그의 죽음이 나온 것으로 보건데 신 광야에 온 첫째 달은 출애굽 40년의 첫째 달입니다.

이스라엘이 신 광야의 가데스에 머물 때에 모세와 아론의 누이 미리암이 죽습니다. 미리암의 나이는 상당히 많았을 것입니다. 모세가 갈대 상자에서 바로의 딸에게 발견되었을 때 그녀는 그 일을 지켜 봤고, 이후 모세는 80세에 출애굽을 이끌었고, 다시 지금 40년이 흘렀으니 그녀는 최소 120년 이상을 살았습니다. 그녀는 여성들을 이끌며 하나님의 높으심과 영광스러움을 찬송했던 리더였습니다(출 15:20-21). 그러나 늘 높아지려는 야망은 하나님께서 정하신 질서를 무시하려는 죄를 짓게 만드는데, 그녀도 아론과 함께 모세가 구스 여자를 아내로 맞이한 것을 비난하면서 모세를 반대했다가 나병에 걸리는 벌을 받기도 했습니다(민 12:10; 신 24:9-10). 그녀는 그렇게 출애굽의 영광을 찬송하던 자리에서 나병의 자리까지 추락했다가 다시 회복되었지만, 정탐꾼의 보고를 믿지 않고 광야에서 죽은 다른 출애굽 1세대처럼 약속의 땅에는 들어가지 못했습니다.

그런데 모세도 약속의 땅에 들어가지 못합니다. 어떤 한 사건 때문입니다. 그 사건은 과거에 르비딤에서 이스라엘 자손이 물이 없어 하나님과 다툰 사건의 판박이입니다(출 17:1-7).[42] 40년이 지난 지금에

---

42　르비딤에서의 므리바(출 17:7; 시 95:8)와 가데스의 므리바(민 20:13; 시 106:32)는 같은 이름을 가졌으나 다른 곳입니다.

도 이스라엘이 같은 모습인 것은 이스라엘의 신앙이 나아진 것이 없음을 보여 줍니다.

이스라엘은 이번에도 물이 없어서 모세와 아론을 대적했습니다 (3-5절). 물은 없으나 하나님께서 매일 먹여 주셨고, 그들이 일하지 않아도 먹을 수 있는 양식을 공급받았습니다. 그런데 그들의 불평은 목마른 것 때문이 아니었습니다. 그들은 파종할 곳이 없다고 말하는데, 자신들이 일하고 싶어도 일할 곳이 없다는 억지 논리입니다. 파종하는 수고를 통해 스스로 소출을 얻고 싶다는 것입니다. 파종할 곳, 무화과, 포도, 석류는 없지만 만나와 메추라기는 있지 않습니까? 물이 없으면 물을 달라고 하면 될 것을, 다른 음식들을 나열하는 것은 물을 핑계 삼지만 여전히 그들 마음에는 애굽의 음식들을 향한 그리움이나 또 다른 야망이 불타오르고 있음을 엿볼 수 있는 대목입니다. 탐욕이 그 마음에 자라나면 주신 것에 늘 만족하지 못하고 은혜를 은혜로 여기지 않게 됩니다. 받은 것을 당연하게 여기고, 지족하는 마음이 사라져 버립니다. 결국 감사 없는 삶, 하나님을 향하여 생기를 잃어버린 삶을 삽니다. 불평의 속내는 하나님을 향한 불신앙입니다. 성도의 마땅한 태도는 감사인데, 감사도 아니고 불만족과 불신앙도 아니라면 그 중간이라고 변명할지 모르나 실제로는 감사 아니면 불만족입니다.

모세와 아론은 총회 앞을 떠나 회막 문으로 갑니다. 회막은 백성들의 폭행을 피할 수 있는 피난처였습니다. 그들은 여호와 앞에 엎드립니다. 그때 여호와의 영광이 나타납니다. 고기가 먹고 싶다고 불평할 때도, 정탐꾼의 불성실한 보고에 반대하면서 약속의 땅에 들어가

자고 한 여호수아와 갈렙을 향해 돌을 들 때도, 그리고 고라 자손이 모세와 아론을 대적하려 할 때도 여호와의 영광이 나타났습니다(출 16:10; 민 14:10; 16:19). 이스라엘은 모세와 다투는 것이 아니고 하나님과 싸우고 있기에 하나님께서 당신의 영광을 나타내신 것입니다.

여호와께서 모세에게 지팡이를 가지고 회중이 보는 앞에서 반석에게 명령하여 물을 내게 하고 그 물로 회중과 그들의 짐승에게 마시게 하라고 명령하셨습니다(8절). 모세가 무생물인 반석에게 명령하면 하나님께서 물이 나오게 하실 것이라 말씀하셨습니다. 이스라엘은 하나님께 반항하지만, 무생물인 반석은 명령에 순종하여 물을 낼 것입니다. 보고 들어도 순종하지 못하는 이스라엘은 반석만도 못한 존재가 아니고 무엇이겠습니까?

이때 모세는 예상외의 행동을 합니다. "모세가 그들에게 이르되 반역한 너희여 들으라 우리가 너희를 위하여 이 반석에서 물을 내랴"(10절). 그러고는 지팡이로 반석을 두 번 쳤습니다.

우리가 보기에 모세가 얼마나 답답했으면 '반역한 사람들아, 우리가 너희를 위해서 이 반석에서 마실 물을 나오게 해야 하겠소'라고 했을까요? 그러나 그것은 하나님에 대한 심각한 불신앙이었습니다. 하나님의 명령을 수행하면서 불신앙을 저지른 것입니다. 무엇보다 하나님의 거룩함을 드러내지 못한 것이 핵심입니다. 하나님의 영광을 드러내지 못함으로 그 자신도 범죄했습니다(신 3:26). 우리의 행위가 표면적으로는 하나님을 순종하는 것 같지만, 그 속에는 사람들의 눈을 피하는 숨은 결점들이 많습니다. 이 결점들은 하나님께만 보이고 하나님만 간파하실 수 있습니다.

신앙이란 하나님의 말씀 그대로를 순종하는 것입니다. 가감하지 않고, 의심하지 않고, 그 명령을 왜곡시키지 않고, 순전하신 말씀에 순종하는 것이 신앙입니다. 그런데 모세는 어떻게 했습니까? 하나님께서는 당신을 믿지 못하는 모세를 보셨습니다. 지금까지 모세가 얼마나 하나님 말씀대로 해 왔는지 아시지 않습니까? 이스라엘이 금송아지를 만들고 무리를 지어 반역하고 왜 우리를 광야로 이끌어 냈느냐고 아우성칠 때도, 하나님께서 이스라엘을 다 멸하고 새로운 사람들을 데려다 쓰겠다고 하셨을 때도 백성들을 대신해서 하나님의 은혜와 긍휼을 구하지 않았습니까? 그런데 모세가 하나님을 믿지 못하다니요? 그 누구보다 온유한 사람인데 여기에서 하나님을 믿지 못했다니 왜 그랬을까요? 하나님께서 모세에게 명령하면 물을 내시겠다고 말씀하셨지만, 모세는 이것을 받아들이지 못해서 의심했을 수도 있습니다. 하나님께서 하실 일인데, 자신이 물을 내는 것처럼 말한 것입니다. 모세는 하나님께서 과거에 하신 것처럼 이번에도 능히 하실 수 있음을 확신 있게 드러냈어야 합니다. 그 불확실, 망설임은 지팡이로 두 번 내리치는 것으로 나타났습니다. 이는 모세가 이스라엘의 반복되는 불순종을 비난하면서 자신만의 열의와 열심을 가지고 한 행위입니다.[43] 그러나 모세의 행위는 이스라엘로 하여금 하나님을 향한 신뢰를 갖게 만드는 것이 아니었습니다.

---

**43** 이때 백성들 앞에서 자신의 부족한 감정을 표현했을 수도 있습니다. 백성들을 향한 분한 마음을 감안하면 반석을 어떤 식으로 쳤을지 상상해 보십시오. 지팡이가 부러지도록 내리치지 않았을까요? 아니면 아직도 불평밖에 모르는 백성들을 향해서 그들의 응석과 투정에 지친 것처럼 성의 없이 내리쳤을까요? 어떤 모양으로 쳤든지, 두 번 친 것은 반석을 향해서 명령하라는 말씀에 불순종한 것입니다.

무엇보다 모세의 행위는 백성들 때문에 생겨난 충동적 행동으로 봐야 합니다. 즉 백성들의 불순종에 너무 마음이 쓰여서 하나님의 은혜를 인식하지 못했던 것입니다. 칼뱅은 민수기 20장 23절을 이렇게 해석합니다.

> 모세와 아론이 하나님의 말씀을 거스렀기 때문에 그 땅에 들어갈 수 없다는 책망은 모세와 아론을 위해서라기보다는 그 백성이 그들보다 열 갑절이나 더 멸망을 받아야 함을 스스로 알게 하시려는 것이었다. 왜냐하면 그들이 불순종함으로써 그 거룩한 사람들을 악하게 만들었으며 그리하여 이 거룩한 자들이 지나친 열심 중에 믿음으로부터 거의 떨어져 나가게 되었기 때문이다.[44]

모세의 행위는 백성 앞에서 하나님의 거룩하심을 드러내지 못했습니다. 나답과 아비후는 거룩함을 드러내지 못해 그 자리에서 죽었습니다. 거룩하지 않은 사람이 성소에 접근하면 죽게 됩니다. 하나님께서는 거룩하시기에 당신을 가까이 섬기는 자들을 통해서 거룩하시다는 찬송과 영광을 받기 원하십니다. 참으로 두렵기도 하고 경각심을 일으키는 말씀입니다.

모세는 불신앙으로 하나님의 거룩하심을 드러내지 못했고, 그 결과 약속의 땅에 들어갈 수 없다는 충격적 선언을 듣습니다. 이것은 모세가 구원을 얻지 못했다거나 천국에 못 들어갔다는 뜻이 아닙니

---

[44] 존 칼빈 성경 주석 출판 위원회, 『존 칼빈 구약 성경 주석 6: 출애굽기, 레위기, 민수기(4), 여호수아(1)』(서울: 성서교재간행회, 1987), 97-98.

다. 모세도 출애굽 1세대와 같은 운명에 처해졌다는 뜻이고, 아무리 모세라도 그 불신앙에 대한 죄, 거룩함을 나타내지 못한 죄에 대한 책임을 져야 한다는 뜻입니다. 그렇게 이해한다 하더라도 약속의 땅을 위해 걸어가는 성도가 그 땅에 들어갈 수 없다는 것은 참으로 뼈아픈 선언이 아닐 수 없습니다.

모세는 이 선언을 듣고 무엇을 생각했을까요? '하나님께서 나에게 왜 이러시나'라고 생각했을까요? '내가 그동안 어떻게 섬겨 왔는데' 하는 서운함을 말했을까요? 사도 바울의 예를 들어봅시다. 사도 바울은 하나님께 자기 육체의 가시가 떠나기를 세 번 기도했습니다. 그때 하나님은 말씀하십니다.

내 은혜가 네게 족하도다 이는 내 능력이 약한 데서 온전하여짐이라_
고후 12:9

이에 바울은 이렇게 반응합니다.

도리어 크게 기뻐함으로 나의 여러 약한 것들에 대하여 자랑하리니 이는 그리스도의 능력이 내게 머물게 하려 함이라 그러므로 내가 그리스도를 위하여 약한 것들과 능력과 궁핍과 박해와 곤고를 기뻐하노니 이는 내가 약한 그때에 강함이라_고후 12:9-10

모세가 하나님께 다시 그 땅에 들어갈 수 있게 해 달라고 기도하지 않은 것이 아닙니다. 그때 하나님께서는 "그만해도 족하니 이 일로 다시 내게 말하지 말라"고 하셨습니다(신 3:26). 그래서 모세는 그 땅을 바라보는 것으로 만족해야 했습니다(신 3:27; 34:4). 이 사건으로 모세는 자신의 본분이 무엇이었는지를 생각했을 것입니다. 하나님 앞에서의 거룩함, 곧 하나님을 가까이 섬기는 자들에게 필요한 것이 거룩함이었음을 생각하며 그래도 하나님께 감사했을 것입니다.

이처럼 하나님께서 직분자들에게 기대하시는 것은 당신의 거룩하심을 드러내는 것입니다. 그것이 어디 직분자에게만 해당할까요? 당신도 하나님을 가까이 섬기는 자가 아닙니까? 예수 그리스도 안에서 늘 하나님을 섬기는 성도들에게 기대하시는 것이 있다면 바로 거룩함입니다. 그것은 하나님을 굳게 신뢰하는 믿음으로 표현되고, 순종으로 증명됩니다. 거룩하게 살기를 힘쓰시고 은혜를 구하십시오.

마지막으로, 이곳의 이름을 므리바의 물이라고 명명했습니다. 이름을 짓는 이유는 후세대에게 배은망덕을 경계시키고 하나님의 자비를 기억시키기 위함입니다.

이는 그들로 후대 곧 태어날 자손에게 이를 알게 하고 그들은 일어나 그들의 자손에게 일러서 그들로 그들의 소망을 하나님께 두며 하나님 께서 행하신 일을 잊지 아니하고 오직 그의 계명을 지켜서 그들의 조상들 곧 완고하고 패역하여 그들의 마음이 정직하지 못하며 그 심령이 하나님께 충성하지 아니하는 세대와 같이 되지 아니하게 하려 하심이로다_시 78:6-8

너희는 므리바에서와 같이 또 광야의 맛사에서 지냈던 날과 같이 너희 마음을 완악하게 하지 말지어다_시 95:8

이렇게 말씀하신 후에 하나님께서는 자신의 거룩하심을 나타내셨습니다. 거룩은 피조물과 비교할 수 없는 하나님의 완전하심과 높으심을 표현하기도 하면서, 동시에 죄와 더러움에서 구별되는 차원을 설명하기도 합니다. 여기 나타난 거룩함은 이스라엘 백성들의 죄와 부정한 태도를 책망하시기 위함이자 당신의 거룩함을 드러내지 못한 것에 대해 친히 당신이 거룩하심을 드러내어 높이시기 위함입니다.

성도는 하나님의 거룩하심을 드러내기 위해 교회로 모입니다. 그리고 하나님의 말씀을 순종함으로써, 일상에서 하나님과 동행함으로써 거룩한 백성답게 살아가려고 애씁니다.

# 41 에돔의 저항과 아론의 죽음
민 20:14-29

이스라엘이 여기까지 온 과정을 간략하게 요약하면 다음과 같습니다. 이스라엘은 출애굽 2년 20일에 시내 광야를 출발하여 바란 광야에 도착했습니다(민 10:12). 이 과정에서 일어난 일을 보면, 다베라에서 불평하자 불이 나와 그들을 살랐습니다(민 11:3). 그리고 기브롯 핫다아와에서는 고기를 먹고 싶다는 탐욕에 대한 심판으로 고기가 이 사이에 있어 씹히기도 전에 하나님의 진노로 말미암아 사람들이 죽었습니다(민 11:34). 그리고 하세롯에서 미리암과 아론이 모세를 비방하자 미리암이 나병에 걸렸습니다.

하세롯에서 출발하여 바란 광야에 있는 가데스 바네아에 진을 치고, 거기에서 12정탐꾼을 보냅니다(민 12:16; 13:26). 정탐 보고 이후 약속의 땅에 들어가는 것에 반대한 죄 때문에 이스라엘은 광야에서 소멸되기까지 40년을 광야에서 보내야 했습니다(민 14:33). 이 순간 그들은 회개했어야 함에도 인간적인 열의에 빠져 가나안 땅에 가겠다고 고집을 피웁니다. 하나님의 형벌을 받지 않고자 교만하게 몸부림치면서 하나님의 뜻과 정반대로 행동한 것입니다. 뒤늦게나마 가나안 땅에 들어가려 한 것이 안 한 것보다 나아 보이지만, 물론 그런 경우도 있습니다만(포도원에 가지 않겠다고 하고서 뉘우친 후에 간 아들), 이 경우는 다릅니다. 그들은 불신앙으로 가나안 땅에 들어가지 않으려 했다가 하나님의 진노 앞에서 하나님께서 원하시는 것을 하는 척해서 하나님을 진정시키려 했을 뿐입니다. 자신이 저지른 머뭇거림과 민첩하게 순종하지 못한 죄를 보상하기 위해서 무모한 짓을 한 것입니다. 불신앙은 고요해야 할 때 활발하고 신속하고 용감하다가, 하나님께서 명령하실 때에는 둔하고 느리고 죽어 있습니다. 이스라엘은 아말렉과 가나안인에게 패하여 호르마까지 후퇴합니다(민 14:45). 이런 곳들이 정확히 어디인지를 말하기는 어렵지만 대체로 홍해 남쪽입니다.

이후에 이스라엘은 광야에서 38년을 방황하고 다시 신 광야에 도착해서 가데스에 진을 칩니다. 정탐꾼의 보고를 듣고 불순종한 장소에 다시 온 것입니다. 그 사이에 많은 출애굽 1세대는 죽었을 것이지만 아직 남아 있는 사람들도 있었을 것입니다. 그 광야 38년이 그들의 불순종을 순종으로 바꾸는 연단의 기간이었을까요? 그렇지 않았습니다. 그들은 다시 불평합니다. 물이 없는 것과 일하지 못하는 것까지 포함하여 애굽에서 왜 구원해 내셨는지, 과거에 보였던 하나님을 향한 불신앙과 배은망덕에서 하나도 변하지 않은 모습을 그대로 보입니다.

이스라엘은 이제 에돔 땅을 지나가려 합니다. 그 땅을 지나가기 위해서 에돔 왕에게 허락을 받기 위한 사절단을 보냅니다(14절). 그냥 지나갈 수도 있지만 이스라엘의 큰 숫자가 지나가는 것을 오해해서 충돌이 발생하지 않도록 평화롭게 지나가기 위한 조치였습니다. 에돔은 에서의 후손으로 가나안 사람과 같은 정복 대상이 아닙니다. 에돔이 거주하는 곳은 이삭이 그에게 축복하여 유업으로 준 땅입니다. "그 아버지 이삭이 그에게 대답하여 이르되 네 주소는 땅의 기름짐에서 멀고 내리는 하늘 이슬에서 멀 것이며"(창 27:39).

이스라엘은 에돔의 호의를 간청합니다. 먼저는 인정에 호소합니다. 우리가 당한 모든 고난을 당신도 알지 않느냐는 것입니다. 우리가 애굽에서 당한 학대를 기억한다면 지나가도록 허락해 달라고 요청하고 있습니다(14절).

두 번째는 하나님의 은혜로 구원받았음을 말합니다.

우리가 여호와께 부르짖었더니 우리 소리를 들으시고 천사를 보내사
우리를 애굽에서 인도하여 내셨나이다_16절

자신들이 은혜를 받을 만큼 대단하다는 것을 자랑하는 것이 아니라 하나님의 은혜가 없었으면 자신들이 있을 수 없었음을 말합니다. 그러니 당신들에게도 아무런 해를 끼치지 않을 것이라는 의미입니다. 그리고 에돔에게 간절히 부탁합니다.

이제 우리가 당신의 변방 모퉁이 한 성읍 가데스에 있사오니 청하건대
우리에게 당신의 땅을 지나가게 하소서 우리가 밭으로나 포도원으로
지나가지 아니하고 우물물도 마시지 아니하고 우리가 왕의 큰길로만
지나가고 당신의 지경에서 나가기까지 왼쪽으로나 오른쪽으로나 치우
치지 아니하리이다 한다고 하라 하였더니_16-17절

이렇게까지 부탁했으면 에돔이 들어줄 것 같지만, 에돔은 거절합니다. 오히려 자신들의 말을 듣지 않으면 전쟁이 일어날 것이라고 알립니다.

> 이스라엘 자손이 이르되 우리가 큰길로만 지나가겠고 우리나 우리 짐승이 당신의 물을 마시면 그 값을 낼 것이라 우리가 도보로 지나갈 뿐인즉 아무 일도 없으리이다 하나 그는 이르되 너는 지나가지 못하리라 하고 에돔 왕이 많은 백성을 거느리고 나와서 강한 손으로 막으니 에돔 왕이 이같이 이스라엘이 그의 영토로 지나감을 용납하지 아니하므로 이스라엘이 그들에게서 돌이키니라_19-21절

이스라엘은 에돔의 형제 민족인데도, 이렇게 단박에 거절하다니 너무한 일입니다. 이스라엘은 이런 박대를 당하더라도 하나님의 명령대로 그 땅을 지나쳐야 합니다. 하나님께서 에돔 땅을 그들의 기업으로 주셨기 때문에 이스라엘은 불친절한 대우를 받더라도 대항하거나 불평하지 말고 우회하면서 자신들의 마음을 하나님의 뜻에 복종시키는 훈련을 해야 했습니다. 그러나 멀리 돌아가야 한다는 것때문에 불평이 생깁니다(민 21장). 하나님께서는 이스라엘의 순종을 위해 이런 시험을 준비하셨습니다만, 에돔의 거절이 잘한 일입니까? 아닙니다. 하나님께서 에돔의 이런 적대적 태도에 대해서는 나중에 갚으십니다.

> 여호와께서 이와 같이 말씀하시되 에돔의 서너 가지 죄로 말미암아 내가 그 벌을 돌이키지 아니하리니 이는 그가 칼로 그의 형제를 쫓아

가며 긍휼을 버리며 항상 맹렬히 화를 내며 분을 끝없이 품었음이라
_암 1:11

네가 네 형제 야곱에게 행한 포학으로 말미암아 부끄러움을 당하고
영원히 멸절되리라_옵 1:10

하나님의 백성에 대한 거절은 곧 하나님에 대한 반대이므로, 그들의 불경건과 완악함은 정당화되지 않습니다. 잠깐 동안은 에돔이 아무런 피해 없이 있겠지만, 하나님께서 그들의 완악함을 벌하시는 것을 보면, 원수 갚는 일을 하나님께 맡기라는 말씀을 기억하면서 교회는 하나님의 뜻을 순종하는 일에만 전념해야 할 것입니다(롬 12:19; 히 10:30).

가데스에서 진행하여 호르산(에돔 땅 변경, 에돔의 남쪽)에 도착합니다. 거기에서 하나님께서는 모세와 아론을 부르십니다(민 20:24-26). 아론은 열조에게로 돌아갈 것을 말씀하셨습니다. 므리바 물에서 하나님의 말씀을 거역한 것 때문입니다. 그런데 왜 모세와 아론은 거역했을까요? 백성들의 불순종 때문에 모세와 아론이 영향을 받았기 때문입니다. 완고한 사람들을 상대하다가 모세와 아론의 마음마저 완고하게 되었고, 불신앙을 밥 먹듯 하는 사람들을 매일 상대하다 보니 모세와 아론도 하나님을 신뢰하라고 늘 말했었지만 어느덧 자신들도 불신앙으로 물든 발언과 행동을 드러내게 된 것입니다. 악한 사람들을 상대하면서 자신들도 믿음에서 떨어진 것인데, 하나님의 은혜만을 의지하고 하나님을 향한 신뢰를 지속적으로 보여야 하는데, 모세와 아론이 지나친 열심으로 믿음에서 미끄러졌다는 점에

서 우리도 주의해야 합니다.

아론의 죽음[45]과 함께 아들 엘르아살을 대제사장으로 세웁니다. 먼저는 대제사장의 역할이 계속되어야 하기 때문입니다. 사람은 늘 하나님의 명령을 가감하는 데 익숙하기에, 이렇게 대제사장을 세우는 법을 세우지 않았다면, 고라와 같은 사람들이 대제사장 자리를 차지하기 위해서 이러저러한 것들을 만들어 냈을 것입니다.

또한 아론의 옷을 벗겨 아들 엘르아살에게 입히는 것은 권위가 넘어갔음을 의미합니다. 아론의 직무가 엘르아살에게 넘어간 것입니다. 그리고 아론은 죽습니다. 아론이 은퇴했거나 물러난 것이 아니라 제사장 옷을 넘기는 순간 아론은 그 직분이 끝난 것과 동시에 그의 생명도 다했습니다.

이것이 목회자 세습의 근거가 될 수는 없습니다. 대제사장 직이 영원한 것은 그리스도의 대제사장 직분 때문이고, 아론이 아들에게 옷을 입힌 것은 하나님께서 아론과 그 아들들에게 제사장 직분을 맡기셨고 소금 언약으로 정하셨기 때문입니다.

아론의 죽음과 함께 한 달을 슬퍼합니다. 그러나 이 모습은 아이러니합니다. 아론이 살아 있을 때 그를 더 사랑하고 존경하고 따를

---

45 아론의 죽음을 보면서 제사장도 죽는다는 것을 생각하게 합니다. 그러나 구약의 제사장은 장차 오실 더 좋고 영원한 제사장의 모형입니다. "이와 같이 예수는 더 좋은 언약의 보증이 되셨느니라 제사장 된 자의 수효가 많은 것은 죽음으로 말미암아 항상 있지 못함이로되 예수는 영원히 계시므로 그 제사장 직분도 갈리지 아니하느니라 그러므로 자기를 힘입어 하나님께 나아가는 자들을 온전히 구원하실 수 있으니 이는 그가 항상 살아 계셔서 그들을 위하여 간구하심이니라"(히 7:22–25). 우리를 위해 간구하시는 그리스도께서 우리의 영원한 대제사장이십니다.

것이지, 죽은 사람을 슬퍼하고 그리워하는 것을 지나치게 길게 하는 것은 지나친 슬픔입니다. 죽음을 슬퍼하는 것은 당연합니다. 불신자들은 부활의 소망이 없으므로 지나치게 슬퍼하는 경향이 있지만, 하나님을 경외하고 장래의 부활을 가지고 있는 성도는 슬퍼하는 차원이 다릅니다. 성도는 죄의 결과가 죽음이고 사람이 한 번 죽는 것은 정해진 공통의 운명이기 때문에 슬퍼합니다. 그 죽음이 영원한 이별이기 때문에 슬퍼하는 것은 아닙니다. 오히려 하나님 안에서 부활의 생명 안에 거할 것이므로 슬픔을 절제할 수 있게 됩니다(참고, 민 33:39).

민수기 20장에서는 미리암, 모세, 아론의 운명이 결정되었습니다. 공통점은 약속의 땅에 들어가지 못한 것입니다. 죽음이라는 한계 때문입니다. 그러나 구원은 죽음에서 생명으로 건짐 받는 것입니다. 약속의 땅에 들어가지 못하는 것이 구원을 받지 못한 것, 천국에 들어가지 못한 것을 의미하지 않습니다. 아브라함도 소망 중에 바라보면서 무덤에 묻혔습니다. 땅에 들어갔더라도 하나님을 신뢰하지 않는다면 그 땅을 진정으로 소유하는 것이 아닙니다. 반대로 그 땅에 들어가지 못했더라도 약속의 땅을 믿음으로 소망하는 사람은 이미 그 땅에서 주실 복을 누리는 것입니다(참고, 신 34:4).

불신앙이라는 환경 때문에 믿음에서 미끄러졌던 모세와 아론을 생각한다면 우리도 늘 믿음 위에 서 있기를 힘써야 합니다. 불신자들의 완악함이 자신에게서 나오지 않게 해야 하고, 불신자들의 불경건을 따라서 하나님과 교회에 마음을 닫으려는 영적 무감각에 물들지 않도록 깨어 있어야 합니다.

# 42 놋뱀을 쳐다본즉 살더라

민 21:1-9

출애굽 한 지 40년이 지나고 아론과 미리암, 그리고 출애굽 1세대는 광야에서 죽었습니다. 광야 생활 끝에 이스라엘은 가데스 바네아로 되돌아왔습니다. 이렇게 정탐꾼을 보냈다가 가나안 땅에 대해 불평했던 장소로 되돌아왔음에도(신 1:19; 수 14:7), 이스라엘은 하나도 변하지 않았습니다. 물이 없다고 불평하는 이스라엘 앞에서 거룩함을 드러내지 못한 모세마저 약속의 땅에 들어갈 수 없다는 말을 들었기 때문입니다(민 20:12).

가데스 바네아에서 에돔을 거쳐 가나안으로 올라가려 했지만, 에돔의 반대로 그들은 에돔을 우회해야 하는 상황이었습니다. 그래서 그들은 가데스 바네아 북쪽으로 바로 진입하려고 정탐꾼을 보냅니다. 이 소식을 들은 남방(Negev; 히, 황무지 – 동쪽은 아라바 호수, 서쪽은 지중해에 면한 황야 지대로 브엘세바가 중심 지역)에 위치한 아랏 왕이 아다림(=정탐) 길로 온 이스라엘 몇 사람을 사로잡았습니다. 이 소식을 듣고 이스라엘이 여호와께 서원합니다.

주께서 만일 이 백성을 내 손에 넘기시면 내가 그들의 성읍을 다 멸하리이다_민 21:2

여호와께서 이스라엘의 간구를 들으시고 가나안 사람을 그들의 손에 넘기셨고, 그들은 그들과 그들의 성읍을 다 멸한 후에 '호르마'(완전히 멸함)라고 이름 지었습니다.

서원하는 내용을 보면 이스라엘의 헌신과 맹세가 이유와 근거가 되어 하나님께서 무엇을 주신다고 생각할 수 있습니다. 그러나 이스라엘의 헌신과 맹세는 전혀 새로운 것이 아닙니다. '하나님께서 그들에게 주시겠다'고 하신 약속에 근거한 맹세입니다. 따라서 이스라엘의 서원은 그들의 경건한 마음에서 나온 간구가 아니라 하나님께서 주시겠다고 하신 약속대로 한 것이고, 그 약속을 믿고 의지할 테니 도와 달라는 간구입니다. 하나님께서 약속하신 대로 순종하는 것이 거룩을 드러내는 길입니다. 맹세는 아무런 능력이 없는 부패한 자기 자신에게 해서는 안 됩니다. 우리는 맹세해도 성취할 힘이 없습니다. 우리 자신은 대부분 약속대로 믿음의 용기를 발휘하지 않고, 그 약속을 끝까지 믿고 나아가는 일조차 하지 않는 게으른 사람입니다.

하나님께서 이스라엘의 목소리를 들으셨다는 말을 통해 하나님께서 교회와 성도에게서 들으시고 싶은 말씀이 당신의 약속을 따라 순종하겠다는 것임을 알 수 있습니다. 무슨 기발한 것을 고안해 내서 하나님의 마음을 조종하려거나 하나님과 거래하려거나 하나님을 움직이려는 것은 어리석습니다. 하나님께서는 당신의 말씀과 약속을 따라 간절히 기도하고, 그 뜻에 복종하겠다는 헌신과 다짐을 들으십니다.

또한 그 성읍을 다 완전히 멸했다는 것은 하나님의 진노하심에 따른 것입니다. 이미 하나님께서 멸하시겠다고 선언하셨고, 이스라엘은 그 명령대로 순종했습니다. 긍휼과 자비를 기대했지만 하나님께서 그들은 진멸당할 수밖에 없다고 심판을 내리셨기 때문에 다 진멸한 것입니다.

이렇게 다 멸하지 않아도 되지 않았을까요? 아닙니다. 다 멸해야 합니다. 영적인 차원으로 말하면 죄는 다 제거해야 합니다. 하나도 남기지 않아야 합니다. 만약 그 성읍을 다 멸하지 않고 그 성읍의 문화와 편의시설과 좋은 것은 남겨 놓았다면, 이스라엘은 그곳에 머무르려고 했을 것입니다. 죄를 다 제거하지 않으면 죄 된 감정과 성향은 언제라도 우리 발목을 잡는 가시가 될 것입니다. 그러므로 완전히 멸하고 다 제거하라고 하신 것입니다.

이스라엘은 이제 에돔 땅을 우회하려고 다시 남쪽으로 내려와 긴 여행을 합니다. 그런데 그 과정에서 악의적인 불평을 쏟아 냅니다.

> 백성이 호르산에서 출발하여 홍해 길을 따라 에돔 땅을 우회하려 하였다가 길로 말미암아 백성의 마음이 상하니라 백성이 하나님과 모세를 향하여 원망하되 어찌하여 우리를 애굽에서 인도해 내어 이 광야에서 죽게 하는가 이곳에는 먹을 것도 없고 물도 없도다 우리 마음이 이 하찮은 음식을 싫어하노라 하매_민 21:4-5

가나안으로 올라갈 때 에돔을 통과하는 것이 편한 길인데, 에돔 왕은 허락하지 않았습니다. 그는 전쟁 불사를 선언했습니다. 결국 우회로를 통과하는 과정에서 문제가 발생합니다. 돌아가는 것 때문에 이스라엘의 마음이 상한 것입니다. 이 말의 원래 뜻은 '짧게 하다, 짧게 자르다, 잘라 내다(히. 칼자르)'입니다. 그들의 마음이 짧아지고, 오래 참음이 짧아졌다, 즉 그들의 인내는 바닥나고 하나님의 명령대로 하려는 마음에 여유를 잃어버리고 뜻대로 되지 않자 원망이 생겼습니다. 마음이 상하게 되면 아주 사소한 것까지 불평거리가 됩니다. 무엇을 불평합니까? '어찌하여 우리를 광야에서 죽게 하느냐?' 광야를 걷는 것을 불평합니다. 먹을 것도 없다고 불평합니다. 그러나 그들에게는 만나와 메추라기가 있습니다. 물도 없다고 말합니다. 바로 얼마 전에 므리바 물 사건에서 하나님께서 그들이 물을 마실 수 있도록 어떻게 조치하셨는지 목격하지 않았습니까? 그들은 바위에서 물이 나오는 기적을 목격했는데도 물이 없다고 불평합니다. 감사와 존중이 사라지면 평소에는 문제가 되지 않던 음식도 하찮은 음식이라고 짜증스럽게 말합니다. 그들은 하나님께 받은 모든 것이 싫다고 불평하고 있습니다.

> 여호와께서 불뱀들을 백성 중에 보내어 백성을 물게 하시므로 이스라엘 백성 중에 죽은 자가 많은지라_6절

하나님께서는 배반한 형벌로서 그들에게 불뱀을 보내셨습니다. 광야에 있는 한두 마리의 뱀이 아니라 일순간 그들을 공격하는 수많은 독사들을 보내셨습니다. 뱀도 혐오스러웠겠지만, 무엇보다 그들은 뜨거운 태양 빛 아래에서 독사가 살을 물 때의 고통, 두려움, 그리고 죽음의 공포 외에는 생각할 겨를이 없었을 것입니다. 그들은

뒤늦게 후회하면서 모세를 붙잡고 범죄를 인정합니다. 그리고 여호와께 간구해 달라고 요청합니다. 이처럼 하나님과 틀어진 관계를 회복하는 방법은 자신들의 무지하고 악한 죄를 인정한 후에 하나님의 자비를 간구하고 그분의 긍휼과 호의를 바라보는 것입니다.

모세는 바로 하나님께 기도합니다. 다른 사람이 죄를 짓고 벌을 받으면 긍휼히 여기는 마음보다 '그것 봐라. 죄를 지었으니 매를 맞아야지' 하면서 그들의 고통을 당연하게 받아들이는 심리 또는 도와 달라는 손에 즉각 손을 내밀지 않고 회피하려는 심리도 작용할 것입니다. 하지만 모세는 그 순간 이 사람들의 회개가 진심이냐를 따지지 않았고 즉각적으로 하나님께 기도하기를 멈추지 않았습니다. 그들이 여러 차례 불평하는 완고한 사람인지 알면서도 모세는 중보자로서의 자기 역할을 합니다. 하나님의 은혜와 사랑을 악용하는 사람은 일시적으로 도움을 입을지 모르지만 그분의 영원한 사랑과 호의를 받을 수 없습니다. 악인들도 일시적으로 죄에서 돌아서서 곤경을 피하지만, 죄에서 완전히 돌아서지 않는다면 다시 죄의 형벌을 받을 수밖에 없을 것입니다. 그러니 모세의 관대함처럼 악에서 돌이켜 회개하고 도와 달라고 하는 손길에 우리는 늘 열려 있어야 합니다.

하나님의 처방은 놋뱀을 만들어 높이 들고, 그것을 쳐다보면 낫게 하신 것입니다. 독사들에게 물리는 상황에서 놋뱀을 쳐다보면 산다는 말이 얼마나 효과적일까요? 그러나 사람들은 자신들이 이해할 만한 처방을 받았다면 그것을 하나님의 능력과 은혜로 생각하지 않았을 것입니다. 독사에 물렸으니 물로 씻으라든지 모세가 만져 주어야 한다든지 하는 좀 더 현실적인 처방을 기대한 사람은 놋뱀을 보면 낮게 하시는 하나님의 은혜와 능력을 경험하지 못했습니다. 놋뱀을 보기만 하면 낫는다는 것을 하나님께서 제시하셨는데, 왜 그런 말도 안 되는 처방을 받아야 하는지 의심하는 자도 죽었습니다.

높이 들린 놋뱀을 바라보라는 처방은 하나님의 말씀을 순종하는지 안 하는지에 대한 시험입니다. 하나님을 향한 신뢰를 확인하기 위한 시험이었습니다. 놋뱀을 쳐다보면 낫는다는 말씀만 듣고 놋뱀을 쳐다보려면 자신의 모든 것을 포기해야 합니다. 독이 퍼지지 않도록 독을 빨아내고, 지혈을 하고 어떤 처방을 해야 안전하다는 자기 생각, 자기 노력을 내려놓고, 하나님의 뜻과 하나님의 능력만을 바라보아야 합니다. 독이 퍼지는데 보기만 하면 낫는다는, 어떤 면에서는 이 어리석은 요청 앞에 '그래 해 보자'라는 마음으로 자진해서 바보가 되지 않으면 이 은혜를 경험할 수 없습니다. 스스로 지혜 있다고 하면서 쳐다보라는 말을 무시한 사람은 은혜를 경험하지 못하지만, 자기를 버리고 바보스럽고 어리석은 것 같으나 하나님께서 말씀하신 것이니 하나님을 믿음으로 그 놋뱀을 바라보는 사람은 치료되었습니다.

그리스도께서는 높이 들린 뱀을 당신에게 비유하십니다.

모세가 광야에서 뱀을 든 것같이 인자도 들려야 하리니 이는 그를 믿는 자마다 영생을 얻게 하려 하심이니라_요 3:14-15

높이 들린 뱀을 믿음으로 보는 사람이 산 것처럼 바로 십자가에 달린 당신을 믿음으로 보는 사람이 살 것임을 말씀하셨습니다. 십자가에 달리신 것은 사람의 지혜로 보면 어리석습니다. 하나님의 아들이 육신의 모양으로 오셔서 육신의 죄를 깨끗하게 하실 수 있는 여러 방법이 있는데도 왜 십자가에서 죽으심으로 죄를 멸하시는 것일까요? 사람들의 눈에 십자가는 실패입니다. 그들은 십자가에서 죽도록 두신 하나님 아버지에게 실망하고 그리스도의 십자가를 조롱합니다. 이것이 스스로 지혜롭다고 말하는 사람들의 평가입니다. 그러나 거기에 하나님의 깊고 은밀하신 지혜가 번득입니다.

> 십자가의 도가 멸망하는 자들에게는 미련한 것이요 구원을 받은 우리
> 에게는 하나님의 능력이라_고전 1:18-21

사람들은 표적을 구하고 지혜를 찾지만 우리는 십자가에 못 박힌 그리스도를 전합니다. 이것이 표적을 구하는 유대인에게는 거리끼는 것이요 지혜로운 것을 찾는 이방인들의 눈에는 미련하게 보일 뿐입니다. 그러나 오직 믿음으로 바라보는 하나님의 부르심을 입은 자녀들에게는 그리스도와 그 십자가가 하나님의 능력이요 하나님의 지혜입니다. 하나님께서 하신 일이 미련해 보이지만, 그 십자가가 사람보다 지혜 있고 하나님의 약한 것이 사람보다 강합니다(고전 1:22-25).

그리스도의 십자가를 하나님께서는 만민의 기호로 삼으셨습니다(사 11:10). 모든 사람들이 보게 될 유일한 깃발입니다. 십자가에 함께 달린 한 강도는 믿음의 눈으로 예수님을 바라보며 간구했을 때, 독사에게 물려 거의 죽게 될 자리에서 구원의 자리로 옮겨지게 되었습니다(눅 23:40-43). 마귀가 독을 품고 우리를 물어뜯고 있는 상황에서 우리가 치료되고 회복되고 온전한 생명을 누릴 수 있는 길은 세상이 말하는 돈이나 성공이나 권력이 아니라 예수 그리스도의 십자

가를 바라보는 것입니다. 우리 자신의 모든 것을 내려놓고 믿음으로 우리의 마음과 지각을 그리스도께로 향하는 것입니다.

그리스도를 믿음으로 보지 않을 때 그 마음은 우상으로 향합니다. 과거 이스라엘 백성들이 뱀을 만들어 우상으로 섬겼을 때 히스기야왕이 그것을 가루로 만들어 버렸던 적이 있습니다(왕상 18:4). 믿음으로 바라보는 자가 생명을 얻는다는 것을 보여 주기 위해서 뱀을 만들었는데, 믿음은 잃어버리고 뱀 자체에 무슨 효력이 있는 것처럼 생각하는 심리가 우상을 만들어 낸 것입니다.

오늘날 우리에게 이 모든 그림자와 형상들의 실체이신 그리스도께서 오셔서 죽으심으로써 부활의 은혜를 주셨고, 우리의 '지혜와 의로움과 거룩함과 구속함'이 되심을 알리셨습니다(고전 1:30). 그러므로 우리에게는 더 이상의 형상이나 그림자가 필요 없습니다. 오직 그리스도만을 믿음으로 살아가는 것이면 충분합니다.

# 43 가나안 정복 예행연습
## 민 21:10-35

에돔 땅을 우회하는 것 때문에 이스라엘은 마음이 상하여 하나님
과 모세에게 불평했습니다. 남방에서의 승리도 있는데 굳이 우회해
야 하는지에 대한 불만처럼 보입니다.[46] 하지만 가나안 땅에 들어가
는 것보다 중요한 것은 하나님을 향한 신뢰입니다. 약속하심을 바라
보고 가지만, 그 과정에서 하나님을 향한 모든 것이 드러나야 합니
다. 겉으로 순종하고 하시라는 대로 한다 해도, 그 마음에서부터 하
나님을 신뢰하고 사랑하고 의지하는 것이 없다면 언제든지 불순종
으로 돌아서는 것이 죄인이기 때문입니다. '그들의 인도자인 모세를
따라 가나안을 향해 가는 동안 어떤 상황에서든지 하나님을 신뢰할
수 있느냐?'에 대한 시험은 그 땅에 들어가기까지 진행형입니다.

불평에 대한 심판으로 하나님께서는 불뱀들을 보내셨고, 진노하

---

[46] 가데스 바네아에서 바로 북진해서 가나안에 들어갈 수 있었지만, 다시 에돔 땅을 우회해서
요단강으로 들어갑니다. 전술상 가나안 땅의 중앙으로 들어가서 가나안 전체를 두 동강 내
어 힘을 분산시키는 것입니다. 남방(네게브) 왕들의 저항을 무력화시킨 터라(민 21:1-3),
남쪽 가나안 족속들은 긴장한 상태였습니다. 이런 상황에서 요단을 건너 가나안을 점령하
는 전략은 이스라엘을 대비하는 가나안 사람들을 혼란스럽게 했을 것입니다.

시는 중에도 베푸시는 하나님의 긍휼하심은 놋뱀을 만들게 하시고 그것을 보는 자는 살게 하시는 것입니다. 미련해 보이지만 생명을 얻게 하는 하나님의 지혜로운 처방입니다. 하나님께서 하시는 일이 사람의 눈에는 어리석게 보여도, 하나님의 지혜 앞에서 자기를 낮추는 자는 생명력 있는 삶을 살아갑니다.

본문은 헤스본 왕 시혼과 바산 왕 옥에게 거둔 승리에 관한 이야기입니다. 이 지역들은 요단강 동편에 있습니다. 이스라엘은 아모리인의 영토에서 흘러나와서 광야에 이른 아르논 건너편에 진을 쳤습니다. 아르논은 남쪽으로 모압과의 경계이기도 합니다(10–13절).

'여호와의 전쟁기'는 책이 아니라 구전되어 내려온 전쟁에 관한 이야기들로 보입니다. 이것에 따르면 이 아르논을 말하는 부분은 다음과 같습니다.

> 수바의 와헙과 아르논 골짜기와 모든 골짜기의 비탈은 아르 고을을 향
> 하여 기울어지고 모압의 경계에 닿았도다_14-15절

이것은 전쟁의 과정에서 모압과 맞닿은 경계 지역을 지날 수밖에 없었다는 말입니다. 그리고 이런 전쟁을 위한 이동 과정에서, 성경에는 자세히 기록되어 있지 않지만, 하나님께서 그들에게 베푸신 은혜를 짧게 언급합니다.

> 거기서 브엘에 이르니 브엘은 여호와께서 모세에게 명하시기를 백성
> 을 모으라 내가 그들에게 물을 주리라 하시던 우물이라 그때에 이스라
> 엘이 노래하여 이르되 우물물아 솟아나라 너희는 그것을 노래하라 이
> 우물은 지휘관들이 팠고 백성의 귀인들이 규와 지팡이로 판 것이로다

하였더라 광야에서 맛다나에 이르렀고_16-18절

물에 대한 불평 이후에 하나님께서 물을 주셨다는 기록만 있는 것 같지만, 그들의 불평과 상관없이 메마른 땅에서 하나님께서 그들에게 풍족한 물을 주셨음을 보여 줍니다. 이스라엘이 '우물물아 솟아나라. 너희는 그것을 노래하라'고 노래를 지어 부를 정도로 하나님께서 그들의 목이 마르지 않도록 마시게 하셨다는 것입니다. 그 장소가 브엘입니다. 따라서 물이 없어서 불평한 여러 번의 반역이 마치 하나님께서 목마르게 하셔서 그들이 불평을 할 수밖에 없었다는 식의 주장은 억지이자 하나님의 은혜를 폄하하는 것입니다. 이곳에서 이스라엘은 아모리 왕 시혼에게 사신을 보내어 요청합니다.

우리에게 당신의 땅을 지나가게 하소서 우리가 밭에든지 포도원에든지 들어가지 아니하며 우물물도 마시지 아니하고 당신의 지경에서 다 나가기까지 왕이 큰길로만 지나가리이다 하나_22절

그러나 아모리 왕의 대답은 거절입니다(23절). 결국 시혼과 이스라엘은 야하스에서 전쟁을 벌였고, 그 결과는 이스라엘의 승리입니다(24-26절). 암몬 자손의 경계가 견고하다는 말은 필요 이상으로 전쟁을 하지 않았다는 뜻입니다. 이것은 영토 확장을 위한 전쟁이 아니기 때문입니다. 가나안 땅으로 가는 최소한의 통로를 확보하기 위한 것뿐이었는데, 아모리 왕이 전쟁을 하러 나온 것입니다.[47]

---

47  사사 시대에 암몬 족속이 이스라엘을 공격하는데, 이스라엘이 애굽에서 올라올 때 아르논에서부터 암몬 땅을 빼앗았다는 이유를 댑니다(삿 11:13). 그러나 그것이 사실입니까? 본문

이스라엘은 시혼왕에 대한 승리를 이렇게 노래했습니다.

그러므로 시인이 읊어 이르되 너희는 헤스본으로 올지어다 시혼의 성을 세워 견고히 할지어다 헤스본에서 불이 나오며 시혼의 성에서 화염이 나와서 모압의 아르를 삼키며 아르논 높은 곳의 주인을 멸하였도다 모압아 네가 화를 당하였도다 그모스의 백성아 네가 멸망하였도다 그가 그의 아들들을 도망하게 하였고 그의 딸들을 아모리인의 왕 시혼의 포로가 되게 하였도다 우리가 그들을 쏘아서 헤스본을 디본까지 멸하였고 메드바에 가까운 노바까지 황폐하게 하였도다 하였더라_27-30절

그모스는 모압의 우상인데, 아모리 사람들도 그모스를 섬기고 있었습니다. 이스라엘이 아모리 영토를 정복한 것은 모압 사람들에게 큰 충격을 주어서, 모압 왕은 발람 선지자로 하여금 이스라엘을 저주하도록 요청하기까지 합니다(민 22장). 여하튼 가나안 땅으로 가려는 통로를 막아선 아모리 사람들은 이스라엘에게 패하고, 그 땅은 이후에 르우벤과 갓 지파의 기업이 됩니다(수 13:21).

시혼왕에 대한 승리 못지않게 큰 승리가 바산 왕 옥에 대한 승리입니다. 바산은 아주 비옥한 지역으로 알려져 있습니다. 그래서인지 높은 성벽으로 둘려 있는 굉장히 강력한 요새들을 가졌고, 심지어 바산 왕 옥은 거인[48]이었다고 말합니다(참고, 신 3:1-11). 이렇게 강력

---

을 보면 암몬 자손의 경계는 침범하지 않았습니다.

**48** "르바임 족속의 남은 자는 바산 왕 옥뿐이었으며 그의 침상은 철 침상이라 아직도 암몬 족속의 랍바에 있지 아니하냐 그것을 사람의 보통 규빗으로 재면 그 길이가 아홉 규빗(대략 4m

한 성읍들이 있고 거인이 다스리는 지역을 공격하기에 엄두가 나지 않았음을 아시고, 여호와께서는 모세에게 말씀하십니다.

> 그를 두려워하지 말라 내가 그와 그의 백성과 그의 땅을 네 손에 넘겼나니 너는 헤스본에 거주하던 아모리인의 왕 시혼에게 행한 것같이 그에게도 행할지니라_34절

전쟁은 하나님께 속하였습니다. 즉, 전쟁의 성패는 여호와께 달려 있습니다. 이스라엘이 할 일은 그 말씀을 믿고 순종하는 것입니다.

> 이에 그와 그의 아들들과 그 백성을 다 쳐서 한 사람도 남기지 아니하고 그의 땅을 점령하였더라_35절

이곳은 나중에 갓과 므낫세 반 지파의 기업이 됩니다.

그러나 이렇게 요단 동편을 두 지파 반 지파에게 주었더라도, 조건이 있었습니다. 그들도 요단강을 건너서 가나안 땅을 함께 정복하는 것입니다. 기업을 먼저 받았다고 해서 가나안 정복 전쟁에 불참할 수 없습니다. 이런 점에서 앞선 도시들을 전부 멸하는 이유는 중간에 쉬고 싶은 생각을 갖지 않게 하고, 그들이 가야할 곳은 가나안 땅임을 알리기 위해서입니다.

이렇게 아모리 왕 시혼과 바산 왕 옥을 물리친 이야기는 어떤 의미가 있을까요? 시편 135편을 보겠습니다. 여호와의 광대하심을 노래하면서 그분께서 행하신 일을 말할 때 등장하는 두 가지 사건이

---

18cm)이요 너비가 네 규빗이니라"(신 3:11).

있습니다. 하나는 출애굽입니다.

> 그가 애굽의 처음 난 자를 사람부터 짐승까지 치셨도다 애굽이여 여
> 호와께서 네게 행한 표적들과 징조들을 바로와 그의 모든 신하들에게
> 보내셨도다_시 135:8-9

그리고 또 하나의 사건이 본문 속의 전쟁 승리입니다.

> 그가 많은 나라를 치시고 강한 왕들을 죽이셨나니 곧 아모리인의 왕
> 시혼과 바산 왕 옥과 가나안의 모든 국왕이로다_시 135:10-11

이 두 왕을 이긴 사건이 마치 바로를 이긴 것과 같습니다. 바로의
마음을 완강하게 하셔서 여호와의 진노를 보이시고 하나님의 능력
을 드러내신 것처럼, 헤스본 왕 시혼의 마음을 완고하게 하심으로
당신의 능력을 드러내셨습니다(신 2:30). 이 하나님의 능력 앞에 가나
안 사람들의 마음은 이미 녹아내렸습니다.

> 너희가 애굽에서 나올 때에 여호와께서 너희 앞에서 홍해 물을 마르
> 게 하신 일과 너희가 요단 저쪽에 있는 아모리 사람의 두 왕 시혼과 옥
> 에게 행한 일 곧 그들을 전멸시킨 일을 우리가 들었음이니라_수 2:10

결국 이 승리는 출애굽 못지않게 당시 사람들의 마음을 동요시
킨 충격적 사건입니다. 하나님의 능력이 드러나고 여호와께서 모든
신보다 높으시다는 것이 증명되는 인상적인 승리였습니다(시 135:5).
이 승리는 이스라엘에게 믿음의 순종을 더욱 요구하고 있습니다.
마치 출애굽에서 보이신 하나님의 능력을 신뢰하고 의지하면서 약

속의 땅을 가야 했던 것처럼, 시혼 왕과 옥 왕을 이긴 승리 경험을 가지고 믿음으로 요단을 건너 가나안 땅을 정복하게 하셨습니다.

이것이 오늘 우리에게는 십자가의 사건이 주는 교훈과 같습니다. 십자가가 구원을 얻는 우리에게는 하나님의 능력(고전 1:18)임을 교훈하기 때문에 교회와 성도들은 다른 데서 능력을 구하지 말고 오직 십자가의 능력을 의지함으로 믿음의 경주를 해 나가야 합니다. 십자가를 붙들지 않고 신령한 이적을 구하던 유대인처럼도 하지 말고, 무슨 기이한 교훈이 더 있는 것처럼 호기심을 발동시키지도 말고, 예수 그리스도와 그분께서 십자가에 못 박히신 것을 자랑하고, 그것 위에 우리 믿음을 세워 가고 믿음의 경주를 해 나가야 합니다(고전 2:2). 이것이 복음입니다.

당신의 신앙생활을 견인해 가는 사건은 무엇입니까? 세상을 살아가면서 가족이나 자식 때문이든, 그냥 살아야 하기 때문에, 아니면 또 다른 이유로든 이를 악물기도 하고 피곤하고 속이 상해도 다시 힘을 내지 않습니까? 그렇다면 신앙생활에서는 어떻습니까? 당신은 십자가와 하나님의 은혜 때문에 힘을 내며 살아갑니까? 세상에서는 악착같이 살지만 신앙생활에서는 소홀해지지 않도록 우리를 돌아봐야 합니다. 세상에 대한 악착같음보다 하나님께서 더 큰 은혜로 우리와 함께하시기 때문입니다. 비록 현재의 내 모습은 연약해 보이나 우리 주님은 강하시고 늘 우리와 함께하시니, 이 믿음 위에 자신을 세워 가는 일에 더욱 힘써야 할 것입니다.

# 44

## 저주를 축복으로 바꾸시는 하나님의 섭리

민 22:1-35

에돔 땅을 지나 북으로 올라가 아모리인 땅에서 가나안 입성의 예행 연습과 같은 승리를 맛봅니다. 아모리인 땅을 비켜 가려 했지만, 아모리 왕 시혼과 바산 왕 옥이 막아섰을 때, 하나님께서 그들을 두려워 말라고 격려하시며 그들을 이스라엘의 손에 붙였다고 말씀하셨습니다. 하나님께서 승리의 보증이 되심으로 강력한 두 나라를 이깁니다. 아모리인 땅에서의 승리는 옆 나라 모압에 큰 충격을 줍니다. 아모리 두 왕의 패배 때문에 두려움이 생겼습니다(2-3절). 그러나 애초에 이스라엘은 아모리와 싸울 의도가 없었습니다. 그들이 막아선 것입니다.

모압 역시 정복 대상이 아니므로, 이스라엘이 가는 길만 터 주면 아무 일 없었을 것입니다. 그런데도 "소가 밭의 풀을 뜯어먹음같이 우리 사방에 있는 것을 다 뜯어먹으리로다"라고 말합니다(4절). 모압 왕 발락은 이스라엘과 싸우기 전에 이스라엘을 저주하기 위해 발람 선지자를 데려옵니다. 모압 왕의 이런 행동을 통해 교회를 바라보는 세상의 태도를 봅니다. 교회의 성공을 못마땅해하는 태도입니다. 교회의 승리를 못마땅히 여기는 시기심이 생겨난 것입니다. 물론 그 이면에는 사탄이 교회를 막아서고 하나님의 백성들을 어렵게 만들려는 의도가 있습니다. 특히 모압은 스스로 자초하여 이스라엘을 심히 두려워했습니다. 이스라엘이 칼을 들고 그들을 공격해서 생긴 두려움이 아닙니다. 이유 없는 두려움이었습니다. 악인들, 버림받은 자들은 불안으로 끊임없이 스스로를 괴롭게 하고, 자기가 근심거리를 만듭니다.

모압 왕은 발람 선지자에게 저주를 요청합니다(5-7절). 발락왕은 축복과 저주가 발람이라는 사람으로부터 온다고 생각하고 있습니다.

> 그대가 복을 비는 자는 복을 받고 저주하는 자는 저주를 받을 줄을
> 내가 앎이니라_6절

이런 왜곡된 생각과 함께 그들은 복술의 예물, 곧 복채를 들고 갔습니다. 발람을 찾는 동기가 미신적입니다. 신의 뜻을 찾기는 하지만, 돈으로써 신의 관심을 사려고 하고, 돈으로써 신에게 정성을 표현하려는 이방인들 사회 속에 팽배한 의식이 그에게도 분명히 있습니다.[49]

그런데 놀랍게도 발람이 여기에 반응을 보입니다. 이스라엘을 저

---

[49] 교회를 다녀도 일이 잘 안 풀리면 점집을 드나든 경험이 있다는 얘기를 들은 적이 있습니다. 그 사람이 가진 하나님에 관한 지식이 불완전하다는 것을 의미하지만, 한편으로는 여전히 미신적인 사고에서 자유하지 못한 육에 속한 모습을 봅니다. 재미로, 호기심으로, 매년 해왔던 것이니까 등 이유가 무엇이든 그 어떤 이유로도 하나님을 기쁘시게 할 수 없습니다.

주하라는 요구를 들었을 때 단박에 거절했어야 하는데, 사절단을 하룻밤 머물게 합니다. 심지어 하나님께 물어보겠다고 말합니다. 하나님께서 발람에게 "너와 함께 있는 이 사람들이 누구냐"라고 물으시는데, 이는 발람의 의도를 꿰뚫어 보신 일종의 책망입니다(9절). 그런데도 발람은 자신이 겸손히 하나님의 뜻을 묻는다는 인상을 보이기라도 하는 듯 그 과정을 설명합니다(10-11절). 물론 하나님의 답변은 'No'입니다.

> 너는 그들과 함께 가지도 말고 그 백성을 저주하지도 말라 그들은 복
> 을 받은 자들이니라_12절

이에 발락이 더 높은 귀족을 많이 보내서 또다시 발람 선지자를 움직이려 합니다. 앞에서는 돈으로 설득하려 했다면 이번에는 명예와 권력을 이용합니다(17-18절). 발람은 이렇게 말합니다.

> 은금을 내게 줄지라도 내가 능히 여호와 내 하나님의 말씀을 어겨 덜
> 하거나 더하지 못하겠노라_18절

참으로 경건한 말입니다. 거절은 여기까지여야 했습니다. 그런데 발람의 숨겨진 욕망이 꿈틀댑니다.

> 너희도 이 밤에 여기서 유숙하라 여호와께서 내게 무슨 말씀을 더하
> 실는지 알아보리라_19절

이렇게 두 번째도 하나님께 물어보고 알아본다고 대답합니다. 이런 면에서 우리는 발람을 선지자로 부릅니다. 하지만 그는 이후에

성경에 등장하는 선지자와는 차이가 많습니다. 무엇보다 그들은 율법이 주어진 이후에 등장합니다.

가나안 땅에 들어가면 본받지 말아야 할 가증한(역겨운) 행위들이 있는데, '인신 제사를 포함해서 복술자(점쟁이)나 길흉을 말하는 자나 요술하는 자나 무당이나 진언자(주문을 외우는 사람)나 신접자(영매)나 박수(강신술)나 초혼자(죽은 사람 혼을 불러내는 사람)'들의 행위입니다(신 18:10-11). 대신 이스라엘은 하나님께서 세우신 선지자를 통해서 묻고 들으라고 명령하셨습니다(신 18:15, 18-19).

하나님께서 그 입에 주신 말씀을 선포하는 사람이 하나님의 선지자입니다. 하나님께서 당신의 백성에게 유익한 것은 아무것도 숨기지 않고 알리시겠다고 하셨는데, 그것을 알리는 도구가 선지자의 입입니다. 아모스는 "주 여호와께서는 자기의 비밀을 그 종 선지자들에게 보이지 아니하시고는 결코 행하심이 없으시리라"라고 전합니다(암 3:7). 여기서의 비밀은 앞의 문맥을 보면 애굽 땅에서 올리신 이스라엘에게 하나님께서 보응하시므로 그들이 사로잡히게 될 것을 말합니다(암 3:1-6). 장차 일어날 계획에 관한 것이고 아직 드러나지 않았기에 비밀이라고 한 것입니다. 예언을 통해 미리 경고하신 그것이 성취된다는 뜻입니다.

따라서 하나님께서 성경을 뛰어넘어 새로운 계시를 주신다고 생각한다면 이 말씀을 곡해하는 것입니다. 성경을 풀어 주는 계시나 성경을 초월한 또 다른 계시를 선지자를 통해 하나님께서 주신다고 하니 너도 나도 자기가 하나님의 선지자라고 말하면서 성경을 이리저리 짜 맞추려 드는 이상한 일을 하고, 한편 거기에 무슨 새로운 것이 있는가 호기심을 갖는 사람들이 속아 넘어갑니다. 선지자를 통해 하나님께서 당신의 뜻을 전하겠다고 하신 것은 선지자들의 권위를 높이고 백성들이 그들의 말을 들어, 결국 하나님의 약속의 말씀대로 순종하고 하나님의 경고의 말씀을 듣고 회개하게 하시기 위함입니다. 다만 율법이 주어지기 전에는 하나님께서 어떤 특정 사람에게 일시적으로 당신의 영감을 통해 당신의 말을 선포하게 하셨음을 알 수 있습니다.

발람이 하나님께 묻고 들은 대로 행한다는 점에서는 선지자라 불릴 만합니다. 그러나 그가 물은 내용은 완전히 미신적이고 탐욕적입니다. 하나님께서 복 주신 백성을 저주하라는 말에 대해서 물을 가치가 없음에도 물었다는 것은 자신의 은근한 탐욕 때문입니다. 그리고 두 번째 사절단이 왔을 때에 하나님께 다시 물은 것은 하나님을 설득해서 가고 싶은 자기 생각에 동조해 달라는 은근한 압박이자 강요입니다. 겉은 경건한 물음으로 표현되어 있지만, 속은 하나님과 타협하여 하나님의 입이 되는 역할을 하면서 그 일로 자기의 부와 명예를 축적하려는 부패함에 이끌리고 있습니다. 그런 점에서 발람을 선지자로 계속 부르기가 어렵습니다(참고, 겔 13:2 이하).

그런데 두 번째 물음의 답은 첫 번째와 다르게 'Yes!'입니다. 이것은 하나님의 심경의 변화나 변덕이 아닙니다. 이미 하나님께서는 발람의 부패한 탐심을 꿰뚫어 보고 계십니다. 그런데도 이번에는 가라고 하시는데, 억지를 부리고 고집스러운 자식의 요구에 마지못해 '그래, 네가 하고 싶은 대로 해라'라고 말하는 아버지의 이미지가 떠오릅니다. 허락의 조건이 무엇입니까?

일어나 함께 가라 그러나 내가 네게 이르는 말만 준행할지니라_20절

하나님께서는 발람에게 선지자의 임무에 충실할 것을 요구하셨습니다만, 여기에 하나님의 섭리가 있습니다. 악한 탐욕을 가진 발람의 기도에 계속해서 'NO!'라고 답하셔도 되는데, 두 번째에 허락하신 것에는 계산된 하나님의 의도가 담겨 있습니다. 곧 발락은 이스라엘을 저주하기 위해서 발람을 사용하려 하지만, 반대로 탐욕스런 발람을 통해서 이스라엘을 축복하시려는 하나님의 깊은 뜻이 담겨 있는 것입니다. 하나님의 허락은 악인의 입을 통해 당신의 백성을 축복하게 하시려는 하나님의 큰 그림입니다. "여호와께서 온갖 것을 그 쓰임에 적당하게 지으셨나니 악인도 악한 날에 적당하게 하셨느니라"는 말씀과 일치합니다(잠 16:4).

발람이 귀족들을 따라 가는 중에 여호와의 진노가 나타납니다. '가라고 하실 때는 언제고 이제는 진노를 나타내시나?' 우리로서는 상황이 변하는 것을 보고 하나님을 오해하기 딱 좋습니다. 그러나 앞에서의 허락이 악인의 입을 통해 당신의 백성을 축복하시려는 하나님의 섭리 아래 있는 것처럼 여기에서의 진노에도 하나님의 어떤 뜻이 담겨 있습니다. 다만 하나님의 진노가 발람에게 나타나고는 있지만, 궁극적인 심판은 아직 나타나지 않았습니다. 하나님께서는 그가 가도록 허락하셨지만, 그의 탐욕을 인정하시지는 않았습니다. 여전히 그의 탐욕은 책망받아야 하고, 하나님과 타협하려고 하고 하나님의 이름으로 자기 욕망을 채우려는 죄에 대해서는 형벌을 받아야 합니다. 그러나 그가 이스라엘을 축복하는 데에 사용되기까지 심

판은 연기될 뿐이고, 다만 여기에서의 진노를 통해 그에 대한 심판을 미리 보여 주고 계십니다.

하나님의 진노는 여호와의 사자가 칼을 들고 서 있는 것으로 나타납니다. 나귀가 보고 놀라서 밭으로 이탈하려 하자 발람이 나귀를 때립니다(23절). 좌우 담이 있는 좁은 포도원 길에서 나귀는 계속 피하다가 발람의 발을 담에 짓누르자 발람은 나귀를 또 채찍질합니다. 그리고 나귀가 또 여호와의 사자를 보고 발람 밑에 엎드리니 발람이 노하여 나귀를 다시 한 번 때립니다.

이때 여호와께서 나귀 입을 여셔서 나귀와 발람 사이에 그의 행위가 정당하지 못하다는 대화가 오고 갑니다(28-30절). 이 대화는 발람이 나귀에게 화를 내는 것이지만, 하나님께서 악한 발람에게 진노하심을 단적으로 보여 줍니다. 칼을 든 사자를 보고 어떻게든 죽음을 피하려는 짐승에게 무슨 잘못이 있겠습니까? 그러나 발람은 저주를 위해서 부른 그곳이 옳지 않다는 것을 알면서도 불의한 돈에 매수되어 가고 있는 우매한 짐승만도 못한 상태였습니다. 발람은 자기 말을 듣지 않는다면서 칼이 있었다면 당장 죽였을 것이라고 말하지만, 사실 하나님의 사자가 든 칼 앞에서 나귀가 주저앉지 않았다면 발람은 그 길로 죽었을 것입니다.

이렇게 탐욕에 눈이 멀고 부패한 마음에 이끌리면 봐야 할 것을 보지 못합니다. 하나님의 선하신 뜻을 분별할 수 없는 영적 무지 상태에 빠지고 맙니다. 하나님의 은혜가 아니면 아무것도 분별할 수도, 이해할 수도, 볼 수도 없습니다.

마침내 하나님께서 발람의 눈을 열어 칼을 든 사자를 보게 하셨습니다(31-33절). 사자를 본 발람은 자신의 잘못을 뉘우칩니다.

내가 범죄하였나이다 당신이 나를 막으려고 길에 서신 줄을 내가 알지
못하였나이다 당신이 이를 기뻐하지 아니하시면 나는 돌아가겠나이
다_34절

그러나 그의 뉘우침은 칼을 들고 서 있는 사자를 보고 죽음의
위협을 느낀 데서 오는 무서움, 두려움이지, 참된 회개는 아니었습
니다.

'당신이 이를 기뻐하지 아니하시면 돌아가겠다'는 말은 여전히 가
는 것을 포기하지 않겠다는 심정의 표현입니다. 형벌 앞에서 어쩔 수
없이 경외하는 듯한 태도를 취하지만 위기를 모면하기 위한 임시방
편이었습니다. 순전하고 신실한 마음으로 하나님을 경외했다면, 그
길로 발걸음을 돌리는 것이 맞고, 말이 무슨 필요가 있겠습니까? 그
냥 행동으로 돌이켜 표현하면 되지 않습니까?

하나님께서는 그 사람들과 가라고 말씀하셨습니다. 하나님께서
는 발람에게 명령하신 말만 하라고 하시는데, 하나님께서 발람의 탐
욕을 제어하심과 동시에 그를 통해서 어떤 일을 이루실 것을 암시합
니다. 저주를 바꾸어 축복을 선언하게 하시려는 당신의 놀라운 반전
드라마를 계획하신 것입니다.

우리는 모압 왕을 보면서 교회를 반대하려는 세상의 계획이 결국
실패하고 만다는 것을 깨닫습니다. 지금도 계속되는 교회에 대한 반
대를 생각해 볼 때, 시편 2편에서처럼 세상의 계획은 실패하게 될 것
을 알고 오직 하나님의 뜻을 구하며 살아야 할 것입니다.

한편 발람을 보면서 베드로 사도가 말한 것처럼 세상의 더러움을 피하고 벗어나야 합니다. 발람은 굳세지 못한 영혼을 유혹하며 탐욕에 연단된 마음을 가진 사람입니다(벧후 2:14). 탐욕에 연단되었다는 것은 탐욕을 채우는 데 아주 익숙해진 상태에 있음을 말하는데, 자신의 탐욕을 채우려면 정상적인 노력과 대가를 통해서는 불가능합니다. 결국 바른 길을 이탈해서 불의한 재물을 추구해야만 탐욕을 채울 수 있습니다. 이 행동은 한마디로 미친 짓입니다. 그가 미친 짓을 하고 있음을 깨닫게 하시고 정신을 차리게 하시기 위해서 말 못하는 나귀를 등장시키신 것입니다. 이성을 가졌는데도 말 못하는 짐승을 통해서 교훈해야 한다면 그는 얼마나 무지하고 못 알아듣는 상태에 있다는 말입니까.

발람과 같은 사람이 되지 않아야 합니다. 베드로는 발람과 같은 사람들을 '물 없는 샘'이요 '광풍에 밀려 가는 안개'로 비유합니다(벧후 2:17). '물 없는 샘'이라는 말은 무언가를 하긴 하지만 누구에게도 유익을 주지 못한다는 의미입니다. '광풍에 밀려 가는 안개'라는 말은 귀가 얇아 유혹에 쉽게 노출되고, 특히 세상의 재물과 탐욕에 쉽게 이끌리지만 결국에는 안개처럼 금방 사라질 존재를 의미합니다. 이런 사람들의 존재감은 깃털보다 가볍습니다. 우리는 우리 주님 되신 구주 예수 그리스도를 앎으로 세상의 더러움을 피해야 합니다(벧후 2:20).

우리가 살아가는 삶의 환경에는 여러 유혹과 미혹이 있습니다. 그것들은 틈만 나면 믿음에서 벗어나도록 우리를 유혹하고 우리의 경건 생활을 흩어 놓으려 합니다. 발람은 경건한 것 같으나 탐욕이

혼합된 먹을 수 없는 오염된 물과 같은데, 현대인들도 경건한 것 같지만 세상이 추구하는 맘몬과 쾌락에 쉽게 끌릴 수 있다는 데에서 발람과 공통점이 있습니다. 그러니 그리스도를 잘 배워서 아닌 것을 구하지 말고, 참된 것을 구하십시오. 세상의 더러움을 피하고 벗어나기 위해서 주님의 도우심을 힘써 구하십시오.

# 45 주의 백성을 누가 해하리요
민 22:36-23:26

발람 선지자가 온다는 말에 발락왕은 버선발로 뛰어나가 맞이합니다(36-37절). 그리고 그를 기럇후손으로 데리고 가서 소와 양을 잡아 그와 그와 함께한 고관들을 위해 성대한 잔치를 엽니다. 이런 접대의 목적은 발람을 자신의 컨트롤 아래 두는 데 있습니다. 일종의 뇌물을 먹인 것입니다. 이런 뇌물성 대접은 눈을 어둡게 하고 말을 왜곡시킵니다(출 23:8; 신 16:19). 지혜로운 사람의 마음을 병들게 하기도 합니다(전 7:7). 돈을 사랑한 발람은 이런 대접을 은근히 기대했을 것이고, 그 이상의 환대를 바랐을 것입니다.

발람은 경건으로 자기를 포장합니다.

> 내가 오기는 하였으나 무엇을 말할 능력이 있으리이까 하나님이 내 입에 주시는 말씀 그것을 말할 뿐이니이다_38절

칼을 든 여호와의 사자의 엄중한 경고를 완전히 외면하지는 않은 것입니다. 죽음에 대한 공포와 두려움 때문이지만, 한편 죄를 사랑하는 두 마음을 품는 발람의 모습을 보여 줍니다.

모압 왕 발락이 발람을 데리고 간 곳은 바알 산당입니다(41절). 이스라엘의 진 끝이 보이는 그곳에서 발람은 자신을 위하여 제단을 쌓으라고 요청합니다. 일곱 제단, 일곱 마리, 일곱 숫양의 제물. 마치 일곱이라는 숫자에 무슨 신비한 힘이 있는 듯이 제단을 쌓으라고 하는데, 하나님께서 율법에서 명령하신 것과는 거리가 먼 미신적인 방식임을 알 수 있습니다. 바알 신당에서 하나님을 부른다는 것은 어울리지 않습니다. 장소가 중요하지 않다고 하지만, 그렇더라도 우상을 숭배하는 곳에서 하나님께 제사를 드린다는 것이 용납될 수는 없습니다(민 23:1-2).

그런데 하나님께서 발람에게 임하셨습니다(4절). 이것이 하나님께서 그 장소와 그의 제사를 용납하셨다는 의미는 아닙니다. 하나님께서 그에게 임하신 이유는 오직 하나입니다. 이스라엘을 저주하려는 의도를 뒤집어서 이스라엘을 축복하게 하시려는 것이고, 이스라엘은 하나님의 축복 아래 살아가는 백성임을 이방 사람들 앞에서 증거하시려는 것입니다. 그래서 하나님께서는 발람의 입에 말씀을 주셔서 모든 왕과 귀족들 앞에서 말하게 하셨습니다(5-6절).

첫 번째 예언은 두 부분으로 되어 있습니다. 첫 부분은 자신은 하나님의 뜻대로 예언한다는 발람의 말입니다(7-8절). 모압이 자신을 불러 이스라엘을 저주하라고 했지만, 하나님께서 저주하지 않으신 자를 자신이 어찌 저주할 수 있고 하나님께서 꾸짖지 않으신 자를 자신이 어찌 꾸짖을 수 있느냐고 말합니다. 자신의 혀는 하나님의 명령에 매여 있다는 말입니다. 하나님께서 은혜 베푸시고자 하신 자를 우리가 무슨 수로 저주해 달라고 요청할 수 있습니까?

두 번째 부분은 첫 번째 예언의 핵심이라 할 수 있는데, 이스라엘의 탁월함에 관한 것입니다.

> 내가 바위 위에서 그들을 보며 작은 산에서 그들을 바라보니 이 백성은 홀로 살 것이라 그를 여러 민족 중의 하나로 여기지 않으리로다 야곱의 티끌을 누가 능히 세며 이스라엘 사분의 일을 누가 능히 셀고 나는 의인의 죽음을 죽기 원하며 나의 종말이 그와 같기를 바라노라_9-10절

'이 백성은 홀로 살 것'이라는 말씀은 이 백성은 외부의 도움이 없어도 살아가는 백성이라는 뜻입니다. '여러 민족 중의 하나로 여기지 않는다'는 말은 다른 민족과 구별되어 살아가는 특별한 민족이라는 말입니다. 이스라엘은 다른 민족의 힘과 도움을 구하지 않아도 능히 살아갈 수 있는 독특함을 가지고 있는데, 왜 그렇습니까? 하나님께서 함께하시기 때문입니다.

> 이스라엘이 안전히 거하며 야곱의 샘은 곡식과 새 포도주의 땅에 홀로 있나니 곧 그의 하늘이 이슬을 내리는 곳에로다 이스라엘이여 너는 행복한 사람이로다 여호와의 구원을 너같이 얻은 백성이 누구냐 그는 너를 돕는 방패시요 너의 영광의 칼이시로다 네 대적이 네게 복종하리니 네가 그들의 높은 곳을 밟으리로다_신 32:28-29

이스라엘은 안전히 거하고 곡식과 새 포도주가 있어서 다른 민족 누구와도 비교할 수 없는 복을 받았기에 모세는 '너는 행복자로다'라고 말하고 있습니다. 발람의 예언은 신명기에서 모세가 한 것과

같습니다. '야곱의 티끌을 누가 능히 셀 수 있느냐'는 말은 하나님의 복 주심이 얼마나 풍성한가를 보여 주는데, 이렇게 하나님께서 이스라엘을 돌보시고 복 주시는 것을 보고 발람 자신마저도 이스라엘과 같은 운명을 맞이하면 좋겠다고 말합니다.

나는 의인의 죽음을 죽기 원하며 나의 종말이 그와 같기를 바라노라_10절

발락왕은 기가 찼을 것입니다. 저주하라고 했더니 축복을 선언하면서 돈을 들여 데려온 발람마저 저주받아야 할 이스라엘과 같이 되기를 바란다고 하니, 그의 인상은 구겨졌을 것입니다. 화가 치밀어 올랐을 것입니다.

그대가 어찌 내게 이같이 행하느냐 나의 원수를 저주하라고 그대를 데려왔거늘 그대가 오히려 축복하였도다_11절

발락왕은 장소를 옮깁니다. 이스라엘을 다 보고 있기에 압도되어 축복했을 수도 있으니 이번에는 그 끝만 보이는 곳으로 데려가 저주하라고 합니다.

두 번째 예언은 첫 번째 예언보다 더 많은 것을 보여 줍니다. 첫째로 모압 왕과 백성들 앞에서 하나님의 속성을 드러냅니다.

하나님은 사람이 아니시니 거짓말을 하지 않으시고 인생이 아니시니 후회가 없으시도다 어찌 그 말씀하신 바를 행하지 않으시며 하신 말씀을 실행하지 않으시랴_19절

'하나님은 사람이 아니시다'는 말은 하나님과 사람의 가장 큰 차이를 말해 줍니다. '하나님은 영이시니 예배하는 자가 성령과 진리로 예배하라'고 하신 말씀에서 하나님 앞에 서는 인간은 영이신 하나님을 영적 존재로서 예배하라고 한 것과도 비슷합니다(요 4:24). 하나님께서는 사람의 사고와 방식을 뛰어넘으시는 분이므로, 그분을 사람의 수준과 한계로 제한해서는 안 됩니다.

한마디로 하나님은 참되시다는 뜻입니다. 그래서 그분께서 하신 말씀, 약속, 명령은 취소되거나 무효화되거나 쓸모없이 잊히지 않습니다. 그 말씀하신 바를 행하실 수 있는 능력의 하나님이시고, 그 약속하신 바를 성취시켜 가시는 신실하시고 성실하신 하나님이십니다. 그러나 사람은 말을 해 놓고도 지킬 능력이 없으니 자주 말에 힘이 없고, 약속하고 다짐하고 맹세하지만 거짓말로 끝날 때가 많습니다. 지키지도 못할 약속과 애초에 할 능력이 없는 다짐과 맹세를 밥 먹듯 하는 존재입니다. 그래서 후회와 변덕스러움은 사람의 몫이지 하나님께 해당되지 않습니다.

그는 변함도 없으시고 회전하는 그림자도 없으시니라_약 1:17

이렇게 하나님의 속성을 드러내는 이유는 먼저 모압 왕에게 그가 지금 누구와 싸우는지를 보여 주시기 위함입니다. 미천한 존재가 높으신 하나님과 싸우고 있음을 상기시켜 줍니다. 또한 이스라엘의 하나님은 사람의 눈으로 판단할 수 없는 높고 영광스러우신 분임을 드러냅니다.

발람은 자신이 하나님의 명령대로 할 수밖에 없음을 말하면서 이스라엘을 축복합니다(21-24절). 여호와께서 야곱의 허물을 보시지 않고 이스라엘의 패역을 보시지 않는 것은 이스라엘에게 아무 허물이나 흠이 없어서가 아닙니다. 하나님께서 이스라엘을 선택하셔서 거룩한 백성이 되게 하셨기 때문입니다. 이스라엘에게 다른 민족과 다르게 선택받을 이유가 있어서가 아니라 하나님께서 그들에게 베푸신 호의와 자비로우심이 얼마나 큰지, 다시 말하면 모압이 저주하려는 이스라엘은 하나님의 큰 은혜와 자비를 받은 백성이고, 그들에게 복 주신 하나님의 마음을 돌이킬 수 없다는 것입니다. 하나님께서는 참되실 뿐 아니라 하나님의 은혜가 얼마나 크고 높은지를 말하고 있습니다.

하나님께서 이스라엘에게 베푸신 축복의 핵심은 하나님께서 그들과 함께하신다는 것입니다. 하나님께서 함께하시기 때문에 이스라엘은 전쟁에서 승리할 수 있고 그들의 힘은 들소와 같고 그들을 저주하고 해롭게 할 마술이나 점술이 없습니다. 사자들처럼 어떤 공격에도 맞설 수 있고 원하면 먹잇감을 얻을 능력이 있듯이, 하나님께서 함께하심으로 이스라엘은 항상 보호를 받을 뿐 아니라 그들이 하는 싸움은 항상 승리할 것을 발람은 예언한 것입니다.

발락왕은 더 이상 저주도 축복도 하지 말라고 합니다. 이스라엘을 저주하고 그들과 싸워 이기려고 했지만, 발람의 축복에서 드러나는 것은 이스라엘의 보호자는 하나님이시요 하나님께서 함께하시는 이상 이스라엘을 이길 수 없다는 좌절감뿐이기 때문입니다.

주님의 백성을 누가 해할 수 있습니까? 하나님께서 복 주신 자를 누가 저주할 수 있습니까? 하나님께서 함께하시는 자녀들을 원수 마귀가 이길 수 있습니까? 교회는 세상으로부터 손가락질을 받기도 하고 속수무책 공격을 당해 무너지는 것처럼 보이더라도, 하나님의 교회는 결코 무너지지 않습니다.

> 그런즉 이 일에 대하여 우리가 무슨 말 하리요 만일 하나님이 우리를 위하시면 누가 우리를 대적하리요 자기 아들을 아끼지 아니하시고 우리 모든 사람을 위하여 내주신 이가 어찌 그 아들과 함께 모든 것을 우리에게 주시지 아니하겠느냐_롬 8:31-32

우리는 늘 세상의 힘과 원수 마귀의 시험 앞에 주눅 들고, 무서워하고, 그래서 해야 할 일을 안 하기도 하고 못하겠다고도 하고, 늘 어정쩡한 태도를 취하지만, 주님께서는 우리와 함께하시는 가운데 '믿음'으로 살아가라고 오늘도 요구하십니다. 내가 힘이 있어서가 아니라 나와 함께하신 주님을 믿는 믿음으로 살 때 넉넉히 이긴다는 약속의 말씀으로 우리를 위로하고 계십니다. 예수 그리스도께서 친히 본을 보이셨고, 믿음으로 십자가를 지심으로 우리 구원의 모범이 되어 주시지 않았습니까? 그러니 믿음으로 살아가려는 마음에서 뒤쳐지지 않게 하십시오. 우리 주님을 바라보며 십자가를 붙들고 믿음으로 나아가십시오. 성경은 믿음을 가지면 어려움이 없다고 말하지 않고, 어려움은 많을 것이지만 믿음으로 넉넉히 이긴다고 말합니다.

# 46 주권자가 야곱에게서 나올 것이라
민 23:27-24:25

모압 왕 발락이 발람을 통해서 이스라엘을 저주하려고 했지만, 발람은 오히려 이스라엘을 축복합니다. 첫 번째 예언의 핵심은 '이 백성은 홀로 존재할 수 있는 나라이고 여러 민족과 다른 특별한 나라'라는 것이었습니다. 두 번째 예언의 핵심은 '하나님께서 함께하시는 이스라엘을 누구도 대적할 수 없다'는 것이었습니다. 이스라엘은 여러 민족 중의 하나와 같지 않고 홀로 살아갈 수 있는 독특한 족속인데, 그 이유는 하나님께서 그들과 함께하시기 때문입니다. 하나님으로부터 흘러나오는 복을 받은 백성이므로 그들을 해칠 수단이나 그들을 위태롭게 할 방법이 없다고 예언한 것입니다.

발락왕은 발람을 다른 곳으로 데려다가 다시 저주해 달라고 요구합니다. 발람은 자기가 이스라엘을 축복하는 것을 하나님께서 선히 여기심을 알고는 낯을 광야로 향하여 눈을 들어 이스라엘 지파를 바라보았습니다.

이런 행동 자체는 참 선지자다운 것입니다. 그러나 발람은 재물과 욕심에 따라 예언하고 한몫 잡으려는 사람이었습니다. 그런데 하나님에게 떠밀려서 이스라엘을 축복하게 되고, 하나님께서 자신의 입을 주장하심으로 축복하게 하심을 거스를 수 없음을 알고, 사술을 써서 예언을 하고 돈 받으려는 생각을 포기하고 다시 하나님의 예언을 받으려고 합니다.

이때 그가 눈을 들어 이스라엘을 보는 동시에 하나님의 성령이 그 위에 임합니다. 성령님의 임재가 우리가 불러 낼 수 있는 것이 아니라 그분의 주권적인 역사임을 생각한다면, 성령님께서 그의 시선을 이스라엘로 향하게 하고 (참 선지자답게 행동하게 하신 후에) 그에게 영으로 임재하신 것입니다. 왜 그렇습니까? 탐욕에 젖어 있는 선지자이기에 그의 입을 어거해서 이스라엘을 축복하게 하시기 위해서입니다.

발람은 세 번째 예언을 시작하면서 자신을 '눈을 감았던 자'(3절), '하나님의 말씀을 듣는 자, 전능자의 환상을 보는 자, 엎드려서 눈을 뜬 자'(4절)라고 소개합니다. 이것은 그가 어둠 속에 있었으나 이제는 정말 하나님의 말씀을 듣고 예언하고 있다는 사실을 말합니다. 발람은 자신의 위상을 높이려고 한 말이었겠지만, 실상 자신의 입에서 나오는 예언은 정말 하나님의 말씀이었습니다.

발람은 앞선 예언에서 하나님께서 이스라엘과 함께하시기 때문에 그들이 특별하고, 결코 그들을 대적할 수 없다고 말했습니다. 그리고 세 번째 예언에서는 이스라엘의 번영이 모든 나라를 압도할 것이라 말합니다. 예언의 전반부는 이스라엘의 내적인 번영을 노래하고(5-6절), 후반부는 외적인 번영을 노래합니다(7-9절).

'야곱의 장막과 이스라엘의 거처가 아름답다는 것'은 광야를 행진하는 순례자 이스라엘에게는 걸맞지 않는 축복이지만, 그들이 곧 광야 여정을 끝내고 하나님께서 주실 약속의 땅에 정착하게 될 것을 의미합니다. 또한 발람은 그곳에서의 삶이 풍요로울 것이라 말하면서 '물이 넘치겠고' 아각보다 그 나라가 부흥할 것이라고 말합니다. 아각은 아말렉 족속인데 애굽처럼 당시 그 지역에서 가장 강력한 나라 중 하나였습니다(20절).

내적 번영과 함께 그 나라가 외부적으로도 번성할 것인데, 마치 들소처럼 적국을 삼키고 대적들을 꺾을 것이며, 사자가 먹잇감을 한번 물면 놓치지 않는 것처럼 그들을 막아설 자들이 없을 것이라고 말합니다. 그리고 "너를 축복하는 자마다 복을 받을 것이요 너를 저주하는 자마다 저주를 받을지로다"라고 축복합니다. 다시 말해 이스라엘을 저주하는 것이 불가능하다는 뜻입니다. 이스라엘에게 힘이 있어서가 아니라 이스라엘이 받는 보상과 손해를 하나님께서 당신의 보상과 손해로 여겨 주실 것이기 때문입니다.

간혹 어떤 사람들이나 무리들이 자신들이 교회를 좌지우지한다고 생각하는데, 그것은 큰 자가당착입니다. '자신이 하지 않거나 우리가 안 하면 하나님이 손해'라는 말이 얼마나 미련한 표현인지 모릅니다. 하나님께서는 교회를 향하여 수고하고 애쓰는 모든 수고와 섬김을 기억하시고, 그 위에 복 주실 것입니다. 왜냐하면 그것은 사람이 아닌 주님께 드린 수고와 섬김이기 때문입니다. 그러나 교회를 반대하며 등을 돌리고 원수처럼 여기는 것은 교회의 친구이신 하나님께 등을 돌리는 것과 같습니다. 하나님께서 당신의 백성, 곧 교회를 얼마나 중요하게 생각하시는지 기억하십시오. 교회를 향하여 어떤 훌륭한 일을 했다면 그것은 하나님께 한 일이고, 하나님께서는 그런 사람들에게 신실하게 보상하십니다. 반대로 아무리 세상이 교회를 저주하더라도 하나님께서 교회를 채찍질하시지 않는 이상 교회는 어떠한 손상도 당하지 않습니다.

그렇다면 여기에서 발람은 이스라엘을 축복하고 있으니 그는 복을 받을까요? 아닙니다. 그는 하나님의 영광을 위해서 성실하게 순종하는 것이 아니라 억지로 하고 있기 때문입니다. 만약 그가 진실한 섬김으로 축복한다면, 하나님께서 주시는 축복에 참여하게 될 것입니다.

이스라엘을 저주하려는 발락왕에게 이 예언은 청천벽력과 다를 바 없습니다. 저주는커녕 이스라엘을 축복하는 것이 복된 길이라니 화가 치밀었을 것입니다. 발락왕은 발람에게 항의합니다. 돈을 주고 권세를 주고 데려온 이유가 저주하게 하려는 것이었기에 축복하는 것에 대해 불만을 표시하고 있습니다. 하지만 발람은 '나는 여호와의 말씀을 어기고 선악간 임의로 행하지 못하고 여호와께서 말씀하신 대로 말하리라'라는 말로 대꾸합니다. 임의로 행하는 것이 거짓과 위선으로 가득한 선지자들의 태도라면, 말씀대로 말하는 것이 참 선지자의 모습입니다. 발람의 말에는 '고객의 요청대로 하고 싶어도 할 수 없다'는 뉘앙스가 담겨 있습니다. 자기도 저주하고 싶지만 자기 입에 명령을 내리신 분의 뜻대로 할 수밖에 없다고 말하고 있습니다.

그리고 발람은 돌아가겠다고 하면서 또 다른 예언을 하는데, 가까운 미래가 아니라 먼 훗날에 대한 예언입니다.

내가 그를 보아도 이때의 일이 아니며 내가 그를 바라보아도 가까운 일
이 아니로다_17절

먼 장래의 일을 예언한 것은 당장 닥칠 일이 아니라는 점에서 발
락왕의 마음을 좀 누그러뜨리려는 것입니다. 어쨌든 장래에 있을 예
언의 핵심은 주권자가 오신다는 것입니다.

"한 별이 야곱에게서 나오며 한 규가 이스라엘에게서 일어"날 것
입니다(17절). 이 세 번째 예언은 두 번째 예언의 핵심인 이스라엘의
번영이 어떻게 성취될 것인지를 말하고 있습니다. 이스라엘의 내적
인 부흥과 외적인 번성은 한 별이 나오고 왕권을 가진 한 규가 일어
나는 것을 통해서 장차 성취될 것입니다. 장차 오실 주권자는 이스
라엘을 대적하는 모든 나라를 다 물리치실 것입니다(17-19절).

단순히 이스라엘이라는 나라의 번성이 아니라 이스라엘을 통해
서 세우실 하나님 나라를 반대하고 대적하던 나라들에 대한 승리
입니다. 야곱에게서 나올 주권자는 그리스도이십니다. 구속사적
으로 말하면, 하나님의 교회를 반대하는 세력들은 모두 그리스도
의 십자가 죽음과 부활의 권세 앞에서 무릎을 꿇게 될 것을 말합
니다. 모든 이름이 그리스도 앞에 낮아질 것이요, 하나님의 복된
통치 아래에 원수 마귀는 굴복할 것이요, 교회는 그리스도와 함께
모든 나라를 다스리게 될 것이라는 승리를 예언하는 것입니다.

이렇게 장차 오실 주권자를 통한 승리를 노래하면서, 주변 나라
들에 대한 심판도 함께 예언합니다. 아말렉은 당대에 가장 뛰어난
강대국이었지만 그 강함에서 나오는 교만은 강제로 낮춰질 것이고

나라는 멸망에 이를 것입니다(20절). 가인 족속이 누구인지는 명확하게 알 수 없지만 당시 주변 나라에 여러 족속이 있었을 것을 고려한다면, 가인 족속도 강한 족속 가운데 하나였을 것입니다. 보금자리가 바위에 있다고 한 것을 보면, 그들은 견고한 성을 가지고 있거나 돌로 둘러싸인 요새를 가진 족속이었을 것입니다. 그러나 가인 족속도 앗수르의 포로가 되어 결국 쇠퇴하게 될 것입니다. "가인이 쇠약하리니 나중에는 앗수르의 포로가 되리로다"(22절). 하지만 이 문장을 의문문으로 읽을 수도 있습니다.

그럼에도 불구하고 가인은 결국 쇠퇴하리니 앗수르가 얼마나 오랫동안 너를 포로로 하고 있을 것인가?(NASB)

또한 여기에 나오는 앗수르(Asshur)가 이스라엘을 정복한 북방 민족인 앗시리아(Assyria)인가에 대해서는 이견이 있습니다. 드 보(de Vaulx)는 시내산 북방의 작은 족속(창 25:3; 시 83:8)이라고 말하기도 합니다.[50] 칼뱅은 예언 자체가 먼 미래의 것이므로 장차 이스라엘이 포로로 잡혀 갈 것으로 봅니다. 그리고 그 포로 기간이 길 것을 암시했다고 말합니다.[51] 22절 후반부를 이스라엘에 대한 것으로 보기 때문입니다. 그리고 신학적인 해석을 붙여서, 교회를 축복하시지만 항상 여러 가지 재난을 당할 위험 앞에 놓여 있다는 것이 포함된 축복이라고 말합니다.

---

**50** Gordon J. Wenham, *NUMBERS*, TOTC(Leicester: Inter-Varsity Press, 1981), 181.

**51** 존 칼빈 성경 주석 출판 위원회, 『존 칼빈 구약 성경 주석 6: 출애굽기, 레위기, 민수기(4), 여호수아(1)』(서울: 성서교재간행회, 1987), 183.

예언의 마지막 부분은 깃딤 해변의 나라들에 관한 것입니다. 하나님께서 손을 들어 모든 나라를 치실 때 누가 설 수 있습니까? 깃딤 해변에서 온 배들이 로마를 가리킨다고 보기도 하지만, 그들이 누구이든 간에 결국에는 하나님의 교회를 대적하는 자들은 멸망을 피할 수 없을 것입니다.

현재의 축복을 넘어서 먼 미래에 주권자가 오심으로 교회는 번성하게 될 것을 예언한 것은 저주를 바꿔 복이 되게 하신 하나님의 섭리의 결과였습니다.

모압 왕 발락이 이스라엘을 저주하려는 의도는 완전히 실패로 돌아갑니다. 그런데 하나님께서는 교회를 반대하고 대적한 자들을 철저히 낮추십니다.

암몬 사람과 모압 사람은 여호와의 총회에 들어오지 못하리니 그들에게 속한 자는 십 대뿐 아니라 영원히 여호와의 총회에 들어오지 못하리라 그들은 너희가 애굽에서 나올 때에 떡과 물로 너희를 길에서 영접하지 아니하고 메소보다미아의 브돌 사람 브올의 아들 발람에게 뇌물을 주어 너희를 저주하게 하려 하였으나 네 하나님 여호와께서 너를 사랑하시므로 네 하나님 여호와께서 발람의 말을 듣지 아니하시고 네 하나님 여호와께서 그 저주를 변하여 복이 되게 하셨나니 네 평생에 그들의 평안함과 형통함을 영원히 구하지 말지니라_신 23:3-6

내 백성아 너는 모압 왕 발락이 꾀한 것과 브올의 아들 발람이 그에게 대답한 것을 기억하며 싯딤에서부터 길갈까지의 일을 기억하라 그리하면 나 여호와가 공의롭게 행한 일을 알리라 하실 것이니라 내가 무엇을 가지고 여호와 앞에 나아가며 높으신 하나님께 경배할까 내가 번제물로 일 년 된 송아지를 가지고 그 앞에 나아갈까 여호와께서 천천의 숫양이나 만만의 강물 같은 기름을 기뻐하실까 내 허물을 위하여 내 맏아들을, 내 영혼의 죄로 말미암아 내 몸의 열매를 드릴까 사람아 주께서 선한 것이 무엇임을 네게 보이셨나니 여호와께서 네게 구하시는 것은 오직 정의를 행하며 인자를 사랑하며 겸손하게 네 하나님과 함께 행하는 것이 아니냐_미 6:5-8

발람 이야기를 보면서 우리는 교회를 대적하는 자들이 누구이고, 그들이 얼마나 강력하든지 간에 하나님께서는 당신의 교회를 보호하신다는 것을 깨닫습니다. 그들이 아무리 교회를 대적한다 해도 하나님께서 저주하시지 않는 이상 손상을 입지 않을 것이기에 교회는 그들을 두려워하지 말고 하나님께서 말씀하신 길을 걸어가야 합니다. 사명을 따라 가야 합니다. 미가 선지자는 하나님과의 올바른 관계 안에서 그분과 동행하며 의롭게 행하라고 말합니다(미 6:8). 하나님을 사랑하는 가운데 참되게 예배하고 그분과 늘 함께 행하는 삶을 추구하라고 말합니다. 이것이 주님께서 우리에게 주신 복입니다.

# 47 거룩한 질투
민 25:1-18

신약 성경은 세 곳에서 발람의 교훈 또는 발람의 길을 주의하라고 경고합니다.

첫째, 베드로는 발람처럼 불의의 삯을 사랑하다가 책망받는 일을 하지 말 것을 경고했습니다(벧후 2:15). 부정한 소득을 추구하다가 멸망을 자초하는 어리석은 사람들이 되지 말라는 말입니다.

둘째, 유다는 악한 방법을 동원해서라도 재물을 얻으려는 마음, 돈을 향한 탐욕에 이끌리는 유혹을 피하라고 권면합니다(유 1:11).

셋째, 요한은 발람의 교훈을 떠나라고 경고합니다. 버가모교회에 주는 책망으로서 교회 내에 그리스도의 바른 교훈 대신 니골라당의 교훈을 지키는 사람들이 있었는데, 그것은 발람의 교훈을 지키는 것과 같다고 지적합니다. 발람의 교훈의 핵심은 우상 숭배와 우상 숭배에서 비롯된 불경건하고 음탕한 행동들을 말합니다.

> 발람이 발락을 가르쳐 이스라엘 자손 앞에 걸림돌을 놓아 우상의 제물을 먹게 하였고 또 행음하게 하였느니라_계 2:14

발람의 계략이 교회 전체를 바른 길에서 탈선시키는 역할을 했다는 데 주목해야 합니다. 한때 그는 선지자라는 명망을 가질 정도였지만, 결국에는 이스라엘 앞에 덫을 놓아서 죄를 짓게 만들었습니다. 불법한 재물을 향한 탐심은 진리를 거스르게 해서 모든 사람에게 피해를 끼치게 만듭니다.

본문은 발람이 한 일과 그것에 대한 심판을 언급합니다. 이스라엘이 싯딤에 머물러 있을 때, 백성이 모압 여자들과 음행하기를 시작합니다. 당시에 가나안에서 가장 영향력 있는 바알 숭배에 이스라엘을 초대해서 백성이 여자들과 함께 먹고 그들의 신에게 절하였다고 말합니다. 모압에 오기 전에 아모리 왕 시혼과 바산 왕 옥과 싸워 이긴 승리감에 도취되었는지 모르지만, 이스라엘은 모압 여자들의 유혹에 넘어가 우상에게 절함으로 하나님의 진노를 일으켰습니다(4절).

심판은 두 가지 형태로 진행되었는데, 백성들의 수령은 목매어 달게 하셨고, 백성들은 염병으로 죽이셨습니다. 그 일로 죽은 사람이 24,000명이었습니다(9절). 앞서 고라 자손의 반역 때문에 지휘관 250명 이상이 죽고, 염병 때문에 14,700명이 죽은 것을 생각하면 이 형벌은 더 큰 것이었습니다(민 16:49).

이 상황이 얼마나 하나님의 진노를 일으켰는지를 보여 주는 사례가 등장합니다. 이스라엘이 회막 문에서 울 때 어떤 사람이 미디안 여인을 데리고 옵니다. 이 사람은 정말 상황 파악을 못하고 있거나, 아직도 자신이 무슨 죄를 저지르고 있는지 모르는 것 같습니다. 하나님보다 자기가 추구하는 사랑을 내세운 것일까요? 다른 사람은 상관하지 않고 자기만 괜찮으면 되는 것일까요? 마치 수치심과 부끄러움을 모르는 사람처럼, 눈물을 흘리며 통곡하고 있는 사람들 사이로 미디안 여자를 데리고 온 것입니다. 이에 제사장 비느하스가 창을 들고 남자를 따라 그의 막사에 들어가서 두 사람을 죽이니, 염병이 멈췄습니다.

많은 사람의 시선을 아랑곳하지 않고 미디안 여인을 데려온 행동이 모욕적인 행동이었다면, 회중 가운데에서 일어나 그 사람들에게 한 비느하스의 행동은 하나님의 심판을 수행하는 행동이었습니다. 하나님께서는 그의 용기를 '나의 질투심으로 질투한' 행위, 곧 당신의 심판을 수행한 것이라고 말씀하셨습니다(11–13절).

질투는 사랑에 뿌리를 두고 있습니다. 사랑하는 관계에서 마땅히 사랑을 주고받아야 하는데, 주고받아야 할 사랑이 다른 대상을 향할 때 느끼는 감정이 질투입니다. 하나님께서는 이스라엘에게 당신 외에 다른 신을 두지 말라고 명령하셨고, 이스라엘은 그에 따라 하나님을 사랑해야 했습니다. 그러나 이스라엘은 다른 대상을 사랑했고, 그 때문에 하나님은 질투하셨습니다(참고, 히 12:29).

> 그들이 또 브올의 바알과 연합하여 죽은 자에게 제사한 음식을 먹어서 그 행위로 주를 격노하게 함으로써 재앙이 그들 중에 크게 유행하였도다 그때에 비느하스가 일어서서 중재하니 이에 재앙이 그쳤도다 이 일이 그의 의로 인정되었으니 대대로 영원까지로다_시 106:28-31[52]

---

[52] 비느하스의 행동을 그에게 의로 정하셨다고 할 때, 그것을 믿음으로 의롭다 함을 얻은 자에게 그의 행위까지도 의롭다고 여겨 주시는 이중적 용납의 개념으로 이해해야 합니다

죽은 자[53]에게 제사한 음식을 먹는 것은 바알브올과 연합하는 행위입니다. 우상과 한 몸인 것을 확인하는 행동으로써 음식을 먹는 것입니다. 심지어 미디안 여인을 데려온 것은 더욱 우상과 짝하는 음란한 행동이었습니다. 그 일에 대해 비느하스가 처벌하였을 때, 하나님께서는 그것을 그의 의로 인정하셨습니다. 비느하스의 개인적인 행동인 것 같지만 하나님께서 그에게 감동을 주셨고, 하나님 당신의 질투심을 실행에 옮겼다고 할 만한 행동을 하게 하신 것입니다.

비느하스의 행동을 오늘날 우리에게 적용할 때는 조금 신중해야 합니다. 터무니없는 열심을 내고서는(자기 멋대로 일을 하는 경우에는 늘 다툼과 시비가 일어납니다) 비느하스의 열심과 같이 했다고 말하는 것을 조심해야 합니다. 성령님의 인도하심을 받는 가운데 열심을 냈다면, 교회를 유익하게 하고 모두가 옳다 인정하게 될 것입니다.

하나님께서는 모세를 통해 비느하스에게 '내 평화의 언약'을 주시겠다고 말씀하셨습니다. 그와 그의 후손에게 주시는 영원한 직분의 언약입니다. 그러나 이것이 새로운 것은 아닙니다. 이미 아론와 그 후손에게 제사장 직분을 맡게 하셨기 때문입니다. 하나님께서 비느

---

(존 칼빈, 『기독교 강요(중)』, 김종흡 외 3인(서울: 생명의말씀사, 1988), 350-351). 칼뱅은 "우리는 은혜로 말미암아 믿음을 통해서 의롭다 함을 받을 뿐 아니라, 달이 해에서 그 빛을 빌려 오듯 바로 그 믿음으로 우리의 행위가 의롭게 된다"고 했습니다(존 칼빈 성경 주석 출판 위원회, 『존 칼빈 구약 성경 주석 10: 시편(4)』(서울: 성서교재간행회, 1987), 334).

**53** 우상을 멸시해서 사용한 표현으로 보입니다. 우상은 그 자체로 죽은 것이기 때문입니다. 결국 죽은 자와 먹고 마심은 하나님을 포기하고 우상과 결혼함으로 연합하는 것입니다.

하스와 그의 후손에게 당신의 약속이 변치 않음을 재차 확인해 주신 것입니다.

본문 마지막 부분에 죽임을 당한 사람들의 이름이 나옵니다. 남자는 시므리이고, 미디안 여자는 고스비입니다. 하나님께서는 미디안인들을 치라고 말씀하셨습니다. 그들이 속임수로 이스라엘을 유혹했기 때문입니다(17-18절). 발람이 낸 꾀는 이스라엘을 아프게 하는 가시 역할을 했지만, 하나님께서는 그 상처를 도려내시고 싸매신 후에 이스라엘이 가야 할 길을 가게 하셨습니다. 항상 그렇게 하라고 하시지는 않지만 원수 갚는 일을 명하신 것입니다. 하나님께서는 어떤 민족의 악에 대해서는 일시적으로 침묵하시지만, 이렇게 치라고 명령하시기도 합니다. 하나님의 주권입니다.

사실 이스라엘도 우상 숭배를 하고 음행을 저지른 것을 보면, 이방 민족과 크게 다를 바 없는 죄를 지었습니다. 그런데 여전히 하나님께서는 이스라엘을 당신의 백성으로 여기십니다. 왜 그러실까요? 그것이 긍휼히 여기시기도 하고 긍휼히 여기시지 않기도 하는 하나님의 뜻입니다.

이 사건은 출애굽기 32장의 금송아지 사건과 닮았습니다. 모세가 십계명을 받으러 시내산에 올라가 있고 그곳에서 무슨 일이 일어나는지 모르는 상황에서, 산 아래에서는 이스라엘이 금송아지를 만들어서 범죄합니다. 지금 이스라엘도 싯딤에 머물러 있지만, 이스라엘은 모압 왕이 자신들을 저주하려는 것을 알지 못했고 하나님께서 저주를 축복으로 바꾸신 일도 몰랐습니다. 그 축복의 내용은 이스라엘은 홀로 생존할 수 있는 나라이고, 하나님께서 함께하시기에 그 누구도 대적할 수 없고, 이스라엘의 번영이 모든 나라보다 뛰어날 것이라는 것입니다. 무엇보다 장래에는 메시아가 오셔서 모든 대적을 무찌를 것이라는 현재와 미래의 축복이었습니다. 그러나 시내산 아래에서 영원하신 하나님의 법인 십계명이 주어지는 것을 알지 못한 채 금송아지를 만든 것처럼, 싯딤에서도 이스라엘은 저주를 축복으로 바꾸셔서 모압 사람들을 두렵게 했던 예언을 모른 채 모압 여자들과 행음하고 있습니다. 금송아지 사건 때에도 레위 사람들이 심판자 역할을 했는데, 싯딤에서는 제사장 비느하스가 그 역할을 합니다.

하나님께서는 금송아지 사건을 통해서 은혜 줄 자에게 은혜를 주시고 긍휼히 여길 자를 긍휼히 여기심을 선포하셨습니다(출 33:19). 이것이 출애굽 사건의 교훈이라면, 본문에서도 같은 교훈을 생각할 수 있습니다. 가나안 땅 입성을 앞둔(시간적으로 40년이 지난 시점에서) 출애굽 2세대에게도 하나님께서는 당신의 주권적인 선택에 따라서 은혜를 베푸신다는 사실을 상기시켜 주신 것입니다.

이스라엘은 축복받은 백성이지만, 그 축복은 하나님의 주권적인 선택 때문에 받게 된 것임을 기억해야 합니다. 이스라엘의 범죄나 이방인의 우상 숭배는 같지만, 그럼에도 하나님께서 이스라엘을 심판의 도구로 사용하시는 것은 그들을 선택하셨기 때문이지, 이스라엘이 더 나아서가 아닙니다. 이것은 우리를 겸손하게 만듭니다.

우리는 비느하스의 열심 있는 행동만을 주목해서는 안 됩니다. 우리는 하나님께서 그의 행동을 당신의 일로 여겨 주셨다는 것에 더욱 주목해야 합니다. 그의 행위에 하나님 당신의 흔적, 자취, 곧 당신이 새겨져 있었기에 하나님께서 그의 행위를 받으신 것입니다. 하나님 당신께서 그 안에서 일하셨기에 그의 행위를 인정해 주셨습니다. 하나님께서 우리의 선행을 받으실 때도 마찬가지입니다. 우리가 자발적으로 선을 행하고, 우리가 최선을 다했다고 말할지도 모르지만, 우리의 행위를 의롭게 여겨 주시는 것은 우리의 행위 안에 당신의 열심이 있기 때문입니다.

칼뱅은 이것을 이중적 용납(Duplex Acceptio)이라고 했습니다(칼뱅의 『기독교 강요』 3권 17장 참고). 하나님께서 값없이 의롭다 해 주심과 같은 원리로 우리의 행위도 받으신다는 것입니다. 우리는 자신 안에서 하나님께서 값없이 베푸시는 은혜와 의롭다 여겨 주시는 은혜가 빚어내는 행위를 보게 되면 우리 안에서 선한 일을 행하시는 하나님을 찬양하게 될 것입니다(빌 2:13). 그리고 그 행하신 일이 기이하고 놀랍기 때문에 더욱 주님의 뜻을 순종하고자 하는 강렬한 인상이 나오는데 그것은 감사, 찬양, 감동, 주님을 향한 열망 등으로 나타날 것입니다.

우리는 그리스도 안에서 의롭다 하심을 받아 그리스도 안에서 하나님께 용납된 존재입니다. 그러므로 더욱 우리를 받아 주시는 하나님을 기쁘시게 하는 삶을 사는 데 집중해야 합니다. 사람의 눈을 기쁘게 했다면, 사람으로부터 오는 상벌을 의식한다면, 이런 순전한 용기는 나올 수 없습니다. 이런 용기는 오직 하나님을 경외하는 자세에서 나오고, 하나님의 의를 힘입어 그분 앞에서 살아가기를 힘쓸 때 나옵니다. 하나님만을 바라고 하나님의 뜻만을 순종하십시오.

# 48 두 번째 인구 조사
민 26:1–65

발람의 꾀 때문에 이스라엘이 우상 숭배와 음행을 한 것에 대해 하나님께서는 지도자들을 목매달게 하셨고, 백성들에게 염병을 내려 큰 진노를 보이셨습니다. 가나안 땅에 있는 풍습을 본받지 말아야 할 이스라엘에게는 사전 교육이 된 셈입니다. 물론 이후에도 그들의 악함은 지속되지만, 이 사건은 요단강 건너 가나안 땅에서 조심해야 할 것이 무엇인지를 알려 줍니다.

본문은 하나님께서 두 번째 인구 조사를 명령하시는 내용입니다 (1–2절). 첫 번째 인구 조사는 시내산 아래에서 두 번째 인구 조사 시점보다 39년 전에 있었고, 두 번째 인구 조사는 모압 평지에서 첫 번째 인구 조사를 한 지 39년이 지난 후에 이루어집니다. 그 사이의 여러 가지 사건들을 감안하면 인구가 줄어들어야 할 것 같지만, 약 2천 명의 차이밖에 나지 않습니다.

각 지파의 인원이 5절부터 나오는데, 특이한 것은 각 지파에 있었던 사건들도 함께 나온다는 점입니다. 이스라엘의 장자 르우벤의 자손의 수는 43,730명입니다(7절). 처음 계수한 46,500명에 비해 숫자가 줄었습니다. 여기에서 르우벤 자손에게 있었던 일 하나를 언급합니다. 엘리압의 아들인 다단과 아비람이 고라의 반역에 함께 참여했다가 죽게 된 일입니다. 당시 250명의 지휘관이 죽은 숫자에 포함되었습니다. 그러나 고라의 아들들은 죽지 않았는데, 그 집안이 불명예스러운 일을 당했음에도 부모의 죄 때문에 자식이 죄인으로 몰리는 상황이 없도록 하나님께서 은혜를 베푸셨음을 말하고 있습니다(11절).

시므온 자손은 59,300명에서 22,200명으로 절반 이상 줄었고(가장 큰 감소), 갓 자손도 처음 계수한 45,650명에서 40,500명으로 약간 줄었습니다. 그러나 유다 자손은 반대로 74,600명에서 76,500명으로 늘었습니다. 육적인 장자인 르우벤 자손에 비해서 영적인 장자인 유다 자손이 더 늘어난 것도 하나님의 은혜입니다.

창세기 38장에 유다가 낳은 아들들에 관한 얘기가 나옵니다. 유다의 아들들은 엘과 오난이었지만 일찍 죽고, 유다가 며느리 다말과 동침한 후에 낳은 아들들이 베레스와 세라입니다(창 38:29-30). 불명예스러운 출생임에도 하나님께서는 유다의 지파를 크게 하셨습니다. 장차 유다의 후손에서 메시아가 오심을 감안할 때 유다 지파에 큰 은혜를 베푸신 것입니다. 사람의 눈으로 보면 이런 상황을 비난할 것이지만, 가난한 자를 들어 부유한 자를 부끄럽게 하시는 하나님의 은혜는 우리의 생각과 기대를 뛰어넘는다는 것을 기억하며 섣부른 판단을 멈춰야 합니다.

잇사갈 자손도 54,400명에서 64,300명으로, 그리고 스불론 자손도 57,400명에서 60,500명으로 늘었습니다. 한편 요셉의 아들들 가운데 므낫세 자손은 32,200명에서 52,700으로 늘어났지만, 에브라임 자손은 40,500명에서 32,500명으로 줄어듭니다. 요셉의 동생 베냐민 자손은 35,400명에서 45,600명으로 증가하고, 단 자손도 62,700명에서 64,400명으로 증가합니다. 그리고 아셀 자손은 41,500명에서 53,400명으로 증가하지만, 납달리 자손은 53,400명에서 45,400명으로 감소합니다.

이스라엘 자손의 계수된 자가 육십만 천칠백삼십 명이었더라_51절

첫 번째 인구 조사 때 603,550명과 비교하면 큰 변화는 없습니다. 인구가 변함없다는 것을 지나칠 수 없는 이유는 시내산에서 모압 땅으로 오기까지 이스라엘이 겪은 여러 불순종들과 그것에 대한 하나님의 진노 때문입니다. 광야라는 열악한 환경, 가나안 정탐 이후 여호수아와 갈렙을 제외하고 20세 이상은 모두 광야에서 죽은 상태, 그리고 고라 자손의 반역이나 모압 여인들과의 음행 때문에 수만 명이 죽는 사건 등을 감안하면 큰 인구 감소가 예상됨에도 변화가 없었다는 점은 특이합니다. 여기에 하나님의 측량할 수 없는 은혜가 있습니다. 은혜는 우리가 잘해서 얻은 것이 아니라 하나님께서 당신의 약속을 신실하게 지키신 결과입니다. 하나님께서 아브라함에게 그로 큰 민족을 이루고 그의 씨로 하늘과 별과 바다의 모래와 같게 하겠다고 말씀하신 대로 행하신 것입니다(창 22:17).

우리는 이 은혜를 주권적으로 이스라엘을 선택하신 하나님의 부성애적 사랑으로 이해해야 합니다. 그분의 선택하심과 부르심에는 후회하심이 없습니다. 그들을 선택하셨기 때문에 그들이 죄를 지을

때 진노하신 것이고, 그 진노의 목적은 멸망이 아니라 회개였습니다. 그래서 진노는 이스라엘을 새롭게 하시기 위한 사랑의 매였습니다. 진노만 보면 매정함이 느껴지겠지만, 거기에는 언약을 맺으시고 온 힘을 기울여 구원하시기까지 선택하신 백성을 향해 진노하시는 아버지의 역설적 사랑이 담겨 있습니다. 따라서 이스라엘의 여러 번의 불평과 배은망덕한 일에 대해 진노하셨을지라도, 시간이 흐른 지금 하나님의 약속대로 인구 변화가 없다는 사실을 보면서, 이스라엘을 향한 하나님의 선하심과 은혜로우심에 감사하고 그것을 찬송해야 합니다(롬 11:29).

인구 조사가 끝나고 땅 분배를 명령하십니다(53절). 아직 가나안에 들어가지 않았지만 그 땅에 대한 기대와 소망을 격려하시기 위함입니다. 가상적인 분배이지만, 이미 소유한 것처럼 분배한다고 해서 교만한 것이 아닙니다. 하나님께서 그 땅을 주리라 하신 약속은 명령이자 현실로 성취될 것입니다. 다만 내 손에 쥐고 있지 않기에 아직은 내 것이 아니지만, 실제로 소유한 것과 다름없음을 알리십니다. 그 땅을 얻는 것은 불가능하다는 부정적 생각이나 자기 후손 때에나 이루어질 아직 멀리 있는 일이라는 느슨한 생각을 갖지 않도록 하시기 위함입니다.

분배를 위해서 준비할 것은 그들의 명확한 이름들입니다.

> 수가 많은 자에게는 기업을 많이 줄 것이요 수가 적은 자에게는 기업을 적게 줄 것이니 그들이 계수된 수대로 각기 기업을 주되_53-54절

사람은 자기 이름이 기록되고 불리면 더 열심을 냅니다. 이스라엘

지파 중 한 사람도 분배에서 빠지는 일이 없도록 하시기 위해서 이런 비례 원칙을 제시하신 것입니다. 그리고 이렇게 명확한 숫자 확인을 기반으로 실제로 땅을 나누는 방식은 제비 뽑기입니다.

> 오직 그 땅을 제비 뽑아 나누어 그들의 조상 지파의 이름을 따라 얻게 할지니라 그 다소를 막론하고 그들의 기업을 제비 뽑아 나눌지니라_55-56절

제비를 뽑는 것은 운에 맡기는 것이 아니라 그 땅에 대한 호불호를 예방하기 위함입니다. 좋은 땅을 얻기 위해서 앞장서다가 강력한 저항 세력을 만나면 뒷걸음치는 일이 없도록, 모두가 그 땅을 얻기 위해 노력해서, 주님께서 주신 기업은 참 아름답다는 고백 안에서 주신 대로 받아야 합니다.

마지막으로 레위 자손을 계수합니다. 레위 자손은 전체 인구에 포함되지 않고 별도로 계수합니다(참고. 민 1:47). 그런데 첫 번째 레위 자손 인구 조사에서는 그들의 역할과 사명, 곧 성막 기구를 운반하고 봉사하는 일에 관해서만 말합니다. 그들의 명예로운 사역을 언급했습니다만 여기에서는 좀 다릅니다. 집안의 불명예스러운 사건들이 등장합니다. 두 가지가 나오는데 그중 하나는 모세와 아론이 친족 결혼을 통해 태어난 것입니다(59절). 아므람의 아내는 요게벳인데, 그녀는 레위의 딸입니다. 이것을 보면 하나님께서 근친결혼을 허락하신 것처럼 보이지만, 이것은 율법을 통해 근친결혼을 금지하셔서 하나님의 백성이 세상의 습관을 따르지 말라고 하신 상황 이전에 일어난 일입니다. 율법으로 금하시기 이전에 사람들이 일반적으로 하

던 습관을 따라 근친결혼을 한 것인데, 그렇다고 해서 이것이 명예로운 일은 아닙니다.

다른 하나는 하나님께서 명령하시지 않은 불을 드리다 죽은 나답과 아비후에 대한 언급입니다. 이것은 일종의 경고이지만, 여기에서는 두 명이 죽었다는 것보다 두 명이 살아서 대제사장 직이 유지되고 있었음을 강조해야 합니다. 그들 모두가 범죄하여 죽었다면 장차 오실 그리스도의 그림자인 대제사장 직분 수행이 끊어질 것인데, 이것은 이스라엘의 속죄와 결부된 중요한 사안입니다. 그러나 하나님께서는 그들의 생명을 보존하시고 그들이 대제사장으로 섬기게 하실 뿐 아니라 두 명을 통해서 23,000명이나 되는 후손을 번성시키셨습니다.

마지막으로 두 번째 인구 조사가 첫 번째 인구 조사와 다른 점을 밝히면서 마칩니다.

> 이는 모세와 제사장 엘르아살이 계수한 자라 그들이 여리고 맞은편 요단 가 모압 평지에서 이스라엘 자손을 계수한 중에는 모세와 제사장 아론이 시내 광야에서 계수한 이스라엘 자손은 한 사람도 들지 못하였으니 이는 여호와께서 그들에게 대하여 말씀하시기를 그들이 반드시 광야에서 죽으리라 하셨음이라 이러므로 여분네의 아들 갈렙과 눈의 아들 여호수아 외에는 한 사람도 남지 아니하였더라_63-65절

두 번째 인구 조사에 기록된 사람들은 갈렙과 여호수아 외에는 당시 20세 미만의 사람들입니다. 하나님의 말씀대로 불순종의 세대는 모두 죽었습니다. 그러나 이제 새로운 세대와 함께 가나안 땅을

바라보고 있습니다. 그들은 인구 조사를 통해 하나님의 말씀대로 되었음을 확인하며, 순종을 다짐했을 것입니다.

교회는 하나님의 돌보심 안에서 살아갑니다. 광야 40년 동안 급격한 인구 감소가 예상되었지만, 가나안 땅에 들어가 하나님을 섬길 자들을 하나님께서 세우셨습니다. 앞선 세대가 겪은 시험과 고난, 하나님 앞에서의 배은망덕, 그리고 하나님의 은혜들을 살피면서 앞으로 나가야 할 세대는 더욱 믿음을 다져야 할 것입니다.

# 49

## 우리에게 기업을 주소서
### 민 27:1-11

첫 번째 인구 조사 이후 39년이 지난 시점에서 두 번째 인구 조사를 실시했습니다. 인구 감소가 예상되었지만 하나님의 은혜로 숫자는 변함이 없었습니다. 하나님께서 아브라함에게 하신 약속, 즉 '내가 너로 큰 민족을 이루고 네 씨로 하늘과 별과 바다의 모래와 같게 하겠다'는 말씀을 신실하게 지키신 것입니다(창 22:17).

인구 조사를 마치고 가상적인 땅 분배를 합니다. 하나님께서 그 땅을 주리라는 약속은 현실로 성취될 것입니다. 따라서 실제로 소유한 것처럼 땅을 분배합니다. 가나안 땅에 들어가 그 땅을 취하려는 마음을 자극하는 것입니다.

본문은 땅 분배와 관련해서 특별한 상황을 언급합니다. 원래 기업의 상속권은 남자에게만 있는데, 슬로브핫의 딸들이 자신들에게도 기업을 달라고 요구한 것입니다. 무작정 달라는 것이 아니라 기업을 상속받을 남자가 없는 이유를 제시합니다. 가장 직접적인 이유는 광야에서 죽었기 때문입니다. 고라의 무리에 들지 않았다는 것은 반역에 따른 형벌적 죽음이 아님을 말합니다. 그 죽음은 자기 죄에 따른 결과라고 말합니다. 이것은 아담의 불순종 이후로 모든 사람에게 사망이 왕 노릇 한 것을 의식한 표현인데, 모든 사람이 사망의 지배 아래 있듯이 죽음은 죄의 결과라고 말하고 있습니다. 아들이 없다고 가족 중에서 삭제된다는 것은 기업이 없어진다는 의미이므로, 자신들에게 기업을 달라고 요구한 것입니다.

모세는 율법을 받은 사람으로서, 율법에 근거해서 판단할 수도 있었을 것입니다. 그러나 모세는 그 사연을 여호와께 알립니다. 우리가 내릴 수 있는 판단 앞에서도 주님의 뜻을 구하는 이런 자세는 지도자들이 본받아야 할 태도입니다. 설사 우리가 판단할 수 있다 하더라도 성령께서 지혜를 주시지 않으면 할 수 없음을 알아야 합니다.

하나님께서는 율법이 명령하는 것에 더해서 예외적인 경우를 인정해 주셨습니다. 아들이 없으면 그 아버지의 기업을 딸에게 주고, 딸도 없으면 그 아버지의 형제들에게 주고, 형제도 없으면 그 아버지의 아버지 형제에게 주고, 그 아버지의 아버지 형제가 없으면 가장 가까운 친족에게 주어서 기업을 잇게 하라는 것입니다. 이것이 룻기에 나오는 고엘 제도의 전형입니다. 보아스는 먼 친족으로서 룻의 시아버지인 엘리멜렉의 소유지에 대해 기업 이을 자로 나섭니다(룻 4:1). 이렇게 보아스와 룻을 통해서 다윗의 계보가 완성되고(룻 4:21-22), 이 계보는 메시아의 오심까지 연결되므로 결국 민수기의 이번 본문은 먼 미래의 메시아의 오심을 준비하는 일이 되기도 합니다.

이렇게 율법의 일반적인 적용을 유지하면서 예외를 인정하시는 것은 전체적으로 하나님께서 주시는 땅의 분배와 관련하여 공정성을 지키시기 위함입니다. 이것은 예외적인 사항이므로, 예외적인 조치를 원칙보다 앞세워서는 안 됩니다. 분배와 관련하여 차별이나 불공정을 예방하시기 위한 조치입니다. 사람이 정하면 늘 말이 많기 때문에 하나님께서 직접 관여하신 것입니다. 물론 오늘날에는 이렇게 직접 묻고 답하는 경우가 없습니다. 그럼에도 우리는 모세가 하나님께 물었던 것처럼 주님의 지혜를 구하고 성령님의 인도하심을 구하는 과정에 더 많은 노력을 기울여야 합니다.

# 50 목자 없는 양과 같이 되지 않게 하옵소서

민 27:12-23

땅 분배를 마치고 여호와께서 모세의 마지막을 말씀하셨습니다.

여호와께서 모세에게 이르시되 너는 이 아바림산에 올라가서 내가 이
스라엘 자손에게 준 땅을 바라보라 본 후에는 네 형 아론이 돌아간 것
같이 너도 조상에게로 돌아가리니_12-13절

모세의 죽음은 가나안 땅에 들어가지 못함을 의미합니다. 왜 가
나안 땅에 들어가지 못할까요? 므리바 물 사건 때문입니다.

그 물가에서 내 거룩함을 그들의 목전에 나타내지 아니하였음이니
라_14절

가나안 땅을 바라며 백성을 인도해 오던 긴 시간과 그동안의 수
고를 생각하면 이런 조치를 수긍하지 못했을 수도 있습니다. 서운함
때문입니다. 자신을 이렇게 대하시는 것에 대한 마음의 분노 때문
에, 더 나아가 자신은 당연히 가나안 땅에 들어가야 하는 존재라는
자기 확신 등에 따라 쉽게 마음을 가다듬지 못했을 수도 있습니다.

그런데 모세는 이 모든 것을 받아들입니다. 오히려 자신의 시대가 가고, 자신의 역할을 다했다는 말을 듣는 순간 그의 관심은 자신이 아니라 이스라엘 전체와 그들의 미래로 향합니다.

여호와, 모든 육체의 생명의 하나님이시여 원하건대 한 사람을 이 회중 위에 세워서 그로 그들 앞에 출입하며 그들을 인도하여 출입하게 하사 여호와의 회중이 목자 없는 양과 같이 되지 않게 하옵소서_16-17절

'모든 육체의 생명의 하나님이시여!' 사람이 죽고 사는 것에 여러 이유를 댈 수 있겠지만, 모세는 그런 이유를 찾지 않고 하나님이 생명의 주관자이심을 고백합니다. 가나안 땅에 들어가서 사는 것이 좋아 보일 수 있고, 그동안의 모든 수고의 결말을 목격하는 것이 기쁨일 수도 있습니다. 그러나 모세는 땅에 연연하지 않고, 이 땅에서 무엇을 잃었는지 반대로 무엇을 얻었는지 계산하지 않습니다. 그는 자신의 생명을 주관하시는 하나님만이 큰 상급이시요 자신의 기업이시라는 믿음을 가지고 있기 때문입니다.

부활 교리까지 생각한다면, 부활의 첫 열매가 되시는 그리스도 안에서 얻게 될 영원한 생명을 소유하는 것보다 더 귀한 것이 있을까요? 모세가 순순히 하나님의 말씀을 수긍한 이면에는 이런 믿음이 있지 않았을까 생각해 봅니다. 이렇게 하나님에 관한 풍성한 지식이 있기 때문에 넓은 마음으로 자신보다 남을 염려하고, 자기 미래보다 이스라엘의 미래를 생각할 수 있었던 것입니다.

모세는 일언반구 없이 하나님의 말씀에 복종합니다. 말씀에 전적

으로 자신을 의탁하는 믿음이 아니라면 어떻게 이렇게 재빨리 수긍할 수 있었을까요! 심지어 그는 자신을 이을 후계자를 세워 달라고 요청합니다. 그는 자신의 사명이 이스라엘을 섬기는 일이기에 그 일을 완수하는 것에 마음을 쏟아부은 것입니다.

모세가 판단하기에 이스라엘의 영적 상태는 인도할 목자가 없는 양 떼의 처지와 같았습니다. 양 떼는 앞만 보고 가기 때문에 선두에 있는 양 떼가 방향을 잃으면 모두가 뒤따르고, 고개를 땅에 숙이고 가기 때문에 앞에 무슨 장애물이 있는지 무엇을 만날지 모른 채 갑니다. 목자가 지팡이로 그들의 앞길을 인도하고 장애물을 피하게 하고 그들을 안전한 길로 데려가서 푸른 초장, 쉴 만한 물가로 인도합니다. 모세는 누가 이스라엘의 목자 역할을 할지를 하나님께 묻습니다.

하나님께서는 모세의 후계자로 눈의 아들 여호수아를 지명하여 부르셨습니다(18절). '영이 머무는 자'라는 말은 여호수아가 무슨 신비한 능력을 소유했다는 뜻이 아니라, 하나님께서 그에게 당신의 영을 통해서 앞으로 이스라엘을 인도할 지도자로서의 자질, 재능, 전쟁 수행 능력, 그리고 모든 어려운 문제를 풀 때 필요한 기술들을 주셨다는 뜻입니다. 하나님께서는 여호수아에게 안수를 하라고 모세에게 말씀하십니다. 여호수아의 지도자로서의 권위와 역할을 모든 사람 앞에 공표하시기 위함입니다. 또한 안수를 통해서 모든 사람이 그의 권위에 복종하게 하시기 위함입니다. 안수식은 여호수아가 모든 사람들 가운데 구별된 지도자임을 보이기 위한 의식이었습니다.

이에 모세는 하나님의 말씀대로 순종합니다(22-23절). 모세는 자신의 존귀를 그에게 돌렸고, 이스라엘 앞에서 그를 높였습니다. 후계자를 뒤에서 조종하거나 자기에게 유리한 관계를 만들기 위해 애쓰지 않았습니다. 온 회중 앞에 여호수아를 세우고 순순히 물러나기까지 최선을 다할 뿐이었습니다.

하나님께서 이스라엘의 목자 역할을 여호수아에게 맡기셨으니 그렇게 하시려는 하나님의 뜻에 온전히 복종한 것입니다. 하나님께서 자신을 목자로 세우셔서 이스라엘을 인도하게 하심과 같이 여호수아가 미래의 교회를 잘 이끌어 가기를 바라는 마음만 있을 뿐, 다른 어떤 것을 요구하거나 대가를 바라거나 미련을 두지 않았습니다. 그리고 모세는 하나님께서 이스라엘 자손에게 주신 땅을 바라보는 것으로 만족해야 했습니다. 가나안 땅에 들어가지 못함이 구원과 연결되는 것은 아닙니다. 모세는 자신에게 주어진 역할을 충실히 수행하는 사환으로 잘 봉사하다 직분을 넘기면서 물러나는 것입니다. 그럼에도 그는 여전히 하나님의 자녀요 하나님의 사랑 안에 있는 자입니다.

모세와 여호수아의 이임식에서 발견되는 순전한 믿음은 오늘날 세대 교체에서 일어나는 온갖 잡음과 부조리를 부끄럽게 만듭니다. 왜 교회는 이런 일로 시끄러워질까요? 노욕일까요? 아니면 하나님의 뜻을 잘 순종해 오다가 마지막에 변질된 것일까요? 모세에서 여호수아로의 흐름에 주목해야 합니다. 지도자 자신에게도 그리고 새로운 지도자를 대하는 성도들 모두에게 교훈이 됩니다. 이 교훈을 깊이 생각하고 배움으로 교회를 바르게 세워 가도록 애쓰시기 바랍니다.

# 51 정한 시기에 드리라
민 28:1-31

땅 분배를 하고 모세의 후계자가 정해진 이후, 가나안 땅에 들어가서 지켜야 할 제사들을 말씀하십니다. 공식적으로 드려야 할 제사달력이라고 이해하시면 됩니다. 여호와께서 모세에게 말씀하십니다.

이스라엘 자손에게 명령하여 그들에게 이르라 내 헌물, 내 음식인 화제물 내 향기로운 것은 너희가 그 정한 시기에 삼가 내게 바칠지니라_2절

본문 속 제사들은 이미 출애굽기 23장이나 레위기 23장에서 명령하신 것들입니다. 광야 40년을 지나고 다시 언급하시는데, 앞의 것들과 차이가 있다면 제사 자체보다 제사에서 드리는 희생 제물에 대한 의무들을 더 자세히 언급하고 있다는 점입니다.

다음의 표에서 볼 수 있는 것처럼 하나님께서는 제사의 횟수뿐 아니라 제사 때마다 드려야 할 제물의 양에 관심을 가지고 말씀하십니다. 하나님의 양식, 향기로운 것과 같은 말들은 하나님께서 우리의 희생을 열납하셨다는 것을 사람이 이해할 수 있는 언어로 표현한

| 제사들 | 번제 | | | 속죄제 |
| --- | --- | --- | --- | --- |
| | 수송아지 | 숫양 | 어린양 | 숫염소 |
| 매일: 상번제(28:3-8) | – | – | 2 | – |
| 안식일(28:9-10) | – | – | 2 (4) | – |
| 매월 첫째 날: 월삭(28:11-15) | 2 | 1 | 7 (9) | 1 |
| 유월절(1월 14일) (28:16) 무교병 먹는 기간(1월 15-21일) (28:17-25, 참고, 출 23:15) | 2 | 1 | 7 (9) | 1 |
| 칠칠절 = 맥추절, 오순절(처음 익은 열매를 드리는 날로부터 50일 이후)(28:26-31) | 2 | 1 | 7 (9) | 1 |
| 7월 1일(29:1-6) | 1 (3) | 1 (2) | 7 (16) | 1 |
| 7월 10일 = 대속죄일(29:8-11) | 1 | 1 | 7 (9) | 1 (2) |
| 7월 15일 초막절: 장막절(8일 동안) (29:12-38; 레 23:33-40) — 첫째 날 | 13 | 2 | 14 (16) | 1 |
| 둘째 날 | 12 | 2 | 14 (16) | 1 |
| 셋째 날 | 11 | 2 | 14 (16) | 1 |
| 넷째 날 | 10 | 2 | 14 (16) | 1 |
| 다섯째 날 | 9 | 2 | 14 (16) | 1 |
| 여섯째 날 | 8 | 2 | 14 (16) | 1 |
| 일곱째 날 | 7 | 2 | 14 (16) | 1 |
| 여덟째 날 | 1 | 1 | 7 (9) | 1 |

이스라엘의 기후
(이스라엘의 달력은 현대의 달력과 3개월 정도 차이가 남, 1월은 3-4월)

| 건기: 과실 농사 | 우기: 밭농사 |
| --- | --- |
| 유월절(3-4월) ~ 장막절(9-10월) | 장막절(9-10월) ~ 유월절(3-4월) |

것입니다. 이렇게 명령하시는 이유는 죄인에게는 스스로가 하나님을 섬기려는 마음이 생기지 않기 때문입니다. 그러므로 하나님께서 모든 은혜를 베푸셨습니다. 구속의 은혜를 주시고, 당신과 화해하고 교제할 길을 열어 주셨을 뿐 아니라, 당신이 어떻게 하면 기쁘게 그 섬김을 받으시는지를 율법의 규례를 통해서 알려 주시기까지 하셨습니다. 은혜를 입은 사람이면 은혜를 베푼 사람을 만날 때 이런 격식을 불편하게 여기지 않고 기쁨과 즐거운 행위로 받아들입니다.

하나님께서는 이스라엘에게 정한 시기에 제사를 드리라고 말씀하십니다. 삼가 드리라는 명령은 신중하고 조심성 있게, 그리고 정성을 다해서 실수하지 않도록 마음을 써서 드리라는 말씀입니다. 하나님을 뵙는 것, 그분 앞에 얼굴을 보이러 오는 것에서의 신중함과 정성을 말합니다. 우리는 그분의 명령을 수행할 때 실수가 생기지 않도록 마음을 다해야 합니다. 자칫 하나님의 명령은 형식적이고 겉만 신경 쓰는 것으로 충분하다는 생각을 거절하고 자신의 의지와 생각과 생명 전체를 다 드려서 섬겨야 한다는 점을 말씀하고 있습니다. 자녀가 아버지를 이렇게 섬기면 기뻐하지 않을 부모가 어디 있겠습니까?

제사의 첫 번째 원칙은 정한 시기인데, 가장 먼저 매일 드리는 상번제가 있습니다(3-8절). 매일 흠 없는 숫양을 둘씩 드리되, 하나는 아침에 다른 하나는 저녁에 드립니다. 흠 없는 어린양이신 예수님께서도 세상 죄를 지고 십자가의 죽음을 저녁에 맞이하셨습니다(요 1:29). 매일 번제를 드리라는 것은 이스라엘이 언제나 하나님과의 긴밀한 교제 속에서 살아야 함을 가르칩니다. 한국 교회는 이런 전통을 따라 매일 새벽 기도를 드렸을 것입니다. 새벽이 아니더라도 매일 성경을 읽거나 매일 가정 예배를 드리고, 부모가 자녀의 머리맡에서 매일 자녀를 축복하며 기도하거나 부부가 함께 매일 감사로 하루를 시작하고 닫는 식의 경건의 훈련을 힘써 온 것은 바로 이런 전통을 따른 것이라 생각합니다. 바울이 '너희 몸을 하나님께서 기뻐하시는 거룩한 산 제물로 드리라'라고 말한 것처럼 경건한 매일의 섬김은 하나님을 섬기는 모든 성도들의 삶이어야 합니다(롬 12:1).

두 번째는 매 칠 일마다 드리는 안식일 제사입니다(9-10절). 이때는 상번제와 그 전제 외에 일 년 되고 흠 없는 숫양 두 마리와 고운 가루 에바 십분의 이에 기름 섞은 소제와 전제를 드렸습니다. 매일의 섬김이 두 배로 드려지는 날이 안식일이었습니다. 번제로 희생을 드리고 고운 가루로 소제를 드리되 하나님께 향기로운 화제로 드립니다. 이는 찬송과 감사와 기도를 더 풍성히 드리는 것을 의미합니다.

세 번째는 매월 첫째 날에 드리는 월삭입니다(11-15절). 이때는 수송아지 두 마리와 숫양 한 마리와 일 년 되고 흠 없는 숫양 일곱 마리로 드리는데, 상번제까지 포함하면 일 년 되고 흠 없는 숫양은 아홉 마리를 드립니다. 거기에 숫염소 한 마리를 속죄제로 드립니다. 하나님께서 자신에게 베푸신 은혜에 감사하며 한 달의 첫날에 하나님께 제사를 드리는데, 여기에 자신의 속죄를 포함하는 것입니다.

한 달을 놓고 보면 매일 드리는 제사, 7일마다 드리는 제사, 매월 첫날 드리는 제사 세 가지가 있고, 1년을 놓고 보면 1월과 7월에 중요한 절기들이 포함되어 있습니다. 이스라엘의 정월은 출애굽을 기점으로 하므로 유대인의 달력과 현재 우리가 사용하는 달력은 3~4개월 정도가 차이 납니다. 그래서 이스라엘의 정월은 우리의 3~4월입니다.

1월 14일은 여호와의 유월절입니다(16절). 이때는 누룩을 넣지 않는 무교병을 구워 먹는 기간인데, 1월 15일부터 일주일 동안 먹습니다. 무교병을 먹으면서 자신들을 구속하신 은혜를 기억하고 감사합니다. 이 기간에는 상번제 외에 매일 수송아지 두 마리와 숫양 한 마리와 일 년 되고 흠 없는 숫양 일곱 마리를 번제로 드리고, 숫염소 한 마리를 속죄제로 드려야 합니다. 그 가운데 첫날과 일곱째 날에는 성회로 모이면서 아무 일도 하지 말아야 합니다(17-25절). 칠칠절 즉, 처음 익은 열매 드리는 날은 곡식의 추수를 감사하는 맥추절을 뜻합니다(26절). 이날에는 성회로 모이며 아무 일도 하지 않아야 하고, 수송아지 두 마리와 숫양 한 마리와 일 년 된 숫양 일곱 마리로 번제를 드려야 합니다. 그리고 칠칠절은 다른 말로 오순절인데, 무교절로부터 7일씩 7주간을 보낸 다음 날, 즉 오십째 날입니다. 하나님께서 베푸신 열매를 거둬들이며 그 주신 것에 감사하고, 수장절에는 그것을 저장하면서 감사를 드립니다(출 23:15).

제사는 이스라엘이 하나님을 섬기기 위해 구별된 백성임을 보여 줍니다. 우리도 그리스도 안에서 하나님께 예배하는 성도입니다. 그 사실을 늘 기억하며 예배의 기쁨과 감격을 회복하시기를 바랍니다.

# 52 그리스도 안에서 바라보라
민 29:1-40

절기와 관련하여 7월은 중요합니다. 먼저 7월 1일에는 성회로 모이면서 아무 일도 하지 말아야 합니다. 그날 수송아지 한 마리와 숫양한 마리와 일 년 되고 흠 없는 숫양 일곱 마리를 번제로 드리고, 숫염소 한 마리로는 속죄제를 드립니다. 게다가 이날은 상번제도 드리고, 월삭도 드려야 합니다.

다음으로 7월 10일 대속죄일 역시 성회로 모이면서 마음을 괴롭게 해야 하고 아무 일도 하지 말아야 합니다. 이때 상번제 외에 수송아지 한 마리와 숫양 한 마리와 일 년 되고 흠 없는 숫양 일곱 마리를 번제로 드려야 하고, 숫염소 한 마리를 속죄제로 드려야 합니다 (7-11절).

7월 15일에도 성회로 모여 제사를 드리고 이후 7월 22일까지 초막을 짓고 광야에서 지내야 합니다(12-38절). 유대인들은 장막을 지을 때 낮에는 해가 보이고 밤에는 별이 보이도록 지어야 한다고 여겼습니다. 이때 출애굽의 은혜와 광야에서 베푸신 은혜를 기억하고, 여름 농사(건기 때 과일 농사의 풍성한 열매 허락하심)에 대한 감사를 드립니다.

> 너희가 이 절기를 당하거든 여호와께 이같이 드릴지니 이는 너희의 서
> 원제나 낙헌제로 드리는 번제, 소제, 전제, 화목제 외에 드릴 것이니라
> 모세가 여호와께서 모세에게 명령하신 모든 일을 이스라엘 자손에게
> 말하니라_39-40절

한 가지 생각할 것은 이렇게 많은 양의 예물을 드리려면, 그리고
하나님께서 없는 중에서 받으시는 것이 아니라면, 가나안 땅에서 주
실 복을 약속하셨고 그 약속대로 복을 주신다는 확신이 없이는 지
킬 수 없다는 것입니다. 반대로 이것은 그 땅에서 드릴 제사이므로,
그 땅에 들어가 가나안 족속과 싸우는 일을 두려워 말고 그 땅을 가
서 취하라는 동기 부여가 되기도 합니다.

구속사의 관점에서 보면 정한 시기에 드리는 제사는 더 이상 지
키지 않습니다. 흠 없는 어린양이신 예수 그리스도께서 속죄 제사
를 드리셨기 때문입니다. 그리고 성회로 모이는 것과 관련해서도 그
리스도의 죽음과 부활을 기억하며 주일에 모이는 것만으로 충분합
니다.

> 그러므로 먹고 마시는 것과 절기나 초하루나 안식일을 이유로 누구든
> 지 너희를 비판하지 못하게 하라 이것들은 장래 일의 그림자이나 몸은
> 그리스도의 것이니라_골 2:16-17

이 모든 것들은 그리스도를 가리키는 그림자, 예표였기 때문입니
다. 그림자이기 때문에 만약 일부러 겸손하게 하는 형식과 위선으로

치우치거나 헛되이 과장한다면, 무엇보다 머리이신 그리스도를 붙드는 일에 도움을 주지 못할 것입니다.

이 모든 것들은 그리스도를 예표하는 것이므로 그리스도께 더 나아가기 위한 수단이었을 뿐입니다. 하지만 그리스도께서 오셨기 때문에 이제는 직접 그리스도와 교제하며 그분의 말씀을 순종함으로 예배하고 순종하면 되는 것입니다. 우리가 조선 시대의 법을 그대로 유지하면서 현대를 살아가지 않듯이, 그리스도 안에서 새 사람이 된 성도는 이제 옛 시대에 주신 법을 다시 지키면서 그리스도 앞으로 나아가지 않아도 됩니다.

그리스도와 함께 새롭게 된 성도는 무엇을 하든지 말에나 일에나 다 주 예수의 이름으로 하면 됩니다(골 3:17). 이 일을 가장 잘할 수 있는 날이 있다면 기독교의 안식일인 주일입니다. 다른 날을 정해서 모일 수도 있고 다른 날에 열심을 내서 어떤 행사를 치를 수도 있겠으나 주일에 온전한 감사를 드리는 것이 그리스도 안에서 성도가 힘써야 할 일입니다. 주일을 합당하게 지키는 일에 더 많은 관심과 노력이 필요한 때입니다.

# 53 아내와 유년 여자의 서원에 대하여
민 30:1-16

본문은 서원에 관한 규례인데, 일반적인 맹세나 헌신이나 서약의 경우가 아닌 특별한 상황에서의 서원은 유효하지 않음을 말씀하십니다. 먼저 일반적인 서원에 관해 이렇게 명령하십니다.

사람이 여호와께 서원하였거나 결심하고 서약하였으면 깨뜨리지 말고 그가 입으로 말한 대로 다 이행할 것이니라_2절

야곱은 형을 피해 하란으로 도망할 때에 이렇게 서원했습니다.

야곱이 서원하여 이르되 하나님이 나와 함께 계셔서 내가 가는 이 길에서 나를 지키시고 먹을 떡과 입을 옷을 주시어 내가 평안히 아버지 집으로 돌아가게 하시오면 여호와께서 나의 하나님이 되실 것이요 내가 기둥으로 세운 이 돌이 하나님의 집이 될 것이요 하나님께서 내게 주신 모든 것에서 십분의 일을 내가 반드시 하나님께 드리겠나이다 하였더라_창 28:20-22

이 서원은 하나님의 약속에 근거하고 있습니다. 야곱은 형의 보복

이 두려워 하란으로 가지만 그곳에서의 삶도 불확실합니다. 그런 그가 의지할 것은 하나님의 약속뿐입니다. 언제 하신 약속입니까? 비록 아버지를 속이고 받은 축복이지만 이삭을 통해 얻은 축복입니다(창 28:3-4). 이 축복의 약속은 성취되기 이전이므로, 야곱은 그 축복대로 이루어질 것을 바라면서 서원합니다. 약속이 현실이 되는 것을 확인한 후에 하나님으로 부르겠다는 것이 아닙니다. 약속이 현실이 되는 과정에서 정말 하나님의 하나님 되심을 고백할 것이고, 그것에 대한 찬양과 감사로서 십분 일을 드리겠다고 다짐한 것입니다. 불확실한 사람 입장에서는 그 약속의 성취 가능성이 의심스럽기 때문에 이렇게 고백할 수밖에 없지만, 약속의 성취 과정을 다 읽고 있는 우리로서는 하나님의 약속에 대해서 우리가 취해야 할 자세는 믿음뿐입니다. 결국 서원은 무슨 새로운 것을 조건으로 내세워 하나님과 거래하는 것이 아니라, 하나님께서 우리에게 주시는 큰 복과 은혜 안에서 우리가 믿음으로 그렇게 살아내겠다는 우리 편에서의 다짐이자 약속인 것입니다. 야곱은 밧단아람으로 돌아와 자신의 서원을 다 이행했습니다(창 35:11-15).

이렇게 서원은 자신이나 물건을 성별하고 드리는 행동입니다. 레위기에서는 서원을 갚기 위한 제사를 서원제로 불렀고(레 22장), 사람을 드리기로 서원했을 때 값을 드려서 서원을 이행하거나 물건을 드리기로 서원했을 때도 그것을 값으로 환산해서 하나님께 드리는 규정을 명령하기도 합니다. 그리고 그것을 무르려고 할 때의 규례도 말씀합니다(레 27장).

일반적인 서원에서 중요한 원칙이 있습니다. 첫째, 그것이 온전한 서원이어야 합니다(레 27:29, 온전히 바쳐진). 온전하다는 것은 자원해야 하고, 정한 대로 해야 하고, 사랑의 동기로 해야 하는 것을 말합니다. 강제로, 충동적으로, 섣부르게 해서는 안 됩니다.

둘째, 서원할 때 우리의 한계와 연약함을 충분히 고려해야 합니다.

> 너는 하나님의 집에 들어갈 때에 네 발을 삼갈지어다 가까이하여 말씀을 듣는 것이 우매한 자들이 제물 드리는 것보다 나으니 그들은 악을 행하면서도 깨닫지 못함이니라 너는 하나님 앞에서 함부로 입을 열지 말며 급한 마음으로 말을 내지 말라 하나님은 하늘에 계시고 너는 땅에 있음이니라 그런즉 마땅히 말을 적게 할 것이라 걱정이 많으면 꿈이 생기고 말이 많으면 우매한 자의 소리가 나타나느니라_전 5:1-3

'말씀을 듣는 것이 낫다'는 것은 우리가 입을 열어 급한 마음으로 말을 내는 어리석음과 헛됨을 주의하라는 의미입니다. 하지 못할 말들을 내놓고서도 그것의 성취 여부에 관심이 없고 자신의 감정에 충족되면 된다는 식의 태도를 금지하고 있는 것입니다.

이것은 기도의 경우에도 마찬가지입니다. 우리가 고백하고 헌신할 때, 신중함 그리고 진심을 담아 엄중하게 해야 합니다. 왜냐하면 하나님께서는 하늘에 계시고 우리는 땅에 있다는 말에서처럼 하나님과 우리의 격차는 너무 크기 때문입니다. 우리가 낮고 천한 이 땅에서 도저히 다다를 수 없는 높고 크신 왕 앞에 말을 하는 것이기 때문입니다. 그러므로 말을 적게 하는 것이 지혜롭습니다. 말을 짧게 하라는 뜻보다는 신중하게 적절한 말로써 하나님께 아뢰라는 뜻입니다. 그렇지 않은 말들은 우매자의 소리와 같이 어리석은 말소리들에 불과합니다.

전도자는 서원과 관련하여 덧붙이기를 "서원하였거든 갚기를 더디게 하지 말라"고 권면합니다(전 5:4). 서원한 것을 갚으라고 명하면서 갚지 않는 것보다 서원하지 않는 것이 낫다고 권면합니다. 이렇게 권면하는 이유는 갚지 않음이 범죄에 해당하고, 그것을 실수라고 말함으로 하나님의 엄위와 권위를 훼손하는 경망스러운 언행이 되기 때문입니다. 이렇게 못 갚을 서원이나 못 지킬 서원의 이유는 많은 말 때문이라 할 수 있습니다. 나름대로의 포부와 이상을 가지고 여러 가지 꿈을 꾸는 가운데 쏟아 내는 무슨 말을 세상은 장려하지만, 한편으로는 어리석은 말에 속아 넘어가는 것임을 유의해야 합니다.

본문에 나오는 서원 규례는 이런 일반적인 서원을 포함하여 더 특별한 상황 또는 예외적인 상황들을 말하고 있습니다. 한마디로, 조건에 충족하지 않은 서원은 여호와 앞에서 유효하지 않고 무효입니다. 서원이라고 부를 수 없는 경우라는 말입니다. 여기에서는 아내, 출가 이전의 어린 여자, 과부 등과 같은 경우만 말하고 있으므로, 모든 예외적인 상황을 말하지 않는다는 점은 고려해야 합니다.

먼저는 여자가 어릴 경우입니다(3-5절). 출가 이전에 아버지의 집에 있는 여자가 여호와께 서원하거나 스스로 결심하려 한다고 할 때, 그 아버지가 아무 말이 없으면 서약은 유효하지만 그 서원을 듣고 허락하지 않으면 그 서약은 유효하지 않습니다. 아버지 집에 머무는 남자 아이에 대해 언급은 없지만 역시 아버지의 권위 아래 있다면 해당될 것입니다. 그럼 아버지의 집에 머물지 않는 여성은 이런 규례의 적용을 받지 않습니까? 아닙니다. 이렇게 아버지의 허락이 필요하다고 말하는 이유는 어리다는 말에서 그 서원의 경솔함이나 무분별함을 염두에 두고 있기 때문에 아버지의 집에 거하지 않더라도 누구라도 무분별하고 경솔하게 서원하는 것은 금지되어야 합니다. 이렇게 허락하지 않으면 여호와께서 용서하실 것입니다.

여기에서 아버지가 자녀의 서원을 들었을 때의 반응이 중요한데, 아버지가 듣는다는 것은 공개적인 서원을 의미합니다. 서원한 자녀가 자기의 뜻을 이루기 위해서 은밀하게 하거나 또는 꾀를 내서는 안 됩니다. 이때 그 서원을 들은 아버지는 찬반을 표시해야 합니다. 만약 듣고서도 자신의 의견을 표현하지 않는다면, 그것은 아버지로서의 특권을 사용하지 않은 것입니다. 그리고 침묵은 동의를 의미하므로 서원은 유효합니다.

두 번째는 남편을 맞을 때, 즉 결혼할 때에 서원한 여자의 경우입니다(6-8절). 결혼이라는 시점은 아버지의 권위에서 남편의 권위 아래로 옮겨졌음을 의미합니다. 결혼한 여자의 서원 역시 남편이 들어야 하고, 들을 때 남편의 허락이 있어야 합니다. 허락이 필요한 이유는 '경솔히 입술에서 발한 서약' 때문이지, 여자를 존중하지 않거나 무시해서가 아닙니다. 물론 '남자는 그렇지 않은가?'라고 반문한다면, 일반적인 서원과 관련하여 언급한 전도서 5장 말씀에 충분한 설명이 나옵니다. 남편이 허락하지 않으면 그 서약한 것이 무효된 것을 여호와께서 용납해 주십니다.

세 번째는 과부나 이혼당한 여자의 경우입니다(9절). 이 두 경우는 누구의 다스림도 받지 않는 상태를 의미합니다. 그러나 이 경우는 일반적 서원에 해당하여 서원한 것을 지켜야 합니다. 그런데 이들이 재혼을 했을 경우에는 결혼할 때와 같은 내용이 적용됩니다.

네 번째는 마음을 자제하려는 서약의 경우입니다(10–16절). 자신을 부인하고 자기를 더 낮추려는 목적으로 하는 서약의 경우에는 남편이 지키게도 할 수 있고 무효케도 할 수 있습니다. 남편의 침묵은 동의를 의미하므로 아내는 마음을 자제하려는 서약을 지켜야 하고, 남편이 무효하게 하면 남편이 여자의 죄를 담당해서 속죄제를 드려야 합니다(레 5:4).

현대적인 관점에서 보면 자녀에 대한 아버지의 권리와 아내에 대한 남편의 권리를 말하고 있는 것에 쉽게 동의하지 못하는 사람도 있을 것입니다. 그러나 하나님께서는 창조 질서 속에 이런 원리를 심어 놓으셨습니다.

> 남자가 부모를 떠나 그의 아내와 합하여 둘이 한 몸을 이룰지로다_창 2:24

부모의 양육 아래 있던 자녀들이 부모의 돌봄에서 떠나 한 가정을 세우는 주체로 서는 때가 결혼입니다. 결혼은 부모를 공경하는 의무를 폐하는 것이 아니라 정서적, 경제적, 사회적 독립의 시기입니다. 그 이전에는 아버지의 권리를 인정하는 것입니다. 남편의 권리에 대해서는 타락 이후의 질서를 생각해야 하는데, 하나님께서 범죄한 하와에게 "너는 남편을 원하고 남편은 너를 다스릴 것이니라"고 하신 말씀을 기억해야 합니다(창 3:16).

'남편을 원한다'를 직역하면 '너의 소원은 남편에게 있다'는 뜻입니다. 남편을 향하는 마음을 두게 하신 것인데, 그 마음은 부패한 감정에서 비롯된 어떤 욕망을 뜻합니다. 곧 죄가 하나님과 같이 되려는 욕망을 반영하고 있는 것처럼 여자도 남자를 지배하려는 욕망을 가지게 되었는데, 이런 지배욕을 남편의 다스림 아래 두신 것입니다. 서로 동등하고 순종하고 사랑하는 관계가 서로를 지배하려는 욕망 때문에 충돌하여 대립과 갈등을 낳게 될 것인데, 이에 대해서 남자는 여자를 다스릴 것이라고 말씀하신 것입니다. 이것이 여자에게 내린 형벌이었고, 이것을 생각하면 남자의 다스림 아래에서 남자의 허락이 필요한 형편에 근거해서 본문을 봐야 합니다. 우리는 죄 때문에 누구의 지배 아래 있는 것이 아니라, 그리스도 안에서 서로에 대한 자발적 순종과 자발적 사랑으로 서로의 역할을 다 합니다.

서원에 관해 이렇게 명령하시는 이유는 하나님 앞에서의 경솔하고 무분별한 서원을 금하고 합당한 서원을 하라는 것입니다. 합당한 서원이라 하더라도 주님의 약속을 따라 순종하기를 바라며 은혜 주시기를 바라는 것이어야 할 것이고, 전도자의 권면처럼 하나님 앞에서 함부로 입을 열지 말라는 말씀을 기억하는 가운데 자신을 주님께 구별하여 드리려는 헌신과 다짐이 헛되지 않도록 노력해야 할 것입니다.

# 54 하나님을 의지하는 싸움
민 31:1-12

본문은 미디안에게 원수를 갚는 내용입니다. 그런데 절기에 드려야 할 제물 이야기, 서원 이야기를 하다가 갑자기 전쟁 이야기가 나온 것처럼 보입니다. 하지만 민수기 28-29장에서 절기와 절기에 드려야 할 제물을 통해서 하나님을 섬기고 하나님의 은혜에 감사하는 것을 말하고, 30장에서는 서원 규례를 통해 어떻게 하나님 앞에 마음을 드려야 하는지를 말하며, 31장에서는 큰 전쟁에서 승리한 후에 탈취물을 어떻게 나누고, 어떻게 하나님께 감사를 드려야 하는지를 말합니다. 즉, 가나안 땅에서 무수한 전쟁을 만날 때, 그리고 그들이 가나안에서 살아갈 때 직면하게 될 분배 문제와 감사하는 법을 미리 연습하는 것입니다.

> 이스라엘 자손의 원수를 미디안에게 갚으라 그 후에 네가 네 조상에게로 돌아가리라_2절

하나님께서는 이스라엘 자손의 원수로 미디안을 지목하셨습니다. 발람 선지자를 데려다가 이스라엘을 저주하게 한 모압이 더 원수 짓

을 했음에도 미디안에게 보복하라고 하십니다(참고, 민 22-25장). 왜 그렇게 하셨을까요? 미디안이 모압보다 더 악했기 때문일까요? 아니면 모압을 이미 용서하셨을까요? 하지만 그 이유를 알 수 없습니다. 성경이 침묵하면 우리도 멈춰서야 합니다. 다만 미디안에게 이스라엘의 자손의 원수를 갚도록 하신 것이 하나님의 뜻임을 알고 순종해야 합니다.

'원수를 갚는다'는 것은 하나님께서 당신의 공의를 따라 형벌하신다는 의미입니다. 누구를 통해서 갚습니까? 이스라엘을 통해서입니다. 하나님의 형벌을 집행하는 자로 이스라엘을 사용하셨습니다. 이스라엘은 하나님의 종의 역할로서 하나님의 공의를 시행하도록 특별한 권한을 부여받은 것입니다. 이것은 예수님께서 하신 말씀, 곧 "내가 진실로 너희에게 이르노니 세상이 새롭게 되어 인자가 자기 영광의 보좌에 앉을 때에 나를 따르는 너희도 열두 보좌에 앉아 이스라엘 열두 지파를 심판하리라"는 말씀을 떠올리게 합니다(마 19:28).

이스라엘은 하나님의 종으로서의 심판자이므로 개인적인 원한을 갚는 것으로 오해해서는 안 됩니다.

> 내 사랑하는 자들아 너희가 친히 원수를 갚지 말고 하나님의 진노하심에 맡기라 기록되었으되 원수 갚는 것이 내게 있으니 내가 갚으리라
> 고 주께서 말씀하시니라_롬 12:19, 신 32:35 인용

하나님께는 당신의 영광과 교회에 반대하는 원수들에게 보복하실 권한이 있지만, 사람에게는 원수 갚는 것이 허락되지 않았습니다. 성경은 개인의 원수 갚음을 금지하고 하나님께 맡기라고 가르칩

니다. 그러므로 이스라엘은 하나님의 공의를 시행하는 종으로서 공정하고 정직하고 열심히 순종해야 합니다. 만약 원수 갚으라는 명령을 이용해서 자신의 분노와 절제 못함을 정당화하거나 하나님께서 하라고 하셨다는 말씀 뒤에 자신의 악한 마음을 숨겨 더하거나 덜한 마음으로 행하는 것은 악한 태도입니다.

하나님께서는 이 일 후에 모세에게 '네 조상에게로 돌아갈 것'이라고 말씀하셨습니다(2절). 미디안 정복이 모세의 마지막 임무입니다. 그런데 모세가 죽는 시점을 꼭 미디안 정복 이후로 말씀하시는 이유가 있지 않을까요? 만약 있다면, 하나님께서는 모세로 하여금 자신의 죽음 직전까지도 당신께서 얼마나 이스라엘 백성을 위해서 일하시고 있는지를 보게 하신 것이라 여겨집니다. 거룩한 종이자 하나님의 부르심을 따라 산전수전 다 겪으면서도 이스라엘의 지도자로 있던 나이 많은 모세의 마음을 편안하게 해 주시려는 것입니다. '너의 생명이 다하는 날까지 너와 함께해서 백성들의 안위를 지킬 것이니 자신이 없으면 여호수아가 잘할까 이스라엘이 잘할까 염려하지 말라'는 평안과 위로의 임무라 여겨집니다.

하나님께서는 오늘도 불철주야 교회를 섬기는 당신의 종들에게 이렇게 위로하고 계십니다. 교회 지도자뿐 아니라 주님의 교회를 사랑하며 온 힘을 다해 섬기다 눈을 감은 주님의 자녀들에게도 같은 위로와 평강을 보여 주십니다.

하나님의 명령을 따라 모세는 백성들을 준비시킵니다. 하나님께서는 모세에게 싸울 대상을 알려 주시고, 싸울 방법도 알려 주셨습니다. 모세는 각 지파에서 천 명씩 선택하여 보냅니다(3-5절). 그리고 싸우러 갈 때 제사장 비느하스를 대동하고 성소의 기구와 나팔을 함께 보냅니다(6절).

광야 40년이 지난 후에 인구 조사를 다시 했습니다. 그때 싸움에 나갈 만한 사람이 몇 명이었습니까? 601,730명입니다. 육십만 대군을 이끌고 한꺼번에 나가면 미디안을 쉽게 이길 것 같지 않습니까? 그러나 기드온의 300 용사와 같이 하나님께서는 각 지파에서 천 명씩 모으고, 그것도 각 지파 중에서 싸움 제일 잘하는 사람으로 공개 경쟁 선발하라고 하신 것이 아니라 무작위로 천 명을 뽑게 하셨습니다.

하나님께서 싸우시는 방식은 우리의 생각과 다릅니다. 다르다는 것에서 무엇을 알 수 있습니까? 이것은 이스라엘의 믿음을 시험해 보시는 것임을 눈치 채야 합니다. 우리는 어떻게 해야 전쟁에서 이길 수 있을지 나름의 계산을 하겠지만, 하나님께서 싸움의 방식을 명하셨다면 그 싸움은 우리 실력과 능력의 문제가 아니라 믿음과 순종에 달려 있습니다. 하나님께서 더 나은 방법이 뭔지 모르시지 않고 무엇이 효율적인지 더 잘 아시면서도 위험한 전쟁을 위해서 이렇게 명령하신 것은 '이스라엘이 하나님만을 의지하는지 안 하는지를 보시려는 시험'입니다. 승리의 가능성, 예측, 확률을 보고 나가는 것이 아니라 하나님께 모든 것을 맡기라는 것입니다.[54]

성도들의 고난은 시험의 연장선상에 있습니다. 피할 길을 내시는

---

**54** 하나님께서 명령하셨기 때문에 믿음과 순종으로 나가야 합니다. 그러나 어떤 명령이 없을 때라면 주님을 의지하는 믿음 안에서 지혜를 구하는 가운데 우리의 판단과 예측을 사용해야 할 수도 있습니다.

시험이고, 넘어지지 않을 정도의 시험입니다. 하나님을 의지하도록 훈련시키고 성장시키기 위한 시험입니다. 하나님께서는 우리에게 무엇이 있어야 하는지 아십니다. 그런 분께서 우리에게 세상에서 하나님 나라와 의를 구하라고 요구하셨습니다(마 6:31-34). 세상을 살아낼 것을 구하라고 하시지 않았습니다. 따라서 세상에서 살면서 하나님을 참으로 의지하며 사는지에 대한 시험인 것입니다.

그 명령에 이스라엘은 순종합니다(7-11절). 순종의 결과는 전쟁의 승리였습니다. 모든 남자와 다섯 왕들과 이스라엘을 음행에 빠뜨려 범죄하게 했던 발람 선지자를 죽입니다(8절). 이스라엘이 많은 가축과 양 떼와 재물을 탈취한 것을 보면 미디안이 사는 곳은 나름 비옥한 것으로 보입니다. 그런데도 성읍들과 촌락을 다 불사른 이유는 정착할 곳이 있게 되면 가나안 땅을 향한 마음이 식고, 하나님의 약속 성취를 갈망하지 않을 것이기 때문입니다. 하나님께 순종하는 삶을 가로막는 장애물은 강력한 저항이 아니라 눈에 보이는 편안함과 안주하려는 나태함입니다. 그러므로 그 장애물을 제거한 것입니다.

우리의 신앙을 약화시키는 것은 강한 저항보다 신앙을 비슷하게 가장한 세속화나 교묘한 한두 마디 사상이나 말일 때가 많습니다. 눈에 보이는 좋은 것, 육신을 즐겁게 하거나 나태하게 만드는 것들입니다. 위기는 평범한 일상의 삶 속에서 더 자주 옵니다. 그렇기에 반복되는 일상에서도 꾸준히 하나님께 자기를 맡기고, 느슨한 삶 속에서도 하나님을 신뢰하는 연습이 더 필요합니다.

하나님의 방식이 우리의 방식과 다르기에 교회에서 배운 것을 세상에서 잘 써 먹지 못하는 것처럼 느껴집니다. 다르니까 괴리감이 생겨서 익숙한 우리의 방식, 세상의 방식대로 살아가는 것입니다. 그러나 하나님의 방식, 그분의 명령하심에 더 우리를 묶어 두어야 합니다. 명령에 대한 순종이 더 중요하다는 말입니다. 매일 영양제를 먹듯이 매일 영적 양분을 꾸준히 공급받음으로 주님의 말씀에 더 민감하게 순종하며 살아야 합니다.

# 55 전쟁의 목적은 승리가 아니라 순종

민 31:13-54

하나님께서는 미디안에게 원수를 갚으라고 하셨습니다. 이스라엘을 집행자로 사용하셔서 하나님께서 당신의 공의로운 심판을 수행하셨습니다. 인해전술로도 쉽게 이길 수 있는 싸움 같지만 하나님께서는 각 지파에서 천 명씩 뽑으라고 하셨습니다. 거기에는 하나님께서 이스라엘을 시험하시려는 목적이 있었습니다. 하나님만을 의지해야하는 싸움임을 알리신 것입니다. 만약 승리만을 목적으로 한다면 어떤 희생이라도 감수해야 하지만, 아직 가나안 땅에 들어가기 전인데 희생이 뒤따르는 전쟁을 치르는 것은 부담입니다. 그러므로 싸움의 승리는 하나님께서 주신다는 것을 알리시고, 하나님의 명령을 순종하느냐가 싸움의 승패를 결정한다는 것을 가르치시기 위해서 천 명씩 뽑으라고 하신 것이었습니다. 전쟁의 결과는 승리였습니다.

승리와 전리품을 가지고 돌아오는 것을 환영하는 자리에서 모세가 천부장들과 백부장들에게 화를 냅니다(12-14절). 여자들을 모두 살려 주었기 때문입니다(15절). 그들을 모두 죽여야 하는 이유는 "이들이 발람의 꾀를 따라 이스라엘 자손을 브올의 사건에서 여호와 앞에 범죄하게 하여 여호와의 회중 가운데에 염병이 일어나게 하였"기 때문입니다(16절).

혹자는 '아무리 하나님의 명령이라도 그렇지, 그렇게 다 죽여야 한다는 말인가?' 반문할지 모릅니다. 여자를 살리는 것이 인도주의적인 조치로 보이는데, 모세가 화를 내면서 죽여야 하는 당위성을 말하는 것에 몰인정함을 느낄 수도 있습니다. 그러나 항상 '우리가 누구인가?'를 생각해야 합니다. 이스라엘은 하나님의 심판을 수행하는 대리자이자 종으로서 원수를 갚으러 갔습니다. 그렇기에 그들에게 누구를 살릴지 죽일지 결정할 수 있는 권한이 없습니다.

종은 주인의 뜻대로 순종해야 합니다. 하나님께서는 인애와 자비가 넘치십니다. 그럼에도 불구하고 그들의 죄가 매우 악하기에 그들을 철저히 심판하시기 위해서 이스라엘로 하여금 그들을 모두 죽이라고 말씀하신 것입니다. 우리는 하나님보다 자비롭지 않습니다. 우리의 생각과 판단으로 심판의 대상을 동정하는 것은 죄입니다.

하나님께서는 사내를 안 여자와 동침하지 않아서 사내를 알지 못하는 여자를 구분시키셨습니다(16-17절). 그리고 정결 의식을 행하게 하셨습니다. 시체와 접촉하는 것은 부정하므로 칠 일 동안 진 밖에 있어 몸, 의복, 모든 것을 깨끗케 해야 합니다(18-20절). 한편 전쟁에서 얻은 탈취물(전리품)에 대해서는 좀 더 엄격하게 요구하시는데, 불을 견디는 것은 불을 지나게 하고 그렇지 않은 것은 물로 깨끗하게 한 후에 가지고 올 것을 명령하셨습니다(21-24절).

이 전쟁의 목적은 승리가 아니라 순종입니다. 결과만 중요한 것이 아니라 과정까지 중요합니다. 자칫 얼마나 부흥했냐에 모든 목회

과정이나 예배의 순수성, 말씀의 진정성이 묻히는 경우가 있습니다. '결국 하나님의 일을 이루지 않았느냐?'는 변명을 듣기도 합니다. 그러나 부흥을 이루어 사람이 모였지만 거기에 거룩성과 말씀의 순수함과 참 진리가 없다면 진정한 부흥이라 할 수 있을까요? 승리했지만 여전히 비난받을 일들이 많은 승리라면, 그래서 그런 승리가 진정한 승리였는지를 되묻게 된다면 과연 주님께 영광이 될까요? 하나님의 일을 이루었는지는 모르겠지만 그 과정에서 진리가 퇴색되고 하나님의 영광이 가려진다면 그 이루어진 결과는 누구를 위한 것일까요? 번성하고 잘되었다는 말을 들었지만 그 잘됨 때문에 하나님의 말씀이 경홀히 여겨지고 그분의 말씀이 뒷전으로 밀려난다면 그 번성과 잘됨은 누구를 위한 것일까요? 지금 미디안 전쟁 승리 앞에서 짚어 봐야 할 것은 승리 자체보다 순종 여부입니다.

이스라엘은 정결 의식을 통해서 모든 것을 다시 거룩하게 한 후에 전리품을 모두에게 분배합니다(25-47절). 전쟁에 나간 사람이 전체의 50%를 나눠 가지고, 나머지 50%를 전쟁에 나가지 않은 사람에게 나눠 줍니다. 싸움에 나간 사람이 전체 몫에서 오백분의 일(0.2%)을 여호와께 드리고(이 전쟁의 승리가 여호와께로부터 나왔음을 고백하는 것입니다), 이스라엘 자손의 몫에서 오십분의 일(2%)은 레위 지파에게 주어 누구도 예외가 없게 하셨습니다. 위험한 전쟁에 나간 사람이 많이 갖는 것을 원칙으로 하되, 전쟁에 나가는 사람은 뽑혀서 나간 것이므로 승리의 보상은 모든 사람이 함께 받을 수 있도록 모두에게 나눠 주게 하신 것입니다. 전쟁에 나가지 않은 사람도 함께 받는 것은 그들이 자질이나 능력 때문에 전쟁에 참여하지 못한 것이 아니라 뽑히지 못했기 때문입니다. 승리를 위해 수고한 사람에게 많이 주지만, 그 승리의 기쁨을 모두가 누리도록 하신 것입니다. 이 일에 모두가 순종했습니다.

여호와께서 모세에게 명령하심과 같았더라_47절

마지막 부분에는 하나님께 드리는 감사가 나옵니다. 서두에 언급한 대로 민수기 28-29장은 절기에 드리는 예물, 30장은 서원과 관련된 예물, 본문은 전쟁에서의 승리 때 드리는 예물이라는 점에서 연결되어 있습니다. 놀랍게도 이 전쟁에서 사망이나 실종자가 하나도 없습니다. 이 일에 대해 지도자들은 하나님께 감사의 예물을 드립니다. 천부장과 백부장들은 모세에게 이렇게 말합니다.

당신의 종들이 이끈 군인을 계수한즉 우리 중 한 사람도 축나지 아니하였기로 우리 각 사람이 받은바 금 패물 곧 발목 고리, 손목 고리, 인장 반지, 귀고리, 목걸이들을 여호와께 헌금으로 우리의 생명을 위하여 여호와 앞에 속죄하려고 가져왔나이다_49-50절

미디안과의 전쟁에서 한 사람도 빠짐 없이 되돌아올 수 있다는 것이 기적처럼 보이지만, 우리 하나님 아버지께서 당신의 자녀들을 보호하심이 이렇게 놀랍고 뛰어납니다. 특별한 은혜로 돌보시지 않았다면 어떻게 이런 일이 있을 수 있습니까? 이 은혜 앞에 성도들의 마땅한 태도는 감사뿐입니다. 당신의 백성을 향하신 하나님의 설명할 수 없는 그 선하심 앞에 군대의 지휘관들은 자기 생명이 보호받았음에 감사합니다. 그들은 '우리 생명을 위하여 여호와 앞에 속죄

하려고 가져왔다'고 말합니다.

그들이 드린 예물은 16,750세겔로 상당한 액수입니다. 그들은 하나님께서 가지라고 주신 몫으로 다시 자신들의 죄를 속하는 데 사용하고 있습니다. 이런 경건한 자세는 군인들과 비교됩니다. "군인들이 각기 자기를 위하여 탈취한 것이니라"(53절)는 말씀은 지도자들과 다르게 군인들은 그 탈취물들을 자기 자신을 위하여 즐기고 있었다는 뜻입니다. 하나님께서 주신 승리를 통해 얻은 것을 지도자들은 다시 하나님께 상당 부분 예물로 드리면서 자기 죄를 속하기 위해, 그리고 하나님께 감사와 은혜를 표현하기 위해 사용했습니다.[55] 그러나 군인들에게 노략물이란 자기를 위한 것밖에 되지 않았던 것입니다.

모세와 제사장 엘르아살은 그 예물들을 회막에 들여서 여호와 앞에서 이스라엘 자손의 기념을 삼았습니다(54절). 지도자들이 하나님께서 베푸신 호의에 대한 감사의 기념물로 사용한 것인데, 앞으로도 이스라엘에게 호의를 베푸시도록 이것을 회막 안에 들여서 보관하였습니다.

하나님께서 싸우시는 방식은 우리의 방식과 다르므로 우리는 그분의 명령 앞에 믿음으로 순종하는 연습을 해 나가야 합니다. 그리고 그 결과로서 얻게 되는 기쁨과 승리에 합당한 감사를 드려야 할 것입니다.

---

[55] 앞에서 언급했던 이중적 용납(Duplex Acceptio)이라는 관점에서 보면 이 부분을 쉽게 이해할 수 있습니다. 하나님이 승리의 원동력이신데, 승리를 당신이 아닌 백성에게 돌리시고 그 전리품을 백성들에게 돌리신 것입니다. 이스라엘이 드린 예물과 지도자들이 드린 예물은 하나님께서 주신 것입니다. 하나님께서 우리에게 주신 것을 받아 기뻐하고, 주신 것으로 드릴 때 하나님께서 그것을 받으심에 기뻐하시는 것입니다.

# 56 요단 동편 땅 목자 없는 양과 같이
민 32:1-42

본문은 르우벤 지파와 갓 지파 그리고 므낫세 반 지파가 요단 동편 땅을 기업으로 달라고 요청하는 것으로 시작합니다(1, 33절). 가축이 많아서 목축업을 하기에 적당한 곳을 달라는 것은 지극히 이성적입니다. 그들이 이렇게 요구하게 된 것은 야셀 땅과 길르앗 땅을 보면서 그 땅에 대한 마음이 커졌기 때문입니다. 그들은 생각에서 멈추지 않고 적극적으로 그 땅을 달라고 요구합니다(2-5절). 그런데 어떻게 요구합니까?

우리에게 요단강을 건너지 않게 하소서_5절

요단강을 건너지 않게 해 달라는 요구에 모세는 그들을 강하게 책망합니다.

모세가 그들을 책망한 첫 번째 이유는 그들의 요구가 이스라엘을 낙심하게 만들기 때문입니다.

모세가 갓 자손과 르우벤 자손에게 이르되 너희 형제들은 싸우러 가

거늘 너희는 여기 앉아 있고자 하느냐 너희가 어찌하여 이스라엘 자손
에게 낙심하게 하여서 여호와께서 그들에게 주신 땅으로 건너갈 수 없
게 하려 하느냐_6-7절

그들의 요구가 낙심하게 했다는 것은 가나안 땅으로 힘차게 걸어
가는 사람들의 용기를 꺾고 힘을 빠지게 만들었다는 것입니다. 그
이유는 자기들밖에 모르는 이기적인 요구였기 때문입니다. 나름대
로는 자신들의 목축업을 위한 최선의 요구였기에 자신들이 빠지면
가나안 땅에서 나머지 지파의 몫이 많아지는 것이니 서로 윈윈하는
것이라 생각했을 것입니다. 자신들의 포기가 모두의 유익을 크게 한
다는 주장인데, 왜 그것이 이기적인 요구입니까? 그들은 하나님의
언약 공동체이기 때문입니다. 가나안 땅에 들어가 함께 전쟁을 치
르도록 부름받은 교회이기 때문입니다. 그들은 분리될 수 없는 끈
으로 결속되어 있는 상태라는 점을 간과한 것입니다. 또한 하나님
께서 주시겠다고 하신 기업을 자기 좋은 대로 바꾼다는 것은 있을
수 없는 일입니다. 하나님께서 당신의 부르심에 순종하도록 그들을
구원하시고 지금까지의 삶을 인도하셨는데, 이제 와서 사적인 자기
들의 관심사(가축에 적당한 곳)를 따르겠다는 것은 허울 좋은 명분에
불과합니다.[56]
　모세가 그들을 책망한 두 번째 이유는 그들의 요구가 하나님의
약속을 깨뜨리는 행위이기 때문입니다. 일종의 반역입니다. 이스라

---

**56** 그들에게 복을 주신 분이 하나님이신데, 하나님의 뜻에 더 순종하려 하지 않고 하나님의
　　약속을 따르지 않으려는 것은 현세적인 복에 안주하는 태도입니다.

엘이 왜 40년 동안 광야에서 방황했습니까? 정탐꾼의 보고를 듣고 하나님께서 주시겠다고 하는 땅에 들어갈 수 없다고 불평했기 때문 아닙니까?

이 두 지파 반 지파의 요구가 왜 큰 죄악입니까? 백성들의 마음을 낙심하게 해서 하나님의 약속을 신뢰하지 못하도록 만들어 버렸기 때문입니다. '실족하게 하는 자들에게는 화가 있으리라'는 경고가 이에 해당합니다(마 18:7). 그들의 요구에 모세는 40년 전의 악몽을 떠올립니다. 정탐꾼의 보고가 이스라엘 자손을 낙심하게 해서 약속의 땅에 들어갈 수 없다는 좌절과 절망으로 몰고 갔고, 하나님의 구원의 은혜를 불평하게 만들었으며, 결국 하나님의 크신 진노 때문에 광야에서 다 죽게 만들었던 심판을 생각한 것입니다(8-13절).

자신들의 사적인 관심 때문에 이스라엘 전체의 열정에 찬물을 끼얹어 하나님의 말씀을 순종하려는 이스라엘의 의지를 꺾어 버렸습니다. "그들이 나를 온전히 따르지 아니하였음이니라 그러나 그나스 사람 여분네의 아들 갈렙과 눈의 아들 여호수아는 여호와를 온전히 따랐느니라"(11-12절)는 말씀은 정탐꾼들의 말이 온전한 순종을 가로막는 장애물이었다고 말합니다. 두 지파 반 지파의 말과 그들이 품고 있는 사적 관심사, 곧 그들이 품고 있는 마음의 생각이 다른 사람에게 전염되어 온 교회로 하여금 하나님께서 목적하시는 바를 끝까지 따라갈 수 없게 만들어 버렸다는 것입니다.

사도 바울은 믿음의 의를 버리고 율법 안에서 의롭다 함을 얻으려는 일에 대해서 이렇게 경고했습니다.

너희가 달음질을 잘하더니 누가 너희를 막아 진리를 순종하지 못하게 하더냐 그 권면은 너희를 부르신 이에게서 난 것이 아니라 적은 누룩이 온 덩이에 퍼지느니라_갈 5:7-9

교회는 하나님의 약속의 성취를 바라며 믿음으로 걸어가야 하는데, 교회에 속한 어떤 사람들의 사적인 관심사, 자기밖에 모르는 생각들 때문에 교회 전체가 낙심해서 결국 하나님께서 목표하시는 길을 걸어가지 못하게 만드는 것은 아주 심각한 범죄임을 말하고 있습니다. 두 지파 반 지파는 가축이 많아서 가축을 기르기에 충분한 땅이 필요하다는 소박하고 현실적인 요구를 제시했지만, 그것이 이스라엘의 사명을 향한 열정을 꺼 버리고 이스라엘로 하여금 주님을 향한 소망과 기대 대신 이기적이고 자기밖에 모르는 욕망대로 행하게 만드는 시작점이 되었음을 그들은 간과한 것입니다. 교회 안에서 자기밖에 모르고 자기만을 생각하는 태도와 말이 교회가 걸어가는 일에 어떻게 장애가 되는지를 보여 줍니다.

두 지파 반 지파의 요구에 대해 모세는 "너희는 너희의 조상의 대를 이어 일어난 죄인의 무리로서 이스라엘을 향하신 여호와의 노를 더욱 심하게 하는도다"(14절)라고 야단쳤습니다. 그들의 범죄는 아버지의 범죄를 따라서 짓는 죄라는 말인데, 이 말은 고리대금을 뜻하는 단어입니다. 즉 이자가 붙되 그 이자가 기하급수적으로 늘어나는 것처럼 아버지의 죄를 반복하는 것에 그치지 않고 더 적극적으로 아버지의 범죄에 더해서 그들이 더 큰 불순종을 한다는 말입니다. 이제 겨우 광야에서의 불순종이 식어져 가고 잊혀져 가는 상황에서 그들은 다시 불순종의 불씨에 기름을 붓고 있습니다.

모세는 이 불순종에서 돌아서라고 강력하게 경고합니다.

> 너희가 만일 돌이켜 여호와를 떠나면 여호와께서 다시 이 백성을 광
> 야에 버리시리니 그리하면 너희가 이 모든 백성을 멸망시키리라_15절

모세는 부드럽게 권면할 수도 있고 관대하게 대할 수도 있었지만 책망합니다. 그들의 완악함이 친절을 무시한 채 더욱 자신들의 주장을 고집했을 것이기 때문입니다. 또한 반역하고 악을 행하려는 마음을 버리게 하기 위해서는 차라리 엄격하게 책망하고 모든 이들 앞에서 부끄러움과 두려움을 당하게 하는 것이 더 유익하기 때문입니다.

모세의 책망에 두 지파 반 지파는 대안을 제시합니다. 그들이 제시한 해결책은 연합의 관계를 끊지 않고, 하나님의 약속을 깨뜨리지 않는 것입니다. 자신들의 사사로운 관심사 때문에 그렇게 큰 범죄가 발생하는 것을 막기 위해서 자신들도 가나안 땅을 얻기 위한 전쟁에 최우선으로 참여하겠다는 것입니다. 이 땅을 유업으로 달라는 것은 변함이 없지만, 다른 지파들이 모두 기업을 얻고 정착할 때까지 전쟁을 치를 테니 그때까지 유아들과 아내와 가축들이 안전하게 머물 수 있도록 성을 건축하는 것을 허락해 달라는 것입니다. 이스라엘 자손이 기업을 얻기까지 결코 돌아오지 않겠다는 의지를 강력하게 피력하면서 다른 사람들의 마음을 안심시키고 자신들의 사적인 관심을 내세우지 않겠다고 말합니다(16-19절).

이에 모세는 "너희의 입이 말한 대로 행하라"는 말로 그들의 요구를 수락합니다(20-24절). 그런데 모세가 여호와 하나님께 묻고 여호

와 하나님께 답을 받아서 전달하였다는 과정이 없어서, 마치 모세가 임의대로 허락한 것처럼 보입니다. 그러나 그렇지 않습니다. 만약 모세가 임의대로 했다면 모세도 두 지파 반 지파와 다를 바가 없습니다. 하나님께서 정해 놓으신 규례를 모세가 임의대로 깨는 것이 되고, 모세가 하나님께서 정하신 경계를 자기 마음대로 확장시키는 것이 되기 때문입니다.

그렇다면 모세는 하나님의 권면을 받았을까요? 네, 그렇습니다. 언제 받았습니까? 여기에서는 구체적으로 언급되지 않았지만, 이 결정은 이후에 확정되는데, 민수기 34장과 여호수아 13장에서 두 지파 반 지파가 요단강 동편 땅을 기업으로 얻었다고 말합니다. 그리고 여호수아 22장에서 이 두 지파 반 지파는 요단강 동편 땅으로 되돌아갑니다. 모세 사후에도 이 결정은 유효하고, 가나안 땅이 아닌 요단강 동편 땅을 그들에게 준 것을 예외로 인정해 주고 있습니다.

하나님께서는 즉각적으로 개입하셔서 모든 것을 말씀하실 수도 있었지만, 모세의 허락에 침묵하신 것처럼 보입니다. 하나님께서는 모든 일을 당신의 권세와 성령의 인도하심을 따라 행하십니다. 그러므로 모세의 결정을 하나님께서 인정해 주셨고, 그가 한 말들은 모두 하나님의 권면하심을 받아 말한 것이라고 봐야 합니다.

모세는 허락을 약속하면서도 만약 그들이 약속을 지키지 않는다면 그들의 죄를 찾아낼 것이라고 경고합니다. 사람은 시간이 지나거나 기억이 약해지거나 누구도 자신의 행동을 보지 않는다고 생각하면, 그 기회를 악용하고 헛되게 사용하는 부패함 속에 살아가기 때문에 모세는 그들의 죄악된 마음을 제어하기 위해서 경고한 것입니다.

모세의 허락을 받은 두 지파 반 지파는 다시 자신의 약속을 지키겠다고 다짐합니다(25-27절). 그리고 모세는 제사장 엘르아살과 후계자 여호수아와 이스라엘 지파의 지도자들을 불러 모아 이 사실을 공적으로 선포합니다(28-32절). 두 지파 반 지파는 사사로운 관심을 내세워 이스라엘 전체를 곤경에 빠뜨릴 뻔했지만, 모세의 강력한 책망과 회개의 촉구를 통해서 두 지파 반 지파는 자신들이 하나님의 언약 안에 있는 지체이기에 하나님의 명령을 함께 수행할 것임을 약속했습니다. 이로써 평안이 찾아왔습니다.

교회는 한 하나님과 한 믿음 안에서 주님의 약속 성취를 소망하며 함께 가는 영적 공동체이자 하나님께서 세우신 거룩한 기관입니다. 두 지파 반 지파의 사사로운 요구가 전체를 낙담시켜 하나님의 뜻을 향한 거룩한 행보를 뒷걸음질 치게 만들 수 있다는 사실을 교회는 반면교사로 삼아야 합니다.

교회 현실에서도 사사로운 관심이 교회의 거룩한 목표를 벗어나려 하고, 하나 되게 하신 연합의 끈을 풀어 자신만을 생각하는 방향으로 흘러가는 것은 여전히 교회를 낙담시키는 일입니다. 이것은 교회의 연합을 위협하는 일이고, 거룩한 목표를 향해 걸어가는 것을 방해하는 큰 장애물입니다. 나중에 두 지파 반 지파는 주님께서 주신 약속을 위해서 누구보다 앞서서 정복 전쟁에 참여하고, 그 일을 이루기까지 최선을 다해 싸웁니다. 가족을 떠나서 지내는 것까지 감수하는 열정을 보여 준 것은 자칫 연합이 깨질 뻔한 위기를 봉합하는 것이 되었습니다.

사도 바울이 갈라디아교회 내에서 진리에 순종하려는 일을 가로막고 요동하게 하는 자에게 심판을 받으리라고 경고한 것을 주의 깊이 살펴야 합니다(갈 5:10). 사사로운 욕심을 품고 자기만 생각하는 일을 하면서도 다른 사람에게는 피해가 없겠거니 생각할지도 모르지만, 바울은 그것이 십자가의 거치는 것이 될 수 있다고 경고합니다(갈 5:11).

우리는 육체의 욕심을 따르지 말고 성령님의 인도하심을 따라 행해야 합니다(갈 5:16). 성령님께서는 우리를 하나님의 뜻에 따라 이끄시기 때문입니다.

> 만일 우리가 성령으로 살면 또한 성령으로 행할지니 헛된 영광을 구하여 서로 노엽게 하거나 서로 투기하지 말지니라_갈 5:25-26

# 57 하나님의 인도하심을 찬송하라

민 33:1-56

본문은 애굽에서 나와서 가나안 맞은편 요단강 동편 땅에 도착하기까지의 노정을 기록하고 있습니다(1-2절). 어떤 교훈적인 사건을 기록한 것이 아니라 간단한 여정만을 서술하는 내용이지만, 걸어온 길을 되새겨 보면 하나님께서 이스라엘을 얼마나 큰 사랑과 은혜로 인도하셨는지를 확인할 수 있습니다.

우리가 신앙 여정을 마치고 천국 앞에 이르러 걸어온 길을 생각해 본다면 그 마음은 어떨까요? 후회와 아쉬움이 있을까요? 그보다는 하나님께서 베푸신 은혜에 대한 기억으로 감사와 찬송이 넘칠 것입니다. 그런 면에서 민수기 33장은 하나님의 은혜를 기억하는 말씀입니다.

모세는 왜 이렇게 출애굽부터 요단 동편까지의 노정을 기록하고 있을까요? 하나님의 은혜가 이스라엘과 함께하고 있음을 그들이 잊지 않게 함으로 가나안 땅에서의 사명을 잘 감당하게 하기 위함입니다. 싸움 앞에서 정신 무장을 하듯이 가나안 정복 전쟁을 수행하기 전에 은혜의 기억으로 마음을 강하게 하기 위함입니다.

이스라엘은 유월절 다음 날인 정월 십오 일에 라암셋을 출발함으로 출애굽을 했습니다(3절). 유월절에 하나님의 사자가 애굽 땅에 있는 모든 장자를 죽이셨기 때문에 애굽을 나오는 날이 애굽 사람에게는 죽은 아들들을 장사하는 날이었지만 이스라엘에게는 구원의 날이었습니다. 슬픔과 눈물로 가득한 애굽과 대조적으로 이스라엘에는 기쁨과 즐거움과 자유를 향한 소망이 가득했습니다.

이날은 심판의 10가지 재앙으로 애굽의 힘줄을 끊어 버리는 날이었고, 동시에 그들의 신들에게도 벌을 내린 형벌의 날이었습니다. 애굽 사람들은 자기들이 의지하던 신들이 아무 힘도 없는 무용지물이었음을 알게 되었을 뿐 아니라 여호와만이 전지전능하신 참 신이심을 보았을 것입니다(4절).

애굽에서 나와서 그들이 시내 광야에 도착하기까지 이스라엘이 진을 치고 머물렀던 곳들이 나옵니다(5-15절). 출애굽기, 레위기 그리고 민수기 10장까지의 내용이 여기에 해당합니다. 그리고 이어서 시내 광야에서 바란 광야로 출발하여, 에돔을 지나 모압 평지에 도착해서 요단 동편 땅에 진을 치기까지의 노정이 나옵니다(16-49절).

민수기에서 언급되지 않았던 지명들도 나옵니다. 여기에서 우리가 주목할 것은 이스라엘이 장막을 지은 후에는 장막 위에 구름 기둥이 떠올라야 앞으로 행진했고, 구름 기둥이 멈추면 거기에서 진을 쳐야 했다는 사실입니다. 즉, 그들의 모든 여정은 하나님의 인도하심이었습니다. 또한 약속의 땅으로 가는 길에 불순종과 반역과 불평, 불만의 사건들이 많이 반복적으로 있었음에도, 그들의 불순종이 그들을 약속의 땅으로 인도하시는 하나님의 손길을 막아설 수 없었다는 점도 잊지 말아야 합니다. 오히려 하나님께서 그들을 약속의 땅으로 등 떠미셨다고 할 정도로 그들의 악함을 용서하시고, 그들의 불순종에도 불구하고 은혜를 거두지 않으셨다는 점을 찬송해야 합니다.

긴 여정 가운데 일어난 많은 일들을 우리는 쉽게 잊어버립니다. 그런 점에서 역사의 기록은 과거를 기억하게 하고, 그때의 교훈을 잊지 않게 하며, 그것을 거울삼아 앞으로의 삶에 적용할 것을 요구합니다.

시편 105편은 하나님께서 출애굽의 은혜를 베푸셔서 약속의 땅으로 인도하신 목적이 어디에 있는지를 보여 줍니다.

> 여러 나라의 땅을 그들에게 주시며 민족들이 수고한 것을 소유로 가지게 하셨으니 이는 그들이 그의 율례를 지키고 그의 율법을 따르게 하려 하심이로다 할렐루야_시 105:44-45

이스라엘이 출애굽을 하고 광야 생활을 하게 된 것에는 하나님께서 이스라엘을 당신의 율례를 따르고 율법에 순종하는 당신의 백성이 되게 하시려는 목적이 있습니다. 그러므로 그들의 탐심이나 불순종은 제거되어야 할 가장 중요한 누룩이었고, 그들은 광야라는 혹독한 환경에서 하나님께 순종하고 그분의 법을 따르는 삶을 연습하게 된 것입니다.

시편 106편은 민수기 33장과 같이 하나님께서 인도하신 역사의 기록을 통해서 무엇을 배워야 하는지를 교훈합니다.

할렐루야 여호와께 감사하라 그는 선하시며 그 인자하심이 영원함이
로다 누가 능히 여호와의 권능을 다 말하며 주께서 받으실 찬양을 다
선포하랴 정의를 지키는 자들과 항상 공의를 행하는 자는 복이 있도
다_시 106:1-3

'여호와의 권능'이란 출애굽에서부터 광야 생활에서 있었던 이스
라엘의 반역과 불만에 대해서 하나님께서 어떻게 그들을 용납하시
고 참아 주시면서 약속의 땅으로 인도하셨는지에 관한 것입니다. 이
스라엘의 죄는 하나님을 시험하고(시 106:14), 반역하고, 하나님의 영
광을 소의 형상으로 바꾸고(시 106:20), 하나님께서 에굽에서 행하신
일을 잊어버리고(시 106:21), 말씀을 청종하지 않고(시 106:25), 하나님
의 거룩하심을 깎아내리고(시 106:28), 이방 민족의 습관을 따라 인
신 제사를 하는(시 106:37) 등 이루 말할 수 없습니다. 죄의 결과는 하
나님의 진노하심이었습니다. 하나님께서는 이스라엘이 이방 민족에
게 압박을 당하고 큰 고통을 받게 하셨습니다. 자기들이 꾀를 내어
서 어떻게 하면 하나님의 법에 순종하는 일을 피하고 멀리하고 하나
님의 율례에서 벗어날 수 있을까 머리를 써 봤지만, 그럴 때마다 자
기들의 꾀는 성공하지 못했고, 오히려 형벌을 받아 곤두박질칠 수밖
에 없었습니다(시 106:43). 그러나 그 비참한 지경에서 이스라엘이 은
혜를 구할 때 하나님께서는 몇 번이고 그들을 다시 일으키시고 높여
주셨습니다. "언약을 기억하시고 그 크신 인자하심을 따라 뜻을 돌
이키사 그들을 사로잡은 모든 자에게서 긍휼히 여김을 받게 하셨"습
니다(시 106:45-46).

이 은혜를 기억하는 교회는 어떻게 찬양합니까?

여호와 우리 하나님이여 우리를 구원하사 여러 나라로부터 모으시고
우리가 주의 거룩하신 이름을 감사하며 주의 영예를 찬양하게 하소서
여호와 이스라엘의 하나님을 영원부터 영원까지 찬양할지어다 모든
백성들아 아멘 할지어다 할렐루야_시 106:47-48

민수기 33장의 역사 기록은 우리를 약속의 땅으로 한걸음씩 나가
게 하신 하나님의 은혜를 기억하게 하고 그에 합당한 찬송과 감사를
돌리게 만듭니다. 이렇게 그들의 마음에 하나님의 은혜를 기억시킨
후에, 여호와께서는 모세에게 이스라엘 백성들이 가나안 땅에 들어
가서 해야 할 일을 명령하십니다(51-56절).

첫째는 가나안 땅을 취하라는 것입니다. 하나님께서 그 땅을 그
들에게 주셨기 때문입니다. 그래서 그들은 그 땅 원주민을 다 몰아
내고 우상과 산당을 다 헐어야 하고, 그 땅에 거주해야 합니다. '나
외에는 다른 신을 내 앞에 두지 말라'는 1계명의 요구입니다.

이것을 잔인하다거나 지나친 요구라고 생각해서는 안 됩니다. 아
브라함에게 그 땅을 주시겠다고 약속하실 때 하신 말씀이 무엇입니
까? "아모리 족속의 죄악이 아직 가득 차지 아니함이니라"입니다(창
15:16). 그 말은 아브라함 때로부터 지금까지 400년 동안 그들의 죄악
은 그칠 줄 모르고, 오히려 그 죄가 더욱 많아지고 부패가 심각해져
서 그들을 완전히 뿌리 뽑지 않으면 안 된다는 것을 의미합니다. 하
나님께서 400년 동안 오래 참으심 가운데 내리신 심판을 행하실 때,
이스라엘을 심판 수행자로 사용하셔서 그 땅을 진멸하려 하십니다.

그러므로 하나님의 명령을 수행하는 자들이 하나님의 오래 참으심보다 더 자비한 것처럼 의문을 제기하는 것은 월권이고, 자기들이 좋은 대로 이렇게 저렇게 한다면 그것은 배은망덕입니다. 이 명령에 순종하지 않으면 어떻게 됩니까?

> 너희가 만일 그 땅의 원주민을 너희 앞에서 몰아내지 아니하면 너희가 남겨둔 자들이 너희의 눈에 가시와 너희의 옆구리에 찌르는 것이 되어 너희가 거주하는 땅에서 너희를 괴롭게 할 것이요 나는 그들에게 행하기로 생각한 것을 너희에게 행하리라_55-56절

눈에 가시와 옆구리의 찌르는 것이 되리라는 것을 보여 주는 성경이 사사기입니다. 가나안에서 쫓아내지 못한 사람들 때문에 이스라엘이 겪는 고통과 위협은 사사 시대로부터 다윗 시대에 안식을 얻기까지 계속됩니다.

# 58 땅 분배를 위해 제비 뽑다

민 34:1-29

본문은 약속의 땅을 지도상으로 분배하는 내용입니다. 각 지파의 지휘관을 선택해서 땅을 제비 뽑아 나누는 것입니다. 제비를 뽑기 전에 하나님께서 주시겠다고 하신 그 땅의 경계를 동서남북으로 확정합니다(1-15절).

기업으로 얻을 땅은 요단강을 건너가서 얻을 땅보다 더 확장됩니다. 요단 동편의 땅을 르우벤과 갓, 그리고 므낫세 반 지파에게 주실 것을 말씀하시기 때문입니다. 하나님께서는 그들의 요구를 들어주심으로 약속의 땅의 경계를 넓혀 주셨습니다.

요단 동편은 두 지파 반 지파에게 주고, 나머지 요단 서편은 아홉 지파 반 지파에게 나눠 줄 때 제비를 뽑아 나눕니다. 제사장 엘르아살과 눈의 아들 여호수아가 기업을 나누어 주는데, 이때 기업의 땅을 나누기 위해서 각 지파에서 지휘관을 한 명씩 세웁니다(18-29절).

여기에서 제비를 뽑는 것과 관련해서 두 가지 질문이 생겨납니다. 첫째, 하나님께서 제비를 뽑으라고 하시면서 "수가 많으면 많은 기업을 주고 적으면 적은 기업을 주되 각기 제비 뽑은 대로 그 소유가 될 것인즉 너희 조상의 지파를 따라 기업을 받을 것"(민 33:54)이라고 하신 이유는 무엇입니까?

> 제비는 사람이 뽑으나 모든 일을 작정하기는 여호와께 있느니라_잠 16:33

제비를 뽑으라고 명령하셨어도 그들의 수효의 많고 적음에 따라 땅이 돌아가도록 결정하시는 분은 하나님이십니다. 야곱이 열두 아들에게 축복할 때 스불론 지파는 해변에 거할 것이고 그 지경이 시돈에까지 이르겠다고 예언했는데, 이것이 제비뽑기에 따라 변경되지 않고 그 예언대로 성취되도록 하나님께서 은밀하게 섭리하신다는 뜻입니다(창 49:13).

아셀 지파가 왕의 수라상을 맡아서 제공할 만한 풍요로운 땅을 얻고, 유다 지파가 포도주를 넉넉히 생산할 비옥한 땅을 얻게 되는 일에서도 제비뽑기라는 우연이 그 예언을 취소시키기보다 오히려 확정하게 하는 도구로 사용된다는 것입니다(창 49:11, 20).

둘째, 제비를 뽑아서 땅을 나누는데, 왜 또 지휘관을 세우라고 하셨을까요? 그들이 각 지파가 얻은 땅을 세세하게 나누는 일을 섬기도록 하신 것입니다. 더 좋은 땅을 차지하려는 경쟁을 방지하고 분배받은 기업을 각 사람들에게 공정하게 분배하는 일을 맡게 하신 것입니다.

이처럼 하나님께서 출애굽의 은혜를 주시고, 가나안 땅에 들어가는 길을 도우시고, 그 땅에서 할 일과 그 땅에서 살아갈 터전까지를 모두 마련해 주십니다. 그리고 그 땅을 얻으려 할 때 우리가 조심해야 할 것, 꼭 해야 할 것까지를 알려 주심으로 이스라엘이 하나님의 은혜 아래 살아가는 법을 연습시키시고 있습니다.

성도들은 하나님의 복된 다스림 아래 살아갑니다. 어떻게 살고, 무엇을 위해서 살고, 무엇을 조심해야 하는지 하나님께서는 말씀으로 우리를 권면하시고 있습니다. 그렇기에 지혜가 부족한 사람은 그분의 말씀을 깊이 살펴보십시오. 우리 안에 있는 탐욕, 욕심, 불평, 그리고 불만이 주님의 뜻을 순종하는 데 장애물이 되지 않도록 제거해 가면서, 주님의 다스림을 받는 백성으로 살아가기를 힘쓰십시오.

# 59 도피성: 죄의 침투와 확산 방지
## 민 35:1-34

출애굽 이후 가나안 맞은편 요단강 동편 땅에 도착하기까지의 노정을 기억하면서 하나님께서 베푸신 은혜를 되새김한 후에(민 33장), 약속의 땅을 지도상으로 분배하면서 광야 40년의 방황 탓에 자칫 잃어버릴 수 있었던 약속의 땅에 들어가려는 소망을 주고 동기 부여를 했습니다(민 34장).

본문은 가나안 땅에서 레위인들에게 성읍을 제공하라는 명령입니다. 다른 지파들에게는 땅 분배를 했지만 레위 지파는 별도로 땅을 받지 않았습니다. 그렇다고 레위인들이 거주할 성읍마저 없었던 것은 아닙니다(1-5절).

> 너희가 레위인에게 줄 성읍들의 들은 성벽에서부터 밖으로 사방 천 규빗이라_4절

그런데 여기에서는 천 규빗(약 450m)이라고 했는데, 바로 뒤이어 동서남북으로 각각 2천 규빗이 성읍의 들이라고 해서 서로 충돌되는 것처럼 보입니다. 생각해 보건데 성읍을 중앙에 두고 성벽을 출발점

으로 해서 동서남북 끝까지 천 규빗이기에(4절), 성을 중앙에 두고 전체 목초지의 외곽 길이가 2천 규빗인 정사각형을 그릴 수 있을 것입니다(5절).

레위인들이 살 성읍을 각 지파들 속에 두신 이유는 무엇일까요? 레위인들은 제사 의식을 주관하고 율법을 해설하는 역할을 합니다(참고, 신 31:9-13). 그러므로 그들이 각 지파가 준 성읍들에 머무른다는 것은 그들이 각 지파들 속에 거하면서 죄의 침투를 방지하는 영적 수비대 역할을 해야 한다는 의미입니다. 그래서 그들은 가나안 땅에 거주하면서 마주칠 미신과 우상 숭배가 슬그머니 들어오는 것을 예방하고, 가나안 땅의 풍요를 맛보면서 생겨나는 영적 나태와 방종이 하나님을 멸시하는 행동으로 확장되지 않게 하며, 이스라엘이 하나님을 온전히 섬기도록 신앙을 격려하는 일을 해야 합니다.

만약 레위인들이 한곳에 모여 살거나 각 지파들로부터 동떨어져 있다는 것은 이스라엘이 하나님의 율법과 떨어져 있다는 의미입니다. 말씀을 배울 수 있는 곳이 멀다면 마음도 멀어지고 미신과 옛 육체의 습관이 고개를 쳐들 것입니다. 부패한 인간은 하나님의 은혜를 너무 쉽게 망각해 버리지 않습니까? 그러므로 레위인들에게 성읍들을 주라고 하신 것은 이스라엘 전체의 영적 기강을 세우시기 위함입니다. 모든 하나님의 자녀들이 말씀의 끈으로 묶여 있게 하시려는 하나님의 섭리의 결과입니다.

레위인들의 성읍은 각 지파들 속에 흩어져 하나님의 뜻을 비추는 등대 역할을 할 것이고, 땅 구석구석까지 하늘의 가르침이 퍼져 나갈 수 있게 할 것입니다. 가나안 땅이 하나님의 말씀으로 다스려지고, 그 말씀을 먹고 살아가는 생명으로 유지되는 하나님 나라가 되게 하신 것입니다.

레위인에게 주는 성읍 중 일부는 단순 거주지 이상의 용도가 있었는데, 바로 도피성입니다(6-8절). 레위인들은 총 48개의 성읍을 받았는데, 그중 6개가 도피성이었습니다. 도피성은 '사람을 죽인 자가 도피할 수 있는 곳'입니다(6, 11절; 출 12:13). 이때의 살인은 실수로 저지른 살인을 말합니다. 계획적이고 고의적으로 살인한 사람이 받을 형벌은 죽음이었습니다. 실수로 살인하게 된 사람들이 피할 곳을 마련해서 그들을 보호하는 것뿐 아니라 개인적인 보복으로 말미암아 또 다른 살인이 일어나는 것을 예방하기 위해 두신 제도입니다. 도피성에는 레위인들이 거주하고 제사장도 있기 때문에 부지중에 실수로 사람들 죽인 사람들, 어떤 점에서 무고한 사람들의 억울함을 해결해 주기 위해 레위인들의 돌봄을 받게 하신 것입니다. 물론 그들을 무작정 보호하는 것이 아니라 판결을 받기까지 보호하게 하셨습니다(12절). 여섯 성읍을 도피성으로 두시는데 "이스라엘 자손과 타국인과 이스라엘 중에 거류하는 자의 도피성"이 되어 누구라도 실수로 사람을 죽인 경우에 피할 수 있게 하셨습니다(15절).

그렇다면 고의적인 살인과 실수로 저지른 살인을 어떻게 구분합니까(16-21절)? 쇠나 돌이나 나무 연장을 가지고 죽이는 경우는 고의적인 살인, 고살자로 보았습니다. 쇠, 돌, 나무 외의 연장은 괜찮습니까? 사람은 법에 기록되지 않으면 죄에 저촉되지 않는다고 법의 빈틈을 이용하려 들기 때문에, 쇠, 돌, 나무를 언급하면서 계획적이고 고의적인 모든 살인을 말하고 있습니다. 이처럼 부분을 통해서 전체를 말하는 방식을 대유법이라고 합니다.

악한 행동을 하기로 마음먹은 것 자체가 정죄의 대상입니다. 악한 의도는 악한 행동으로 취급됩니다. 물론 의도했다고 해서 행동으로 이어지지 않는 경우도 있지만, 여기에서는 살인자의 계획과 의도를 실제 행동으로 옮긴 '고의적으로 살인한 사람'을 죽이라고 명령하십니다.

> 피를 보복하는 자는 그 살인한 자를 자신이 죽일 것이니 그를 만나면
> 죽일 것이요_19절

고의적으로 살해당한 피해자의 가족과 친척의 분노와 복수는 처벌을 면제한다는 측면이 있습니다만, 그렇다고 해서 이것이 사적 보복이나 폭력을 폭력으로 갚으라거나 공적인 질서와 권위를 무시해도 된다는 뜻은 아닙니다. 처벌은 개인의 의지가 아니라 공적인 판단에 따라서 시행되어야 한다는 것이 기본입니다. 따라서 고살자를 죽이라는 말씀은 고의적으로 사람을 죽이는 것에 대한 형벌은 죽음밖에 없음을 경고함으로써 하나님의 거룩한 백성 사이에서 그리고 하나님의 거룩한 땅에서 행해지는 죄를 엄중하게 제한하는 명령입니다(16-21절).

고의적이지 않고 실수로 죄를 지은 사람은 도피성으로 피하라고 했는데, 가해자가 도피성에 들어가 보호를 요청하는 것은 일종의 자백입니다. 그래서 자기 잘못을 은폐할 이유가 없을 정도로 실수로 사람을 죽인 것에 대해 긍휼과 자비를 요청하면, 피해자의 가족이나 친척을 불러 모든 회중 앞에서 그가 판결을 받도록 했습니다(24

절). 정상적인 사회일수록 이런 중재와 화해 그리고 서로에 대한 소통이 잘 되지만, 억울함이 쌓여 가고 죄를 은폐하는 것은 하나님 나라와 거리가 멉니다.

가해자는 고의성이 없음이 확인되었다면 도피성에 머무는데, 대제사장이 죽기까지 머무릅니다. 세상에서는 '평생 죄를 속죄하며 살겠습니다'라고 말하기도 합니다만, 사실 죄를 속죄할 기회도 없고 그 효력도 기대할 수 없습니다. 그러나 대제사장의 죽음은 죄를 속죄할 수 있는 기회가 됩니다. 이는 우리의 영원한 대제사장이신 예수 그리스도의 죄 용서의 은혜를 생각할 때 화해와 회복을 기대하게 합니다. 이렇게 속죄 기간이 끝나면 다시 정상 생활로 돌아갑니다. 가해자도 피해자도 모두 화평할 수 있는 이런 사회가 있다면 얼마나 좋겠습니까? 그곳이 바로 하나님 나라입니다.

판결할 때 증인은 한 사람으로 부족합니다(30절). 재판에서 거짓 증거를 엄격하게 제한하고 있지만, 돈에 매수당하거나 어떤 이익을 위해서 증언을 왜곡시킬 경우도 있기 때문입니다. 그러나 무엇보다 사람의 생명을 좌우하는 일이므로 한 사람의 증인보다 더 많게 두세 사람의 증거를 제시하게 하셨습니다(신 17:6). 죄를 벌하기 위해서는 확실한 증거가 필요하다는 점을 분명히 한 것입니다.

또한 고의로 사람을 죽인 사람은 생명의 속전으로 죄를 속죄할 수 없습니다(31절). 돈이나 그 외에 어떤 것으로도 속죄할 수 없는 것은 생명의 값이 너무나 고귀하기 때문입니다. '생명은 생명으로'라는 원칙이 여기에 해당합니다. 왜 예수 그리스도께서 우리 죄를 위해 죽으셔야 했습니까? 바로 생명으로 속전을 드리기 위해서 나의 죄

대신 죽으신 것입니다. 우리의 죄는 고의로 사람을 죽인 범죄자의 죄처럼 극악하고 죄질이 나쁜 죄입니다. 그런 죄인을 대신해서 누가 자기 생명을 대신하겠습니까? 이 죄인은 자기가 죽어야 하는데, 나 같은 죄인을 대신해서 예수 그리스도께서 십자가를 지신 것입니다. 율법에 복음이 담겨 있다는 뜻이 이런 말씀입니다.

우리의 죄는 단지 하나님을 조금 서운하게 한 정도가 아닙니다. 도저히 용서받을 수 없고, 생명으로 갚아야 할 죄입니다. 그런데도 우리의 죄를 대신해서 생명으로 속죄의 값을 내신 분이 하나님 당신이고 하나님께서는 당신의 아들을 주심으로 우리의 생명을 대신하게 하신 것입니다. 그것을 미리 보여 주는 그림자와 예표가 본문입니다.

살인자를 엄격하게 처벌하는 이유는 하나님의 거룩한 땅을 더럽히지 않게 하시기 위해서입니다. 하나님께서 다스리시는 곳이 더러워지지 않고, 다시 말하면 거룩하게 하시기 위해서 고살자를 죽이라고 말씀하신 것입니다. 하나님께서 함께 거하시는 곳의 성결을 유지하시기 위해서입니다.

살인하지 말라는 주님의 명령을 따라 성도는 거룩과 성결을 위해서 힘써야 합니다. 모든 점에서 하나님의 거룩이 땅에 떨어지지 않도록 힘써야 합니다. 그리스도의 죽으심을 통해 이루신 거룩을 위해 한마음과 한 부르심에 힘써야 합니다.

# 60 하나님께서 정하신 경계를 지키라

민 36:1-13

본문은 민수기 27장과 연결됩니다. 슬로브핫의 딸들이 모세와 제사장 엘르아살과 지휘관들과 온 회중 앞에서 서서 말합니다. 자신들의 아버지는 광야에서 죽었는데 아들이 없어서 기업을 이어받을 형제가 없다고 말하면서, 아버지의 이름이 종족 중에서 삭제되면 안되니 자신들에게 기업을 달라고 요청합니다(민 27:1-5). 하나님께서 그들의 말이 옳다고 말씀하시면서 그들의 간청을 들어주십니다. 하나님께서는 모세에게 기업을 이을 순서를 정해 주시면서 이것을 이스라엘에게 판결의 규례가 되게 하라고 명령하셨습니다. 그렇게 슬로브핫의 딸들이 아버지의 기업을 물려받았습니다.

그런데 기업을 물려받은 여자들이 결혼을 할 때가 되면서 또 다른 문제가 발생했습니다. 요셉 자손의 종족 중 므낫세의 손자 마길의 아들 길르앗 자손 종족들의 수령들이 이 문제로 모세와 이스라엘 자손의 수령 된 지휘관들 앞에 나와서 묻습니다. 기업을 물려받은 여자가 다른 지파의 남자에게 시집가면 그 여자가 시집간 지파의 기업은 늘어나게 되고, 여자가 속해 있던 지파의 땅은 줄어들게 될 텐데, 이 경우 어떻게 해야 하냐는 것입니다(1-4절). 민수기 36장은 바로 이 문제에 대한 하나님의 말씀입니다. 그런데 본문을 다루면서 주의해야 할 점이 있습니다.

먼저, 하나님께서 이런 문제를 예상 못하신 것처럼 말하면서, 하나님께서 정하신 율례나 규례에 흠이 있는 것으로 여겨서는 안 됩니다. 하나님께서 미처 예상하시지 못한 일들이 발생한 것에 대해 처방을 내리신 것이라면, 하나님의 완전한 지식과 지혜가 반영된 율법을 격하시키는 판단이 되기 때문입니다.

우리는 하나님께서 미처 생각하시지 못했다며 하나님 편에서의 부족함을 말하기보다 하나님께서 당신의 자녀들이 느끼는 문제들에 관해 말하는 것을 허락하고 계시고 기꺼이 그들의 요구를 들어주시고 인정해 주신다는 점에 강조를 두어야 합니다. 하나님께서는 당신의 자녀들의 요구를 외면하지 않으시고, 오히려 그들에게 관심과 애정을 가지시고 귀를 기울이시며 그들의 문제를 해결해 주십니다.

하나님께서는 요셉 자손의 요구를 인정해 주셨습니다(5절). 그리고 이 특별한 상황에 대해 법을 제정해 주셨습니다. 기업을 받은 여자는 자기가 속한 지파 밖에 있는 사람과 결혼할 수 없다는 것입니다(6절). 하나님께서 결혼이라는 개인의 자유를 제한하시는 것처럼 느낄 수 있겠지만, 이는 기업을 받은 사람의 처지와 지위에서 마땅히 해야 할 의무를 정하신 것입니다(8절). 하나님께서 정해 주신 기업을 옮기지 않고 각 지파에게 주신 기업을 지키는 것이 개인의 자유

위에 있다는 뜻입니다.[57] 하나님께서 정하신 경계선(지계표)를 변경시키지 말아야 합니다.

> 그의 이웃의 경계표를 옮기는 자는 저주를 받을 것이라 할 것이요 모든 백성은 아멘 할지니라_신 27:17

아무리 왕이라 해도 기업을 마음대로 변경해서는 안 됩니다.

> 군주는 백성의 기업을 빼앗아 그 산업에서 쫓아내지 못할지니_겔 46:18

이것을 위반한 왕이 아합입니다(왕상 21장). 아합왕은 나봇의 소유인 이스라엘의 포도원을 가지고 싶어 했습니다. 그래서 다른 포도원과 바꾸거나 많은 돈으로 사려고 합니다. 이에 나봇은 "내 조상의 유산을 왕에게 주기를 여호와께서 금하실지로다"라고 대답합니다(왕상 21:3). 아합은 갈등합니다. 그때 이세벨이 해결사로 등장합니다. 그녀는 아합왕으로 하여금 율법을 깨뜨리도록 부추기고, 자신은 나봇을 거짓으로 고소해서 다른 사람의 손에 죽게 만들었습니다. 그것은 백성을 섬기도록 세워진 이스라엘의 통치자가 절대로 해서는 안 되는 일이었습니다.

엘리야는 그 일에 대해서 "네가 네 자신을 팔아 여호와 보시기에 악을 행하였"다며 아합을 책망했습니다(왕상 21:20). 그리고 하나님께서는 죄에 양심을 팔아 버리고, 탐욕에 자신의 신앙을 팔아 버리고,

---

[57] 한편으로는 기업을 받는 지위를 포기한다면 결혼의 자유는 따라올 것입니다. 그럴 경우에는 다른 사람이 기업을 이을 것이므로 기업을 포기하는 것이 자신에게 손해는 아닐 것입니다.

욕심을 위해서 하나님의 이름을 이용하는 이런 악행에 대해 철저히 심판하시겠다고 말씀하십니다.

이스라엘은 하나님께서 자신들에게 주신 기업에 감사하며 하나님을 기뻐하고 즐거워하는 삶을 살아야 했습니다. 하나님께서 자신들에게 주신 것에 자족하며 살아야 했습니다. 그런데 자기에게 주신 것에 자족하지 않고 다른 것을 원하는 욕망이 탐욕입니다. 탐욕은 죄입니다. 바라지 말아야 할 것을 마음에 품고서 어떻게 하면 그것을 얻을 수 있을까 근심하면서 자신의 지위를 이용하여 다른 사람의 것을 빼앗는 것은 하나님의 것을 빼앗는 것이고, 하나님께서 다스리시는 질서를 깨뜨리는 범죄입니다.

본문으로 돌아와 보면 기업을 받은 여자들은 그 지파의 남자들과 결혼하라는 명령 앞에 슬로브핫의 딸들이 순종했습니다(10-12절). 순종은 그들의 거룩함을 드러내고 그들을 참으로 아름답게 보이게 만듭니다.

여기서 또 하나 생각할 것이 있습니다. 본문은 "믿지 않는 자와 멍에를 함께 메지 말라"(고후 6:14)라는 바울의 권면과도 연결될 것입니다. 이 말씀은 단순히 믿지 않는 자와 결혼하지 말라는 차원을 넘어서서 의와 불법을 대조하고 빛과 어두움을 대조하고 있습니다. 의는 불법과 함께 있을 수 없고 불법은 의를 싫어합니다. 빛이 있으면 어둠은 물러가고, 그렇기에 어둠은 빛을 싫어합니다. 믿음이 없는 삶은 곧 하나님 없는 삶입니다. 하나님 없이 사는 사람은 하나님의 다스림 가운데 살라고 하면 저항하고 반대합니다. 그것이 죄인들의 본성입니다.

소 두 마리가 한 멍에를 메고 밭을 갈아야 하는데, 서로 다른 곳으로 끌면 밭을 갈 수도 없고 멍에는 서로에게 큰 고통만 줄 것입니다. 그런 일을 미리 막는 것이 지혜로운 것이므로 믿지 않는 자와 멍에를 같이 메지 말라고 하신 것입니다. 물론 이미 같이 멍에를 멘 사람은 그대로 그 부르신 자리에서 살아야 합니다. 이것을 근거로 그 멍에를 끊어서는 안 됩니다.

성경은 결혼이라는 거룩한 질서에 대해서까지 명령합니다. 사람들은 개인의 자유라고 말할지 모르지만, 성도는 그 자유마저도 하나님의 법 안에 두어야 합니다. 결혼은 하나님께서 정하신 의무와 질서 안에서 생각해야 할 일입니다.

민수기는 시내산에서 율법을 받고 성막을 지은 이후 가나안을 향해 출발하기 위해 준비하는 장면으로 시작합니다. 그리고 시내 광야를 출발한 이후부터 발생하는 이스라엘의 불순종과 하나님의 징계를 보여 주고, 그럼에도 그들에게 은혜를 베푸셔서 그들을 요단강 동편 모압 평지까지 인도하시는 하나님을 보여 주며, 모압 평지에서 일어나는 일들로 마무리합니다.

이스라엘은 출애굽, 즉 구원받은 이후 하나님의 영광을 대면하며 살아가야 했습니다. 하나님께서는 이스라엘에게 당신의 규례와 명령을 가르치셨습니다. 그러나 이스라엘은 하나님의 말씀에 불순종했고, 자신들의 형편에 따라 하나님을 원망하고 하나님께 불평했습니다. 심지어 애굽에서 건져 달라고 할 때는 언제고 애굽을 그리워하며 돌아가겠다고 말하기까지 합니다. 그것 때문에 출애굽 1세대는 여호수아와 갈렙을 제외하고 광야에서 모두 죽습니다. 그럼에도 하나님의 은혜는 끊어지지 않습니다. 하나님께서는 신실하셔서 아브라함과 이삭과 야곱에게 하신 약속을 지키십니다. 하나님께서는 그렇게 약속하신 대로 이스라엘을 요단강 동편 모압 평지로 인도하셨습니다.

하나님께서는 광야 40년 동안 이스라엘을 훈련하셨습니다. 이제 하나님께서는 모세의 입을 통해 새로운 시대를 바라보는 새로운 세대에게 당신께서 허락하실 땅에서 어떻게 살아야 할지를 다시 한 번 선포하십니다. 그들을 가르치시는 하나님의 목소리는 신명기에서 울려 퍼질 것입니다.

## 저자 김현일 목사

광야는 익숙함과 거리가 멀다. 편안함도 예상하기 어렵다. 모든 것이 핍절하기 때문에 불평, 불만이 손쉽게 마음을 장악한다. 작은 불평이 커다란 분열을 만들기도 한다. 서로를 분열시키는 것에 그치지 않고 결국 하나님을 등지게 만든다. 신앙 없는 생존의 참담한 결과이다. 하지만 이것을 회복시키는 것이 신앙이다. 하나님만을 의지하는 믿음은 서로를 향한 싸움을 멈추게 하고 어떤 형편에서도 하나님께 가까이 이끈다. 내 중심의 생존 경쟁에서 나와 하나님 중심의 삶을 살아가게 한다.

증평언약교회를 개척하며 목회했던 지난 8년은 내게 광야였다. 바른 교회를 세워 보겠다고 개혁 신학을 붙들고 주일 오전에는 복음서 강해, 오후에는 개혁주의 신앙고백서들 해설, 수요일은 모세오경 설교를 하며 생존과 신앙 사이를 오갔다. 광야에서 나를 지탱하게 한 것은 다름 아닌 설교였다. 듣는 이 많지 않고, 알아주는 이 적지만 명령대로 순종하는 것을 기쁨 삼고 매일 하나님의 영광을 바라보며 광야를 살아낸 결과가 이 책이 아닐까 스스로 위로해 본다.

지금 나는 프랑스라는 광야에 와 있다. 4년 전 프랑스 위그노 탐방을 시작으로 새로운 광야로 이끄시는 하나님의 놀라운 섭리를 본다 (repress.kr/21433/). 어떤 분은 목사로 살다가 나이 50에 선교사로 떠나는 나를 보고 멋진 인생 2막이라고 했다.

"아닙니다. 저는 광야 2막을 살아가고 있습니다."

나는 다시 생존과 신앙의 사이에 서 있다.
하지만 지금은 민수기를 좀 읽어 낼 수 있게 되었다.

여수에서 태어나 여수고등학교, 전남대, 합신(M.DIV.), 서울성경신대 구약(Th.M.), 대한신대 조직(Th.M.)을 공부했고 충청노회와 여러 교회의 도움으로 증평언약교회를 개척해서 섬기다 HIS 동역선교사로 허입되어 대구 동신암교회의 파송을 받았다. 사랑하는 아들 희수와 딸 수현이는 한국에서 대학 재학 중이고, 아내 이한나, 초등학생 희명이와 함께 프랑스에서 언어 훈련 중에 있다.